DU

QUASI CONTRAT JUDICIAIRE

AU POINT DE VUE DE L'INTRODUCTION D'INSTANCE

DEVANT LES JURIDICTIONS CIVILES.

DISSERTATION

Présentée à la Faculté de droit de Toulouse, pour obtenir
le grade de docteur

PAR LOUIS DE COMBES

AVOCAT

Lauréat de la Faculté de Droit et de la Faculté des Lettres (Concours de 1865),
Né à Tarbes (Hautes-Pyrénées).

TOULOUSE

TYPOGRAPHIE DE BONNAL ET GIBRAC

RUE SAINT-ROME, 44

1866.

DU

QUASI CONTRAT JUDICIAIRE

AU POINT DE VUE DE L'INTRODUCTION D'INSTANCE

DEVANT LES JURIDICTIONS CIVILES.

DISSERTATION

Présentée à la Faculté de droit de Toulouse, pour obtenir
le grade de docteur

Par Louis de COMBES

AVOCAT

Lauréat de la Faculté de Droit et de la Faculté des Lettres (Concours de 1865),
Né à Tarbes (Hautes-Pyrénées).

TOULOUSE

TYPOGRAPHIE DE BONNAL ET GIBRAC
RUE SAINT-ROME, 44

1866.

FACULTÉ DE DROIT DE TOULOUSE.

MM. CHAUVEAU ADOLPHE ✳, doyen, *professeur de Droit Admi-nistratif.*

DELPECH ✳, doyen honoraire, *professeur de Code Napoléon, en congé.*

RODIÈRE ✳, *professeur de Procédure Civile.*

DUFOUR ✳, *professeur de Droit Commercial.*

MOLINIER ✳, *professeur de Droit Criminel.*

BRESSOLLES, *professeur de Code Napoléon.*

MASSOL ✳, *professeur de Droit Romain.*

GINOULHIAC, *professeur de Droit Français,* étudié dans ses origines féodales et coutumières.

HUC, *professeur de Code Napoléon.*

HUMBERT, *professeur de Droit Romain.*

ROZY, agrégé, *chargé du cours d'Économie politique.*

POUBELLE, agrégé, *chargé d'un cours de Code Napoléon.*

BONFILS, agrégé.

M. DARRENOUGUÉ, Officier de l'Instruction publique, Secrétaire Agent-comptable.

Président de la thèse : M. CHAUVEAU.

M. RODIÈRE.
M. HUMBERT.
M. ROZY.
M. POUBELLE.
} *Suffragants*

La Faculté n'entend approuver ni désapprouver les opinions particulières du candidat.

A mon Père.

..... Habe tibi quidquid hoc libelli,
et qualecumque
CATULLI. *Poeses* I.

BIBLIOGRAPHIE.

Noodt, *De jurisdictione et imperio*, I, XV. — Winckler, *Discrimen inter litiscontestationem jure veteri ac hodierno, Opuscula minora*, I, p. 295, Lips. 1792, 1798. — Keller, *Uber litiscontestation und Urtheil*, Zurich, 1827. — Berthmann-Hollweg, dans *Mohl und Schrader Zeitschrift für Rechswiss*, V, 1829, p. 65. — Wachter, *Erorterungen aus dem Romischen, Deutschen und Wurttembergischen Privatreche*, Stuttgard, 1846. — De Savigny, *Traité de Droit romain*, VI. — Georges Cantacuzène, *Thèse de doctorat sur la Novation*, p. 120. — Bonjean, *Traité des Actions*. — Zimmern, *Traité des Actions*, §§ 109, 118 à 124, 146. — Pellat, *De rei vendicatione*, sur les lois 17, § 1, 18, 20, 27, § 1, 42, 45, 48, 62, ½ 1. — Arnaud Menardière, *Thèse pour le doctorat sur la Litiscontestation et la Contestation en cause*. — Demangeat, *De duobus reis*, sur la loi 2. — Walter, *Histoire de la procédure romaine*. — Ribbentrop, *De necessaria quam vocant novatione Commentatio*, Gott., 1822. — Andreæ Tiraquelli, *Regii in Parisiensi Curiâ Senatoris, de utroque retractata municipali et conventionali, Commentarii duo*, ½ 15, Gloso 2, page 187. — Gregorii Papæ IX, *Decretales unâ cum libro sexto Clementinis et extravagantibus*, II, 5, et I, VI, cap. 54, ½ 5. — Beaumanoir, *Coutumes de Beauvoisis* ; cap. I, *De l'Office as baillis* ; cap. IX, *S'il entame le plet*. — Rebuffius, *De effectibus litiscontestationis*. — Pierre de Fontaines, *Conseils*, cap. 25. *Comment plez est entamez*. — D'Argentré, *Sur la Coutume de Bretagne*, art. 52, note 2.

DU QUASI CONTRAT JUDICIAIRE

NATURE ET DES EFFETS CIVILS DE L'INTRODUCTION D'INSTANCE

> *Pour revenir à la contestation en cause, que mon vieil praticien (Imbert) appelle contestation de plaid, elle est la principale partie du jugement et fait le procez.*
>
> CHANONDAS. *Pandectes du droit français*, IV. 7.

INTRODUCTION.

Le titre seul montre la gravité de cette matière ; le droit sanctionnateur n'est que la mise à exécution du droit déterminateur, et dans l'étude des actions, est-il un sujet plus important que le quasi-contrat judiciaire, c'est-à-dire l'examen de la nature et des effets de l'introduction d'instance ?

Le droit est antérieur à la rédaction de la première loi et l'homme trouve en lui sa règle de conduite vis-à-vis de ses semblables. C'est dans la raison humaine qu'est gravée la base de toute loi ; le droit n'est qu'une partie de la science du devoir, et doit s'appuyer sur la conscience s'il veut que son existence ne soit pas éphémère.

Sophocle exprime admirablement cette vérité quand à ces paroles de Créon : « Et tu as osé enfreindre mes

1

lois » il fait répondre à Antigone : « Je ne pensais pas
» que les décrets d'un mortel comme toi eussent assez
» de force pour prévaloir sur les lois non écrites, œuvre
» immuable des dieux. Celles-ci ne sont ni d'aujour-
» d'hui, ni d'hier ; toujours vivantes, nul ne sait leur
» origine. »

De bonne heure, les anciens reconnurent l'existence
de la loi morale ; ils lui trouvèrent d'abord pour expression Thémis, qu'ils nommèrent la fille du ciel et de la
terre (1), comme s'ils eussent compris que la justice
n'est qu'un reflet divin éclairant notre faible raison. Puis,
les esprits s'élevant peu à peu, d'une déesse, création
d'une imagination poétique, on en vint à la conception
d'une pensée abstraite, et Prométhée, que les légendes
nous montrent comme l'auteur de toutes les idées hardies
et fécondes, affirme que la justice n'est que la vérité (2).

La morale la première fournit les vérités dont le droit
positif fait la base de ses principes. *Neminem lædere,
suum cuique tribuere,* toute conscience le dit plus haut
que la loi. Mais au point de vue pratique, la morale, si
puissante sur l'honnête homme, est insuffisante pour
faire respecter les droits de chacun, car son effet coercitif,
aussi terrible que le représentent les philosophes, amoin-
dri par l'éloignement de l'autre vie, n'inspire pas la
crainte de maux immédiats, qui seule retient la plupart des hommes.

(1)   ..... Prima deum fas
          Quæ Themis est Graiis.....
                              Avson..., *Idyl.* 12.
(2)   Creta subtili veritatem fecerat
          Ut jura posset inter homines reddere.
                              Phèdre, *Appendix,* 2.

De là les spoliations de toutes sortes dont l'antiquité nous a conservé le lointain souvenir. Spoliation de la liberté, il faut que le plus faible soit esclave et travaille pour le plus fort ; spoliation de la propriété, le vainqueur acquiert les biens des nations vaincues. A Rome même, et je parle de la Rome civilisée, les institutions conservèrent quelque chose du caractère grossier qu'elles devaient avoir avant la rédaction des premières lois. La lance est le symbole de la propriété, elle se dresse sur le Forum, en face du siège du préteur, comme pour rappeler que les droits défendus au nom de l'équité avaient leur source première dans la violence.

Cicéron dit que l'esprit de justice est inné chez l'homme : *Sumus ad justitiam nati, nec opinione sed natura, constitutum est jus.* Le spectacle de tant d'injustices, de tant de souffrances, dut inspirer à quelques consciences délicates le désir de faire cesser les injustices autour d'elles. A une époque où les peuples n'ont pas encore eu de législateurs, pendant la période antéhistorique, paraissent des hommes dont la tradition conserve le souvenir. La reconnaissance des peuples en a fait des demi-dieux ; le temps a sans doute altéré le récit de leurs travaux ; mais le critique, au milieu des fables poétiques, devine dans ces héros de vaillants justiciers mettant la force au service du droit. Hercule coupe les têtes de l'hydre de Lerne à mesure qu'elles repoussent, n'est-ce pas l'image de la justice luttant contre la spoliation toujours renaissante ? A une époque plus voisine de nous, quand, au sein de la barbarie du moyen-âge, biens et personnes furent livrés à toutes les chances du hasard, quelques chevaliers, en bien petit nombre, la

majorité préfère piller les voyageurs, volent, les armes
à la main, au secours des faibles et des opprimés. Ainsi,
demi-dieux et chevaliers, voilà les ancêtres de nos
officiers de justice.

La défense individuelle est le propre des nations
barbares. Quand, aux premières lueurs d'une civilisation
naissante, les peuples aperçoivent quelques-uns des
principes essentiels au repos public, la nécessité d'une
bonne justice s'impose avec tout l'éclat de l'évidence.
Comment résister seul et faible, à la ruse et à l'injustice?
La résistance en commun permet seule de sauvegarder
les droits et de faire régner dans les cœurs la sécurité
sans laquelle tout progrès est impossible. Enlevez-la,
bientôt reparaît l'esclavage et avec lui le vol sous toutes
ses formes. Juvénal a très bien compris ce mode d'établissement des rapports d'équité entre les hommes,
quand il dit du premier civilisateur :

> Principio indulsit communis conditor illis
> . . . .
> Ædificare domos, laribus conjungere nostris
> Tectum aliud, tutas vicino limine somnos
> Ut collata daret fiducia; protegere armis
> Lapsum, aut ingenti nutantem vulnere civem.

Il est triste de constater que le germe du premier
élément de civilisation repose sur les instincts les moins
nobles de l'homme, puisque l'égoïsme a facilité plus que
toute autre considération l'établissement de la justice
distributive. Nous ne concevons pas la nécessité de cette
dernière, quand il s'agit de ce que nous devons, il faut
pour cela qu'il s'agisse de ce qui nous est dû.

Suivant toutes les vraisemblances, le premier juge fut le premier législateur. Aux siècles dans l'enfance, il suffit pour arrêts des décisions d'un homme intègre; avec la civilisation, les rapports deviennent de plus en plus complexes, et pour les régler une conscience pure est insuffisante. Alors paraît le droit que l'on pourrait comme l'alluvion définir un *incrementum latens;* fruit de la lente élaboration des siècles, il a ses périodes, et plus que tout autre chose ici-bas suit la loi du progrès, — puisque le temps seul lui permet de sortir du vague de la raison.

Trompés par le point de départ de la science, les rêveurs du xviiie siècle croyaient que la loi sort du cerveau du législateur, comme Minerve du cerveau de Jupiter. On se rappelle les utopies du plus doux des philosophes : le Mentor de Fénelon débarquant aux rives de Salente; on se rappelle les conseils que l'abbé de Mably donnait aux législateurs pour façonner les nations. Idées erronées qui commencèrent par des rêves philoso- phiques et finirent par les sanglantes pastorales de Saint-Just. Grâce aux économistes, des idées saines ont été répandues sur ces graves questions, et l'on sait maintenant que la base de toute législation est dans la partie de la morale que l'on nomme le droit naturel.

Tout homme, en naissant, a trois droits princi- paux.

Le droit à la vie, — Dieu l'a mis ici-bas pour remplir son devoir; il ne peut éluder ses obligations par le suicide. A plus forte raison, les étrangers ne doivent pas y mettre un terme par la mort.

L'homme est né maître de lui-même; la terre ouverte

devant lui, il l'a parcouru en tout sens, et pourvu qu'il remplisse son devoir, la conscience lui permet d'errer, d'aimer, de prier au gré de ses désirs. Il ne relève que de la loi et de sa raison; en un mot, il est libre ! Et quiconque porte atteinte à sa liberté, soit en le réduisant en esclavage, soit en le détenant d'une manière illégale, etc., viole un droit naturel.

L'homme, comme tous les êtres, doit suivre la loi du progrès, développer son esprit et son corps. Mais le travail porte en lui des germes féconds; en façonnant les éléments que la nature lui fournit, le travailleur crée ou accroît une valeur. Le premier, qui prenant du bois en fit un arc, acquit sur cette chose un droit exclusif, et quand un peuple s'établit sur un sol inhabité, que par ses sueurs il le féconde et le fertilise, pourquoi le bannirait-on ? Quelles raisons invoquerait-on pour cela ? Donc le travail attribue sur le produit des facultés un droit exclusif que l'on nomme la propriété.

Quiconque est troublé dans l'exercice paisible de ces triples droits peut opposer la force à la force. C'est le cas de *légitime défense*.

Bien plus, les hommes ont la faculté de se réunir pour prévenir les troubles et défendre leurs droits contre toutes attaques. Ce qu'ils édictent, soit par eux-mêmes, soit par leurs représentants, pour la légitime défense de leurs droits naturels, se nomme loi; donc, la loi n'est que l'organisation du droit de légitime défense (1).

Aussi, quand un membre d'une de ces associations

(1) Frédéric Bastiat, *Sophismes économiques et petits Pamphlets*, I, p. 344.

se plaint qu'une disposition de la loi est violée, il y a obligation et pour lui et pour la partie qu'il actionne d'obéir au jugement de ceux qui sont légalement commis à l'administration de la justice. Quelle est la nature de l'introduction d'instance devant les juridictions civiles, quelles conséquences entraîne-t-elle, tel est le sujet que nous abordons aujourd'hui au point de vue du droit civil.

Il ne faut pas croire que du même acte de procédure résulte, pour toutes les époques, le lien obligatoire. A Rome, on trouve la *vocatio in jus*, mais dépouillée de la solennité et de l'importance qu'elle a de nos jours. Le défendeur ne peut être cité que hors de son domicile : *in jus ambula, sequere in jus, in jus camus, in jus te voco.* Telles sont les formules qu'emploie le demandeur, si nous en croyons Plaute et Térence (1). Si le défendeur refuse d'obéir, il faut recourir à l'*antestatio*, à la *manus injectio obtorto collo*. La *litiscontestatio* seule, lie l'instance d'une manière définitive.

Au moyen-âge, le Droit Romain a disparu, et de la *litiscontestatio*, il ne reste même plus le souvenir, nous sommes dans la période du *plet entamé* décrit par Beaumanoir et Pierre de Fontaines ; l'instance n'est plus liée qu'après les demandes et réponses. Puis le droit romain reparaît, les disciples de l'école de Bologne l'importent en France, et la *litiscontestatio* mal comprise donne lieu à la *contestation en cause* qui se réalise au premier jugement, fût-il interlocutoire, rendu au cours du procès.

Enfin, paraît l'*ajournement*. Le Code Napoléon et le

---

(1) Plaute, *Curcull...*, acte V, sc. 2, vers 23 et suiv.

Code de Procédure lui rattachent les effets que les romanistes et les vieux jurisconsultes attribuent au quasi-
contrat judiciaire. Ce système est beaucoup plus équitable. La justice ayant ses lenteurs qu'exigent et la preuve
des faits avancés et l'examen de l'affaire, il vaut mieux
remonter aussi haut que possible dans le passé pour examiner les droits des parties.

DROIT ROMAIN.

DE LA LITISCONTESTATION.

Litiscontestatio est lapis angularis judicii.
BALDE.

PREMIÈRE PARTIE.

De la LITISCONTESTATION sous le système des actions de la loi.

1. La division de la procédure en deux phases, l'*in jure* et l'*in judicio*, n'est pas un des caractères propres à la période formulaire ; si l'on étudie les premiers temps de Rome en interrogeant les souvenirs que jurisconsultes et littérateurs ont conservés de cette période reculée, on

retrouve les traces de cette distinction. Suivant leur coutume, les prudents n'ont fait, en organisant le système formulaire, que hâter le développement de germes déposés dans les lois primitives.

Faut-il affirmer que sous les rois, quelque temps après l'établissement des Rhamnenses, l'*in jure* fut nettement séparé de l'*in judicio?* La plus grande obscurité plane sur cette question, cependant quelques textes nous portent à croire qu'il faut adopter la négative. Le premier magistrat qu'ait connu Rome, est le roi. Le roi n'est point, comme en Egypte, un dieu aux yeux de ses sujets; il est plutôt le *magister populi.* Mais, comme sa nomination est régulière dès que son prédécesseur lui confère le titre, on croit que la protection divine qui avait présidé à la fondation de la cité, s'est reposée sur sa tête en se transmettant, sans interruption, depuis le premier roi (1). Aussi, quel magistrat peut rendre la justice mieux que lui? D'abord, il juge seul et par lui-même. Un premier texte laisse à entendre d'une manière assez vague, il est vrai : « *ac regis quidem hæc munia* » *eximia esse jussit : primùm ut sacrorum et sacrificio-* » *rum principatum haberet, et omnes res divinæ ac piæ* » *per eum agerentur : deinde ut legum ac morum patrio-* » *rum custos esset, et omnis juris naturalis et ex com-* » *muni hominum consensu pactoque scripti curam gere-* » *ret (2). »*

Un second texte, plus explicite, ne laisse aucun doute sur le mérite de notre solution : « *Nec vero quisquam*

_____

(1) Mommsen, *Histoire romaine,* I, p. 90.
(2) Denys d'Halicarnasse, II, 14.

» privatus erat disceptator aut arbiter litis, sed omnia » conficiebantur JUDICIIS *regiis* (1). » On concèdera, je l'espère, que les écrivains de Rome connaissaient la valeur des termes juridiques employés dans leurs ouvrages. Eh bien! quand un jurisconsulte comme Cicéron se sert des mots *judiciis regiis*, n'est-ce pas un argument sans réplique en faveur de notre système, et le sens de la phrase n'est-il pas que la procédure dite plus tard *in judicio*, avait lieu devant le roi lui-même et sans renvoi devant le *judex?*

A l'argument que fournit ce fragment de Cicéron et surtout à l'emploi que fait cet auteur du mot *judicium*, on peut joindre un autre argument emprunté aux Commentaires de Gaïus : *« ad judicem accipiendum venirent, » postea reversis dabatur..... XXX judex : idque per » legem Pinariam factum : ante eam autem legem..... » dabatur judex* (2). » La malheureuse lacune d'un seul mot qui se trouve à la fin du texte, a permis d'exposer les systèmes les plus contradictoires. Holweg et Blondeau faisant rapporter les mots : *idque per legem Pinariam factum* est à l'une des idées secondaires, soutiennent que la loi Pinaria a innové en permettant de ne désigner le juge que trente jours après la procédure *in jure;* aussi comblent-ils la lacune par les mots *confestim, statim.* Heffter, avec plus de raison, fait porter l'observation de Gaïus sur l'idée principale et conclut qu'avant la loi Pinaria le renvoi devant le *judex* était inconnu, il complète le manuscrit par le mot *nundum* (3). Cette

(1) Cicéron, *République*, V, 2.
(2) Gaïus, *Com.* IV, § 15.
(3) Ortolan (Explication historique des *Institutes*, n° 1846,

dernière interprétation est conforme aux données histo-
riques ; ne voit-on pas les premiers rois rendre la justice
et prononcer eux-mêmes les jugements ? Lorsque le prédécesseur de Servius Tullius, Tarquin l'Ancien fut assas-
siné par ordre des fils d'Ancus, les historiens le représentent écoutant les assassins qui s'étaient introduits près
de lui sous prétexte de faire juger un procès, pesant
dans son esprit les raisons de décider et tous laissent à
entendre par le récit même que Tarquin aurait rendu le
jugement s'il n'avait reçu le coup fatal.

2. Toutes ces raisons nous font croire que la division
du *jus* et du *judicium* remonte à la loi Pinaria. Cette loi
doit être antérieure à la loi des douze tables, car on trouve
dans ce dernier document des termes qui supposent à
cette époque la division de la procédure. Ainsi par
exemple : *Si in jus vocat* (1), *judici arbitrove* (2), *in
jus ducito* (3), *quæ judicem arbitrumve jure datum* (4),
arbitros tres dato (5).

3. Peut-être faudrait-il remonter plus haut encore
dans le passé et placer la date de la loi Pinaria sous

note 1) trouve la question si délicate, qu'il n'ose se prononcer. Il
cite un nouveau texte de Cicéron qui ne manque pas d'importance.
Au premier, cité plus haut, on peut répondre : Si les rois jugeaient
par eux-mêmes, il ne s'ensuit pas qu'ils n'aient pu renvoyer les
parties devant le *judex*. Le second texte nous met en droit d'ob-
jecter : S'il en eût été ainsi, Cicéron l'aurait dit, puisque cette
précision il la fait pour le préteur : *Juris disceptator, quo* JUDICET
privata, JUDICARIVE IUBEAT, *prætor esto. De legibus,* III, 5.

(1) *Tabula* 1, § 1.
(2) *Tab.* 2, § 2.
(3) *Tab.* 5, § 2.
(4) *Tab.* 9, § 3.
(5) *Tab.* 12, § 3.

Servius Tullius, puisque ce monarque, si l'on en croit Denys d'Halicarnasse, aurait le premier institué des juges dans les matières civiles (1).

4. Quelle que soit la solution adoptée, à partir de la loi Pinaria, il s'écoula trente jours entre les engagements pris par les plaideurs et la *datio judicis*. Il nous reste à déterminer le moment précis qui sépare le *jus* du *judicium* et lie les parties, en un mot, le moment de la litis-contestation. Comme le *Sacramentum* est la plus ancienne des actions de la loi, c'est lui qui va nous guider dans nos recherches.

On se rappelle le caractère éminemment guerrier des Rhamnenses; la guerre fut la vie de ce petit peuple, le pillage lui fournit ses premières richesses; le Symbole de la force figura toujours sur le Forum, et c'est devant la lance (*hasta*), cet auxiliaire de la violence et souvent ce complice de l'iniquité, que le préteur dressa son siége et parla au nom de la justice. Chez un peuple aussi rude, les institutions manquent de cette douceur que l'on retrouve en Grèce; chaque jour, les Rhamnenses luttaient contre les hommes et les éléments, la lutte se retrouve même dans les lieux d'où elle semble devoir être bannie et le *sacramentum* commence par le *manuum consertio*.

Trop souvent, la conscience ne nous révèle la moralité des faits que trompée par l'habitude; les Romains trouvaient naturel d'acquérir le *dominium* des objets pris à l'ennemi, mais revenus à des idées plus justes dans les rapports des citoyens entr'eux, ils comprirent que la

_____

(1) Denys d'Halicarnasse, IV, 25.

force doit céder devant le droit. La *manuum consertio* ne termine donc pas le procès, elle n'en est que le préliminaire et précède le serment que les parties se déférent relativement à leur bonne foi : *jus peregi sicut vindictam imposui* (1).

Puis vient la constitution du *sacramentum* ou somme consignée entre les mains des Pontifes par chacun des plaideurs (2).

Dans l'*actio sacramenti*, depuis la loi Pinaria, et plus tard, dans la *conditio*, le magistrat, trente jours après l'accomplissement des rites sacrés, désigne un juge ou un arbitre chargé de vider les questions de fait. Quand la désignation est faite, les parties s'ajournent à comparaître devant le juge le troisième jour qui reçoit le nom de *perendinus* ou *comperendinus dies*. Après l'accomplissement de ces formalités, les parties prennent les personnes présentes à témoin de ce qui s'est passé devant le magistrat (*in jure*); *testes estote*, disaient-elles. C'est là ce

(1) Gaius, *Com.*, IV, § 16. Cette coutume d'invoquer les dieux se développa rapidement sous le règne d'Auguste ; il y avait sur le Forum un petit autel nommé le *Putéal de Libon :* « Il sert de » rendez-vous aux plaideurs et aux emprunteurs ; aux plaideurs » qui ont affaire au tribunal ; aux emprunteurs, la proie des ban- » quiers et des usuriers des *Tavernes neuves* et de la *Basilique* » *Argentea.* Tous viennent là pour attester les dieux de leur bonne » foi et de leur probité, serment qu'ils font en posant la main sur » l'autel (Cicéron, *Pro Flacco*, § 56). Il se commet bien des par- » jures sur ce petit coin du Forum. » Dezobry, *Rome au siècle d'Auguste*, p. 250. Malheureusement, si l'on en croit les épigrammes des poètes, le serment, autrefois comme aujourd'hui, n'arrêtait guère les hommes de mauvaise foi et servait d'arme terrible contre les citoyens honnêtes.

(2) Varron, *De linguâ latinâ*, IV, 56.

que l'on nomme la *litiscontestatio* ou *contestation du litige;* toute la procédure *in jure* avait lieu oralement. Cet appel aux témoins avait pour but de graver dans leur esprit toute la période écoulée de la procédure, d'en faire, comme on l'a si bien dit, des *protocoles vivants* (1), pour rapporter au *judex* ce qui s'était passé. *Cum uterque reus dicit : Testes estote, contestari litem dicuntur duo aut plures adversarii, quod ordinato judicio utraque pars dicere solet : Testes estote* (2).

5. La litiscontestation s'accomplissait devant le magistrat et non devant le juge, comme l'ont cru certains auteurs. Le sophiste Protagoras comptait parmi ses disciples un jeune homme riche et désireux de se former à l'éloquence; Evathle (c'était son nom), lui donna une somme considérable en promettant une somme analogue pour le jour où il gagnerait son premier procès. Les années s'écoulèrent et le disciple déjà rompu aux luttes oratoires ne plaidait pas encore. Il semblait retarder ses débuts pour n'avoir pas à payer la somme convenue. Protagoras l'actionna (*petere instilit ex pacto mercedem*); et la litiscontestation eut lieu (*litum cum Evathlo contestatur.*) — Puis, Aulu-Gelle ajoute qu'ils se rendirent devant les juges pour faire valoir leurs moyens de défense (*Et cum ad judices venissent*). Ce texte montre bien que la *litiscontestatio* est le dernier acte de la procédure *in jure* (3).

(1) De Savigny, *Traité de droit romain*, VI, § 257.
(2) Festus, vᵒ *Contestari*.
(3) Aulu-Gelle, *Nuits Attiques*, V. 10. — Le sophiste Protagoras, qui eut l'insigne honneur d'être réfuté par Platon, vécut de 489 à 420 avant J.-C. Il s'agit donc bien dans l'espèce d'un procès ayant eu lieu sous les *actiones legis*.

6. Les parties ne pouvant se présenter devant le magistrat que les jours fastes (de *fari* parler), la litiscontestation n'est possible qu'alors (1). *Do, dico, addico*, voilà les trois mots qui résument les pouvoirs du préteur au point de vue judiciaire ; pour les jours néfastes, les Romains disaient, en faisant allusion à cette formule : *Tria verba silent.* Ils employaient en cela le langage d'Ovide :

> Hic nefastus erit, jus quem tria verba silentur ;
> Fastus erit, per quem lege licebit agi (2).

Les jours de marché (*nundinæ*) furent d'abord néfastes, mais dans l'intérêt des gens de la campagne la loi Hortensia les déclara fastes (3).

7. Tant que dura la période des actions de la loi, la théorie de la *litiscontestatio* resta à l'état embryonnaire ; toutefois, on retrouve, en germes, les principes développés sous la période du système formulaire, mais entourés d'une obscurité que le temps seul saura faire évanouir. Il paraît certain que la *litiscontestatio* fut, dès cette époque, génératrice d'obligations et extinctive de l'obligation réclamée. Gaïus le laisse à entendre ; il précise même que l'extinction a toujours lieu *ipso jure*, en vertu de la seule force de la loi : *Alia causa fuit olim legis actionum ; nam de quam re actum semel erat, de ea postea, postea* ipso JURE *agi non poterat, nec omnino ita ut nunc usus*

---

(1) Gaius, *Com.* II, § 29. — Varron, *Lingua latina* V, 4. — Festus, v° *Religiosus.* — Cicéron, *Pro Muren,* 11. Tit. Liv. IX, 46.
(2) *Fast.* 1, vers 47 et s.
(3) Macrobe, *Sat.* 1, 16. — Festus, v° *Nundinæ.*

erat illis temporibus exceptionum (1). Ce texte suppose, plutôt qu'il n'indique, les principes que nous venons de formuler. Voilà les seuls renseignements que nous fournissent les auteurs latins, pour la période des actions de la loi, sur l'importante question qui fait l'objet de nos études. Nous allons voir ce que le développement doctrinal a fait de ce point de départ.

SECONDE PARTIE.

De la LITISCONTESTATIO sous le système formulaire.

8. Comme mon intention n'est pas d'écrire une histoire de la procédure romaine, il me suffira de dire en quelques mots, que les actions de la loi tombèrent sous la réprobation universelle. Les Pontifes, en abusant du sentiment religieux, si puissant sur les peuples dans l'enfance, s'étaient fait un monopole de la procédure, en lui donnant le caractère sacré. Insensiblement, la raison se demanda compte de ces pantomimes, de cette mimique mystérieuse et, lorsqu'un grand-prêtre plébéien, Flavius en eut divulgué les secrets, lorsque Coruncanius et d'autres plébéiens eurent, par des cours publics

_____

(1) Gaius, *Com.*, IV, § 108.

2

de Droit, mis le peuple à l'abri de la spoliation pontifi-
cale, et surtout lorsque Sextus Ælius eut publié les
doctrines sacramentelles, les actions de la loi disparurent
et la loi *Æbutia* leur porta le dernier coup. Nous avons
dépassé les années 577 et 583, c'est-à-dire la généralisa-
tion des formules écrites dont le *prætor peregrinus* faisait
seul usage, et c'est à cette époque que nous reprenons
l'étude de la *litiscontestatio*.

CHAPITRE Ier.

MOMENT PRÉCIS DE LA *litiscontestatio*.

9. Après l'ajournement (*vocatio in jus*), en droit
romain dépouillé d'effets civils, les parties comparaissent
devant le magistrat, et le demandeur indique sur l'*album
prætoris*, l'action dont il entend faire usage. Depuis
Marc-Aurèle, il suffit que cette indication se trouve dans
le *libellum denunciationis*. Puis, vient la *postulatio formulæ et actionis*, dans laquelle le demandeur indique ses
prétentions, suivie de la *controversia in jure* ou discussion devant le préteur portant sur le point de savoir s'il
y a lieu de délivrer la formule et, dans l'hypothèse d'une
réponse affirmative, les parties adjectices qu'il est bon
d'y joindre.

La formule délivrée, il y a *litiscontestatio* ou contestation du litige ; mais le préteur refuse la formule et, par
suite, la litiscontestation est impossible lorsque :

A). Le défendeur reconnait le droit du demandeur (1)
ou le demandeur avoue le bien fondé des réponses du
défendeur (2).

B). La prétention du demandeur est *injusta* (3) ou
repose sur un droit éteint.

C). La prétention n'est basée ni sur le droit civil, ni
sur le droit prétorien (4).

D). Le préteur reconnait qu'en fait, la demande est
mal fondée (5).

E). Le préteur statue *extra ordinem*.

10. La *litiscontestatio* a lieu *ordinato judicio*, c'est-à-
dire après la désignation du *judex*, qui est un de ses
éléments essentiels, puisque la formule confère à ce dernier, en le désignant par son nom (..... *judex esto*), le
pouvoir de vider le litige. Aussi, on emploie comme
synonymes, les mots : *Ordinatum judicium* et *ordinata
lis vel causa* (6). On dit encore, pour désigner la litiscontestation : *Statim atque judex factus est* (7), car la
nomination du juge, la délivrance de la formule, l'introduction d'instance se confondent au même moment.

(1) *Sentences* de Paul, V, 5, n° a, § 2. *Confessi debitores pro
judicato habentur.*
(2) Ulpianus, l. 6, § 2, ff. *De confessis* 42, 2. *Quod quis con-
fessus est, pro judicato haberi.*
(3) Pomponius, l. 27, ff. *De verb. oblig.*, 45, 1. *Si quis homi-
cidium, vel sacrilegium, se facturum promittat, sed et officio
quoque prætoris continetur ex hujusmodi obligationibus actionem
denegari.*
(4) Ulpianus, l. 2, ff. 44, 5.
(5) Ulpianus, l. 7 et 9, ff. 12, 2.
(6) Paulus, l. 24, §§ 1, 2, 3. — Gaius, l. 25, § 2, ff. *De libe-
rali causa* 40, 12.
(7) Ulpianus, l. 25, § 8, ff. *De ædilitio edicto* 21, 1.

Ce ne sont pas les seuls synonymes, les seules périphrases, qu'emploient les textes pour désigner la litiscontestation, et l'on trouve encore : *judicium constitutione* (1), *res in judicium deducta* (2), *lis contestata* (3), *lis inchoata* (4), *judicium acceptum*.

Quoique Festus (5) rapporte aux deux parties l'expression *litem contestari*, Winckler et Keller ont prouvé que ces mots ont trait surtout à l'agissement juridique du demandeur, tandis que : *judicium accipere vel suscipere*, se rapportent principalement à l'agissement du défendeur.

De Savigny (6) observe, avec beaucoup de raison, que *contestari* étant un verbe déponent, ne devrait s'appliquer qu'à la partie (*litem contestatus est*); il est si souvent pris dans le sens passif, qu'il serait difficile de distinguer la règle de l'exception (*lis contestatur, lis contestata*). Cette confusion a lieu, d'ailleurs, même au temps de la meilleure latinité (7).

11. On le voit, sous le système formulaire, comme sous l'empire des actions de la loi, la *litiscontestatio* est restée le dernier acte de la procédure *in jure*. Cependant, il est une différence essentielle. Pendant la première

(1) Cicéron, *Pro Cæcina*, § 5. — Papinianus, l. 42 pr., ff. *De mort. caus. don.* 59, 6 ; *bonæ fidei judicio constituto.*

(2) Const. unic. Codice, *De litiscontestatione* 5, 9.

(3) Cicéron, *Pro Roscio*, § 2 : « *Lite constestata, judicio damni injurid constituto.* » — Gaius, Com. III, §§ 180-181.

(4) *Vaticana fragmenta*, § 265.

(5) V° *Contestari*.

(6) *Traité de droit romain*, VI, p. 15.

(7) Cicéron, *Pro Roscio Comedo*, XI et XII: *Pro Flacco*, XI. — Priscianus, VIII, cap. 4, § 18. — Gaius, Com. III, § 180.

période, la procédure est orale, il y a *litiscontestatio*,
quand les parties disent aux personnes présentes *testes
estote*; pendant la seconde période, au contraire, la procédure est écrite, et les parties ne prononçant plus ces
paroles sacramentelles, il y a *litiscontestatio* quand le
préteur délivre, par écrit, la formule d'action.

12. Nos anciens auteurs croyaient que la *litiscontestatio* avait lieu *in judicio*; ils se basaient sur la constitution unique au Code (1), sans voir que Tribonien l'avait
interpolée pour la mettre d'accord avec le système des
judicia extraordinaria. Nous avons plus haut (§ 5), par
un texte d'Aulu-Gelle, montré les raisons de décider, aux
premiers temps de Rome; de nombreux arguments vont
prouver que la solution est restée la même.

Les mots *acceptum judicium* sont, dans les lois romaines, synonymes de litiscontestation; or, *judicium* signifie
délivrance de la formule, et qui délivre la formule d'action, sinon le préteur (2)?

« Celui des fidéjusseurs contre qui le créancier veut
» agir pour la totalité, peut demander que l'action ne
» soit donnée contre lui que pour une part proportionnée
» au nombre des fidéjusseurs qui se trouvent solvables
» *litis contestatæ tempore* (3). Evidemment, cette déci-
» sion serait inapplicable, si la *litiscontestatio* avait lieu
» *in judicio*, après que l'action a été donnée et même
» portée devant le juge, comme l'a fait croire la consti-

(1) 5, 9.
(2) M. Humbert, Cours professé à la Faculté de Toulouse,
en 1866.
(3) *Institutes* de Justinien, III, *De fidéjussoribus*, § 4.

» tution des empereurs Sévère et Antonin, interpolée
» probablement par Justinien (1). »

Puis, on peut, jusqu'à la litiscontestation, changer de
mandataire *ad litem* : *Ante litem contestatam libera potes-*
tas est vel mutandi procuratoris, vel ipsi domino judicium
accipiendi (2). Dans l'espèce, litiscontestation est syno-
nyme de délivrance de la formule ; c'est dans la formule,
en effet, que l'on voit si la partie plaide par elle-même
ou par procureur ; or, la délivrance de la formule émanant toujours du préteur, la *litiscontestatio* a lieu *in jure*.

Un argument analogue est fourni par la loi 8, ff *de*
proc., d'Ulpien, où *tempore litiscontestatione*, signifie
nécessairement devant le magistrat.

Papinien nous apprend que la présence du juge n'est
pas nécessaire, lorsque le préteur délivre la formule aux
parties, et il en tire cette conclusion, que la nomination
d'un *judex furiosus* sort effet quand ce dernier recouvre sa raison en temps utile. *Cum furiosus judex*
addicitur, NON MINUS JUDICIUM ERIT, *quod hodiè non potest*
judicare..... neque enim in addicendo præsentia vel scien-
tia judicis NECESSARIA EST (3). Ainsi, pour qu'il y ait
constitutum judicium, non-seulement la présence du juge
n'est pas essentielle, mais il n'est même pas utile que ce
dernier ait conscience de ce qui se passe (4).

Enfin, de Savigny a trouvé un argument sans réplique, tant il montre la vérité avec évidence. Le provincial

(1) Du Caurroy, *Institutes* expliquées, n° 1175, note *b*.
(2) Paulus, l. 16, ff. *De procuratoribus* 3, 3. — Junge,
Ulpianus, l. 17 *cod.*
(5) Papinianus, l. 59 pr., ff. *De jud.* 5, 1.
(4) De Savigny, *Traité de droit romain*, VI, p. 15 et suiv.

ne peut être actionné qu'exceptionnellement, dans des cas où la litiscontestation, et c'est le texte qui le dit, avait lieu à Rome même (devant le préteur) et les débats en province (devant le juge) : *Causa cognita adversus eum judicium prætor dare debet* UT LIS CONTESTETUR, *ita ut in provinciam transferatur* (1). La présence du juge est-elle possible dans l'espèce?

13. En résumé, il nous paraît hors de doute, que la *litiscontestatio* a lieu *in jure*, et résulte de la délivrance de la formule.

CHAPITRE II.

NATURE DE LA **litiscontestatio**.

14. La nature de la *litiscontestatio* se résume aisément en trois principes.

a) La *litiscontestatio* éteint le droit réclamé, *ipso jure*, quand l'action est *in jus*, *in personam* et que le *judicium* est *legitimum; exceptionis ope*, dans tous les autres cas.

b) La *litiscontestatio* est génératrice, entre les parties, de l'obligation quasi contractuelle d'obéir à la sentence du juge.

c) Il n'y a pas novation de l'ancien droit par l'obligation nouvelle (2).

(1) Paulus, l. 28, § 4, *De judiciis* 5, 1. — De Savigny, *Traité de droit romain*, VI, p. 16.

(2) Nous étudierons plus loin les différences nombreuses qui, d'après M. Humbert, séparent la litiscontestation de la novation.

§ 1.

Caractère extinctif de la LITISCONTESTATIO.

15. Pour prouver la vérité de notre premier principe, examinons successivement l'effet de la litiscontestation sur les actions réelles, sur les actions personnelles *in jus* dont le *judicium* est *legitimum,* sur les actions personnelles dont le *judicium* n'est pas *legitimum,* et enfin, sur les actions personnelles *in factum.*

16. *Actions réelles.* La litiscontestation laisse, d'après les principes les mieux établis, subsister le droit poursuivi, puisqu'elle n'est pas rangée parmi les modes d'acquérir des droits réels. Que le demandeur abandonne l'action, il peut, d'après le droit civil, l'intenter de nouveau (*Si vero in rem..... actum fuerit, nihilominus postea agi potest* (1). Mais le préteur est là, qui sur la demande du défendeur insère dans la formule nouvelle l'exception *rei in judicium deductæ* et la *litiscontestatio* qui, *ipso jure,* laisse subsister les droits réels, les éteint *exceptionis ope.* (*Et ob id exceptio necessaria est rei judicatæ vel in rei judicium deductæ*) (2).

17. *Actions personnelles* IN JUS *dont le* JUDICIUM *est* LEGITIMUM. Lorsqu'une action personnelle est *in jus,* c'est-à-dire exercée au moyen d'une formule dont l'in-

(1) Gaius, *Com.* IV, § 107.
(2) Zimmern, *Traité des actions,* § 120. — Ortolan, Explication historique des *Institutes,* n° 2269.

tentio pose une question de droit, et que le *judicium* est *legitimum*, en d'autres termes, que le procès a lieu entre citoyens romains, devant un juge citoyen, et à Rome même ou dans le circuit du premier milliaire (1), l'obligation dont on réclame le paiement est éteinte en vertu des principes du droit civil (2). Et si le demandeur veut renouveler son action, le défendeur n'a besoin de faire insérer dans la formule aucune exception pour repousser son adversaire.

18. *Actions personnelles* IN JUS, *mais dont le* JUDICIUM *n'est pas* LEGITIMUM. La *litiscontestatio* ne les éteint qu'*exceptionis ope*. (Si LEGITIMO JUDICIO *in personam actum sit.....* IPSO JURE *de eadem re agi non potest*, dit Gaius (3), d'où par à *contrario* notre proposition).

19. *Actions personnelles* IN FACTUM. L'*intentio* se bornant à poser une question de fait, aucune question de droit n'est directement affirmée; rationnellement aucun droit ne peut être éteint puisqu'il n'en est point parlé dans la formule (4). Ici encore l'extinction n'a lieu qu'*exceptionis ope*.

20. Il résulte de ce qui précède que la litiscontestation a toujours un effet extinctif. Quand l'action est personnelle, *in jus*, que le *judicium* est *legitimum*, le droit est éteint *ipso jure;* dans tous les autres cas, le droit survit, mais le préteur le paralyse, en d'autres termes, il n'est éteint qu'*exceptionis ope*.

21. Lorsque le *judicium* est *imperio continens*, le

(1) Gaius, *Com.* IV, § 104.
(2) Gaius, *Com.* IV, § 107. — Zimmern, Ortolan, *eod.*
(3) *Com.* IV, *eod.*
(4) Gaius, *Com.* IV, § 106.

demandeur n'a droit de suivre le procès que pendant la préture du magistrat qui a délivré la formule ; avec l'*imperium* de ce dernier finit l'instance, même quand le juge n'a pas encore prononcé la sentence. Tant que dure le litige, le demandeur se trouve titulaire de la première créance, mais cette créance est doublée, ainsi que nous le verrons plus loin, du lien quasi-contractuel engendré par la *litiscontestatio*.

Quand il y a *judicium legitimum*, les effets produits sont bien différents ; le demandeur a, depuis la délivrance de la formule, dix-huit mois pour faire rendre la sentence au *judex*. Au bout de cette époque, il y a péremption en vertu de la loi *Julia-judiciaria*, et toute poursuite devient impossible.

Ces différences nous occuperont à propos de l'extinction du lien quasi-contractuel ; pour revenir à la première on s'en est demandé la raison. Un *judicium* dérivant de l'*imperium* du magistrat, ont répondu des Romanistes, ne saurait éteindre un *jus civile*. Ce motif ne prouve rien, le *judicium imperio continens*, en effet, éteint-il les droits prétoriens ? Il vaut mieux dire qu'un *judicium* dérivant du pouvoir précaire d'un magistrat, ne saurait détruire un droit *permanent*, et que les *judicia legitima* étant seuls à l'origine, on n'a fait qu'à eux, dès-l'abord, l'application de l'adage : *Non bis in idem* (1).

22. *Remèdes de droit prétorien contre la* CONSUMPTIO ACTIONIS. Après l'extinction du *judicium imperio continens* ou du *judicium legitimum*, il reste encore certains remèdes de droit Civil et de droit Prétorien pour faire revivre

(1) Gaius, *Com.* IV, § 108.

l'action ou suppléer à son absence. Le droit primitif a-t-il été éteint *ipso jure*, il ne peut revivre que par la *restitutio in integrum* accordée au mineur de vingt-cinq ans, chaque fois qu'il est lésé, et au majeur exceptionnellement, *cognita causa* (1).

Lorsque l'action est simplement paralysée par l'exception *rei in judicium deductæ* et par l'exception *rei judicatæ*, le préteur accorde au demandeur la réplique de dol pour détruire l'effet de la *consumptio actionis*; même dans cette hypothèse il agit *cognita causa* et à titre de *restitutio in integrum*. S'il n'en était pas ainsi, on en viendrait chaque fois que le *judicium est imperio continens* à tenir en échec les principes du droit (2).

Le défendeur ne pouvant employer comme le demandeur les actions primitives, a l'action *de dolo*, dont l'effet n'est pas de replacer les parties dans la situation où elles étaient avant la *consumptio*, mais de faire obtenir à celle qui est lésée une indemnité suffisante. *Dolo cujus effectum est, ut his temporibus legitimis transactis pereat, Trebatius ait de dolo dandum judicium,* NON UT ARBITRIO JUDICIS RES RESTITUATUR, *sed ut tantum actor consequatur, quanti ejus interfuerit id non esse factum* (3). Ce n'est donc pas un cas de restitution, puisque Paul a soin de dire : *non ut arbitrio judicis res restituatur*; le demandeur peut du reste user de cette action.

23. *Application à diverses espèces des principes précédents.* La *litiscontestatio* opère-t-elle *ipso jure*, le droit

____

(1) Ulpianus, l. 1, ff. 4, 1 ; l. 1, ff. 4, 4 ; l. 1 et 41, ff. 4, 6.
(2) Machelard, *Obligation naturelle*, p. 398 et suiv. — *Contra*, Huschke, Travaux sur Gaius, IV, p. 121 et 184.
(5) Paulus, l. 18, § 4, ff. *De dolo malo* 4, 5.

est éteint; dans les autres cas, le droit est simplement paralysé, tel est le principe incontestable maintenant. A sa lueur il nous sera facile de résoudre quelques difficultés, dont nos anciens auteurs n'avaient pu trouver le dernier mot.

Un procès se termine par une transaction; depuis, l'une des parties s'aperçoit que l'autre a d'une manière dolosive soustrait des pièces devant nécessairement entraîner le gain du procès (*subtractis instrumentis*, *quibus veritas argui potuit, decisionem litis extorsisse probetur*). Aucune difficulté ne s'élève (§ 22) sur les voies de droit offertes à la partie lésée. L'action primitive est éteinte d'après le droit civil; le plaideur frustré a, suivant les cas, l'action de dol ou la restitution en entier (*actionem de dolo potes exercere*). L'action est simplement paralysée, à l'exception *rei in judicium deductæ* ou *pacti*, le demandeur peut apposer la *replicatio doli* qui, elle-même, est un mode de restitution en entier (*si quidem actio superest, replicationis auxilio doli mali pacti exceptio removetur*) (1).

Doneau, bien longtemps avant la découverte du manuscrit de Gaïus, donna une explication problématique du double recours indiqué par les empereurs Dioclétien et Maximien. D'après lui, la première voie de droit s'appliquait à l'hypothèse d'une transaction avant procès, opérée soit par un pacte, soit par une stipulation. Mais les mots *litis decisionem extorsum* supposant au contraire un procès déjà engagé, l'interprétation de Doneau ne

(1) Diocletianus et Maximianus, Irenæo, Const. 19, Cod. *De transactionibus* 2, 4.

pouvait être regardée comme vraie, même à l'époque où il la produisit (1).

24. On concilie, de même, plusieurs textes regardés comme en antinomie par les anciens Romanistes.

Si persuaseris mihi, nullam societatem tibi fuisse cum eo, cui heres sum et ob id judicio absolvi te passus sim, dandam mihi de dolo actionem Julianus scribit (2). Voici, d'abord, l'espèce de la loi, Titius, associé de Caius, meurt en laissant Sempronius pour héritier. Caius est débiteur de Titius à l'occasion de la société, et Sempronius invoquant cette créance, intente contre lui l'action *pro socio*, Caius persuade frauduleusement à Sempronius qu'il n'a été lié envers le défunt par aucun rapport de société, et l'héritier, convaincu, abandonne l'action qui bientôt est périmée. Dans l'espèce, dit Julien, et après lui le jurisconsulte Paul, Sempronius a l'action de dol.

Un autre texte, du même auteur, semble admettre la solution radicalement opposée. *Cum a te pecuniam peterem, eoque nomine judicium acceptum est, falso mihi persuasisti, tanquam eam pecuniam servo meo, aut procuratori solvisses : eoque modo consecutus es, ut consentiente me absolveris, quærentibus nobis, an in te doli judicium dari debeat ; placuit de dolo actionem non dari ; quia alio modo mihi succurri potest : nam ex integro agere possum ; et si objiciatur exceptio rei judicatæ, replicatione jure uti potero* (3). Aulus Agerius actionne Negidius dont il est le créancier ; mais, après des manœuvres

---

(1) Machelard, *Obligation naturelle*, p. 412 et 415.
(2) Paulus, l. 20, § 1, ff. *De dolo malo* 4, 3.
(3) Paulus, l. 25, ff. *De dolo malo* 4, 5.

frauduleuses de la part du défendeur, le demandeur,
croyant qu'un de ses esclaves a reçu le paiement, con-
sent à ce que le juge rende une solution absolutoire. A
ceux qui lui demandent; une action de dol sera-t-elle
donnée à Aulus Agerius? Paul répond négativement,
parce que le même résultat est indirectement atteint; si
Agerius intente de nouveau l'ancienne action, l'exception
de la chose jugée, introduite dans la formule sur la
demande de Négidius, sera paralysée par la réplique de
dol.

Dans le premier fragment, le droit est éteint d'après
Paul; dans le second, il survit. La contradiction n'est
qu'apparente. L'action, dont parle la loi 20, § 1er, réu-
nissait, sans doute, les caractères exigés, pour que la
litiscontestatio fût extinctive du droit réclamé; au contraire, l'action dont parle la loi 25 manquait de l'un des
éléments, et le droit n'étant que paralysé par une exception, revit au moyen de la réplique de dol (1).

25. La même observation fait disparaître une autre
antinomie. Dans la loi 25 *ff. de administratione et periculo
tutorum* (26, 7), Ulpien étudie les moyens de protection
accordés au pupille quand les curateurs, intentant contre les tuteurs, pendant l'impuberté, l'action de tutelle,
omettent, par la faute de ces derniers (*culpa corum*), de
faire valoir quelques-uns des chefs du compte de tutelle
(*in id quod suâ intererat minoris tutores..... condemnatos
non esse*). Le jurisconsulte, reproduisant l'opinion de
Papinien, qu'il adopte puisqu'il ne la critique pas,

(1) M. Humbert, Conférences faites à la Faculté de Toulouse,
aux aspirants en doctorat (1866).

accorde au pupille, devenu pubère, la *restitutio in inte-grum*. D'après Ulpien, l'action est éteinte, puisqu'il ne reste que ce remède prétorien.

A propos d'une espèce analogue, les empereurs Sévère et Antonin adoptent la solution contraire, et soutiennent que l'action de tutelle n'est pas éteinte par la *litiscontes-tatio* : *Licet judice accepto, cum tutore tuo egisti, ipso tamen jure actio tutelæ* SUBLATA NON EST : *et ideò si rur-sùs eumdem judicem petieris, contra utilem exceptionem rei judicatæ, si de specie, de quâ agis, in judicio priore tractatum non esse allegas, non inutiliter replicatione doli mali uteris* (1). D'après eux, que le pupille intente de nouveau l'action de tutelle et l'exception *rei judicatæ*, qui d'habitude la paralyse, tombe devant la réplique de dol.

La conciliation est encore la même; le texte d'Ulpien traite d'une espèce où l'action est personnelle, *in jus*, et où le *judicium* est *legitimum* ; les empereurs Sévère et Antonin se sont placés dans une hypothèse où l'un de ces éléments faisant défaut, la *litiscontestatio* n'est ex-tinctive qu'*exceptionis ope* (2).

§ 2.

La LITISCONTESTATIO, *source d'obligations.*

26. La *litiscontestatio* est génératrice d'une obligation

_____

(1) Const. 2, Cod. *De judiciis* 3, 1.
(2) M. Humbert, Conférences faites aux aspirants en doctorat (1866).

quasi-contractuelle, unilatérale et conditionnelle, dont l'objet est de contraindre les plaideurs à suivre en tous points la sentence du juge.

27. Dans un premier système, la litiscontestation est un véritable contrat : *In persona defensoris, non solum hoc exigitur, ut judicetur adversus eumdem defensorem, sed etiam ut judicium accipiatur cum eo, qui tunc sit in eadem causâ, in quâ fuit tempore interpositæ stipulationis* (1). Un peu plus loin, Doneau ajoute : *Fatendum est in litiscontestatione non esse conventionem apertam, at est tacita*. Nous n'entrerons pas dans l'examen des arguments que l'on a fait valoir en faveur de cette cause perdue ; Doneau oublie qu'une condition essentielle à tout contrat est la volonté libre des parties ; or, un défenseur est-il libre de ne pas suivre l'instance (2)?

28. Reste à prouver que la *litiscontestatio* engendre une obligation quasi-contractuelle, ce qui résulte du texte suivant : *Idem scribit,* JUDICATI *quoque patrem de peculio actione tenere. Quod et Marcellus : Putat etiam ejus actionis nomine,* EX QUA NON POTUIT PATER DE PECULIO ACTIONEM PATI*, nam* SICUT STIPULATIONE CONTRAHITUR ITA JUDICIO CONTRAHI*; proinde non originem judicii spectandam sed ipsam judicati velut obligationem* (3). Un fils de famille se trouve obligé par suite d'un délit ; les actions noxales sont insuffisantes pour procurer aux créanciers réparation du préjudice ; que feront-ils? Ils

---

(1) Donellus, XII, cap. 14, §§ 9 et suiv.
(2) De Savigny, *Traité de droit romain*, VI. Le défendeur était si peu libre que l'on disait : *Prætor judicium accipere cogit*, L. 8, § 5, ff. 5, 5.
(3) Ulpianus, l. 3, § 11, ff. *De peculio* 15, 1.

àctionneront le fils de famille, chose possible, ce dernier ayant personnalité juridique. Après la *litiscontestatio*, ils poursuivront le père *de peculio*, en vertu du *judicium acceptum*, pour l'obligation du débiteur sur lequel il a la *paterna potestas*. Ainsi, le père sera tenu d'une obligation *ex qua non potuit de peculio actionem pati*, mais indirectement, nous dit Ulpien, et parce que de la *litiscontestatio* résulte une obligation quasi-contractuelle (1).

Une action populaire appartient de sa nature à tous les Romains (2); on peut dire que dans ce conflit d'intérêts, le droit n'appartient à personne. Après la *litiscontestatio*, la situation est tout autre. Le demandeur acquiert un droit exclusif à l'encontre de tous les autres citoyens. *Quod si ex populari causâ, ante litiscontestationem, recte dicitur creditoris loco non esse, postea esse* (3). C'est que de la litiscontestation résulte une obligation quasi-contractuelle liant les parties entre elles (4).

29. La formule d'action ne donne au juge que le pouvoir de condamner ou d'absoudre le défendeur (*si paret...., condemnato, si non paret absolvito*). L'obligation qui en résulte est donc unilatérale.

30. Elle est de plus conditionnelle, car si le juge peut condamner le défendeur, il a le droit de l'absoudre (*si non paret, absolvito*).

31. Le caractère quasi-contractuel de l'obligation

---

(1) De Savigny, *Traité de droit romain*, VI, § 56. — M. Humbert, Cours professé à la Faculté de Toulouse (1866). — Bonjean, *Traité des actions*, § 204.

(2) Mæcianus, l. 52 pr., ff. *Ad legem Falcidiam* 35, 2.

(3) Ulpianus, l. 12 pr., ff. *De verborum significatione* 50, 16.

(4) De Savigny, *Traité de droit romain*, II, p. 155.

engendrée par la *litiscontestatio* a fourni à M. Humbert (1) l'explication nouvelle d'une définition de l'action trouvée obscure par tous les commentateurs : *Actio est jus perse-quendi judicio quod sibi debetur* (2). Il y a une lacune , disait-on, le texte ne parle que des dettes (*quod sibi debetur*), cependant les droits réels donnent naissance à des actions quand ils sont méconnus.

Blondeau tournait la difficulté en faisant observer que la violation d'un droit réel engendre l'obligation de replacer le demandeur dans sa position primitive. Cette interprétation est fautive, car Celse, en se plaçant au point de vue de la procédure devant le juge (*judicio*), entend parler de l'obligation qu'engendre la délivrance de la formule.

D'après Demangeat, les actions réelles sont susceptibles de revêtir la forme *per sponsionem*, ce qui ramène tout à l'action personnelle. Pourtant, il n'en est pas moins vrai que la *formula petitoria* est d'un usage fréquent.

Nous aimons mieux dire avec M. Humbert que Celse fait allusion à l'obligation qui résulte de la délivrance de la formule. L'action est le droit de poursuivre devant le juge ce que doit le défendeur en vertu du quasi-contrat judiciaire, tel est le sens de la définition des Institutes.

§ 3.

La litiscontestation opère-t-elle novation ?

32. Soit *ipso jure*, soit *exceptionis ope*, la *litiscontes-*

(1) Cours oraux de 1866.
(2) Celsus, l. 51, ff. *De obligationibus et actionibus* 44, 7.

tatio éteint l'obligation primitive, qui se trouve remplacée par une obligation quasi-contractuelle. Ne trouve-t-on
pas réunis les éléments indiqués dans la définition de la
novation? N'y a-t-il pas transformation d'une dette en
une autre? Les auteurs sont loin d'être d'accord sur la
réponse à donner; mais reconnaissons tout d'abord que
l'intérêt de cette controverse est plus théorique que pratique, car les effets de la litiscontestation, précisés par
des textes nombreux, restent les mêmes, quelle que soit
la solution adoptée.

33. Voët (1), du Caurroy (2), Ortolan (3), Machelard (4), de Vangerow (5), Bonjean (6), soutiennent que
la *litiscontestatio* opère novation. Leur premier argument
est tiré de ce texte de Gaius : *Ante litem contestatam
dare debitorem oportere; post litem contestatam, condemnari
oportere; post condemnationem judicatum facere oportere* (7). Avant la *litiscontestatio*, le débiteur est tenu de
donner, après, il est tenu d'obéir à la sentence; l'obligation primitive a été transformée en une dette nouvelle,
née comme d'un contrat; c'est là vraiment un cas de
novation.

Au texte de Gaius, vient se joindre un texte du titre
de novationibus : Fit autem delegatio vel per stipulationem

(1) *De novationibus*, n° 1.
(2) Explication des *Institutes*, n°² 1120, 1175, 1512.
(3) Explication historique des *Institutes*, n° 1704.
(4) *Textes choisis*, p. 159.
(5) *Lehrbug*, I, § 160.
(6) *Traité des actions*, § 204.
(7) Gaius, *Com.* III, n° 180.

vel per litiscontestationem (1). Il est hors de doute que la délégation est une novation plus compliquée que la novation simple. Dire que l'on peut déléguer par la *litiscontestatio*, c'est dire que l'on nove en employant cette institution.

Bien plus, certains fragments du Digeste qualifient le *judicium acceptum* de novation. On lit, par exemple, dans le titre *De novationibus* : *Aliam causam esse* NOVATIONIS VOLUNTARIÆ ALIAM *judicii accepti multa exempla ostendunt* (2). Par cette opposition, Paul semble dire que la délivrance de la formule entraîne novation forcée ; il place la novation et la *litiscontestatio* sur la même ligne.

L'argument le plus fort est tiré d'un passage où l'auteur étudie les conséquences d'une donation faite par une mère à son fils en violation de la loi Censia : *Eam, quæ bona sua filiis per epistolam citra stipulationem donavit, si neque possessionem rerum singularum tradidit, neque per mancipationem prædiorum dominium transtulit, nec interpositis delegationibus aut* INCHOATIS LITIBUS ACTIONES NOVAVIT, *nil egisse placuit* (3). Les mots *inchoatis litibus* signifient délivrance de la formule, il en résulte que la litiscontestation opère novation.

34. Zimmern (4), Keller (5), Ribbentrop (6), Deman-

---

(1) Ulpianus, l. 11, § 1, ff. *De novationibus et delegationibus* 46, 2.

(2) Paulus, l. 29, ff. *Eod.*

(3) *Vaticana fragmenta*, § 263.

(4) *Traité des actions*, § 125.

(5) *Uber litiscontestation und Urtheil*, p. 98 et suiv.

(6) *De necessaria, quam vocant, novatione commentatio.*

geat (1), soutiennent la thèse contraire. Comme leurs
adversaires, ils argumentent du paragraphe 8, Commentaire III, de Gaius. Gaius, disent-ils, considère la *litis-*
contestatio comme un mode d'extinction (*tollitur obligatio*
litiscontestatione), mais il n'ajoute pas qu'elle nove l'obligation dont le paiement est réclamé. S'il en eût été ainsi,
il l'aurait dit sans aucun doute, car son ouvrage, étant
élémentaire, s'adresse spécialement à ceux qui ne connaissent pas les principes du droit.

La loi 22, ff 26, 7, est plus explicite, elle suppose
qu'autre chose est la *litiscontestatio*, autre chose la novation : *Tutor ad utilitatem pupilli et* NOVARE *et* REM IN
JUDICIUM DEDUCERE *potest*. La loi 2, § 8, *in fine*, ff 18,
1, fournit un argument analogue : *Sed et si* NOVAVERIT,
vel IN JUDICIUM DEDUXERIT ACTIONEM, *præstare debebit*
hanc ipsam actionem quam nactus est. Si la *litiscontes-*
tatio eût opéré novation, les jurisconsultes dont nous
venons d'invoquer l'autorité auraient-ils jugé nécessaire
de préciser que le principe posé par eux s'étend à l'introduction d'instance? Enfin, Ulpien, dans la loi 11,
pr. et § 1, ff *de nov.*, compare par *a contrario*, la
novation et le *judicium acceptum* : *Solutum non vide-*
tur, si lis contestata cum debitore sit de ipso debito, vel
si fidejussor conventus fuerit. § 1 *Novata autem debiti*
obligatio, pignus perimit : nisi convenit ut pignus repe-
tatur. Ulpien n'appelle novation que la novation volontaire, il la regarde comme différant essentiellement de la
litiscontestation ; les effets étant autres, les causes ne
peuvent être identiques.

(1) *Traité élémentaire de droit romain*, p. 453.

35. Il reste à répondre aux arguments des partisans de l'affirmative. Au § 180, Gaïus dit qu'il y a extinction d'une dette et création d'une dette nouvelle, cela ne suffit pas pour opérer novation ; il faut, en outre, la volonté des parties, l'*animus novandi*. *Hoc quidem inter veteres constabat tunc fieri novationem cum novandi animo in secundum obligationem fuerat.*

La loi 11, § 1, *ff de pignoratitia actione*, assimile la novation au paiement ; au paiement, Ulpien oppose la *litiscontestatio*. Donc, la litiscontestation n'emporte pas novation, sinon il y aurait des antinomies dans la théorie d'Ulpien.

La loi 11, § 1, *ff de Nov.*, est susceptible d'être interprétée dans un tout autre sens ; par la délivrance de la formule, les parties n'arrivent pas à une délégation véritable, mais à un résultat analogue. Primus, *procurator in rem suam*, devient *dominus litis* par le *judicium acceptum*. Ce procédé est même préférable à la délégation, puisque les accessoires de la créance survivent. La réponse à faire au § 263 des *Vaticana fragmenta* est la même ; les résultats obtenus étant analogues, le rédacteur, homme pratique, appelle novation la *litiscontestatio*. On peut invoquer, en ce sens, la loi 29, *ff de Nov.*, qui compare ces deux institutions, sans les assimiler.

Enfin, la loi 1, *ff de Nov.*, dit que l'on peut toujours nover une dette naturelle ; toute autre chose est la *litiscontestatio*, exclusivement applicable aux dettes civiles.

Du temps de Justinien, la question est autrement

tranchée, et le *judicium acceptum* opère une véritable novation, que nous appellerons novation imparfaite (1).

CHAPITRE III.

EFFETS DE LA LITISCONTESTATION.

30. Nous connaissons la nature de la *litiscontestatio*. Nous savons qu'elle engendre une obligation quasi contractuelle, ce qui fait dire à Sénèque (2) : *jam primo vinculo tenentur et mutare illis formulam non licet*. L'objet de cette obligation est nettement précisé dans un texte, déjà cité, qui résume l'ensemble de la procédure : *ante litem contestatam debitorem dare oportere, post litem contestatam condemnari oportere, post condemnationem judicatum facere oportere*.

La *litiscontestatio* forme une décision proprement dite ; c'est, en réalité un jugement interlocutoire tendant à une sentence définitive. Son importance est d'autant plus grande, que la justice humaine frappée, comme tout ce qui est fini, d'une profonde faiblesse, a besoin, pour s'éclairer, des lenteurs d'une interminable procédure. Pourquoi les parties souffriraient-elles de ces retards ? La

(1) Const. 5, Cod. *De usuris rei judicatæ* 7, 54.

J'ai résumé dans cette discussion une brillante conférence, faite par M. Humbert, aux aspirants en doctorat. Je souhaite que la brièveté de cette analyse n'ait altéré ni la clarté, ni la puissance de dialectique de ce savant romaniste.

(2) *Lettre* 107.

sentence est rendue longtemps après la délivrance de la
formule, mais, dans les appréciations auxquelles il doit
se livrer, le juge se reportera à ce moment. « La vérité,
» ne pouvant se manifester à l'esprit du juge par intui-
» tion, la preuve exigeant le plus souvent un certain
» délai, il faut qu'au moment où la sentence peut être
» prononcée, le demandeur soit mis autant que possible
» dans la position où il aurait été, si justice lui eût été
» rendue à l'instant même de la *litiscontestatio* (1). »
Donc, le *judicium acceptum* assure la sentence et détermine l'étendue des droits du demandeur.

37. Du principe que la *litiscontestatio* engendre entre
les plaideurs un lien obligatoire, il résulte que :

a) Ni les parties, ni l'objet du litige ne peuvent changer, les rapports exclusivement juridiques périssant à la
moindre modification ;

b) Les pouvoirs du juge sont limités strictement à
l'étendue même de cette obligation ;

c) Chaque partie peut contraindre le juge à prononcer
la sentence, puisque l'obéissance à la sentence est l'objet
même du quasi-contrat judiciaire.

d) Le droit du demandeur, transformé, quoiqu'il n'y
ait pas novation (§ 34), devient transmissible aux héritiers, et perpétuel dans les cas où il était purement personnel et temporaire.

38. Du principe que le demandeur doit être traité
comme s'il eût triomphé au moment de la délivrance de
la formule, il résulte que :

(1) Pellat, Sur la loi 13, § 3, *De rei vendicatione.*

a) Le défendeur doit conserver l'objet litigieux et le restituer *cum suâ causâ*.

b) Le défendeur est mis en demeure au moins d'une manière relative.

c) Le défendeur doit les fruits et parfois les intérêts, à partir de la *litiscontestatio*.

d) Il faut revenir sur l'usucapion accomplie avant la sentence et depuis que le procès est lié.

e) Il faut se placer à l'époque de la litiscontestation pour apprécier l'indemnité due par suite de la diminution de valeur de l'objet litigieux.

39. Ce chapitre est divisé en deux sections : effets relatifs à la forme et à la procédure ; effets relatifs au fond du droit.

SECTION I.

EFFETS RELATIFS A LA FORME ET A LA PROCÉDURE.

§ 1.

Premier effet. — Détermination du demandeur et du défendeur.

40. Le droit romain, essentiellement logique, n'admet pas qu'une obligation soit, activement ou passivement, susceptible d'être transférée d'une personne à une autre. Un rapport n'est plus le même dès que l'on modifie un de ses termes ; changez un élément dans une obligation,

vous n'avez plus le même droit. On arrive, sans doute, à un résultat analogue, par des moyens détournés, mais théoriquement, toute cession, tout transport de créance est impossible.

Dès que la formule d'action est délivrée par le préteur, il y a quasi-contrat, et par suite un créancier et un débiteur; changez l'un des sujets de ce droit et vous altérez le droit lui-même. Le demandeur et le défendeur doivent donc rester les mêmes pendant tout le temps du procès.

41. Ainsi, l'*adjectus solutionis gratiâ* est à la fois le mandataire du débiteur et du créancier ; il ne peut être révoqué que d'un commun accord, et le débiteur a·le choix d'effectuer le paiement, soit entre ses mains, soit entre les mains du créancier principal (1). Il n'en est plus de même après la *litiscontestatio*; l'obligation primitive est éteinte, le mandat devient irrévocable, et le défendeur doit effectuer le paiement entre les mains de l'*adjectus solutionis gratiâ*.

Un créancier a plusieurs débiteurs solidaires ; avant la délivrance de la formule il attaque qui bon lui semble; après, il ne peut revenir sur le choix qui se trouve être définitif, parce que l'effet extinctif de la *litiscontestatio* lui fait perdre le droit qu'il avait d'abord d'actionner les autres codébiteurs (2).

Dans une action noxale, le défendeur est tenu de suivre le procès après le *judicium acceptum*, quand même

_____

(1) Papinianus, l. 118, § 2, ff. 45, 1.
(2) Javolenus, l. 2, ff. *De duobus reis*. — Ulpianus, l. 5, ff. *De fidejussoribus*. — Venuleius, l. 31, ff. *De novationibus*.

il perdrait la propriété de l'esclave ou de l'animal auteur du dégât (1).

42. Pour cette matière, comme pour celle des obligations, on en fut bientôt réduit à chercher un moyen indirect de substituer un tiers aux parties engagées dans l'instance. Qu'il soit urgent pour l'un des plaideurs de 's'éloigner de la cité, à quel procédé recourir pour lui donner un successeur ? Les jurisconsultes romains ne virent qu'une façon de tourner la difficulté : ils retouchèrent la formule délivrée pour opérer la *litis-translatio*. Lorsqu'après le *judicium acceptum* on veut remplacer le *dominus* par un mandataire *ad litem* (*a domino in procuratorem*), ou le mandataire par le *dominus* (*a procuratore in dominum*) ; lorsque l'on veut retourner contre celui qui, regardé comme au début de l'instance, a été déclaré libre après avoir intenté la *liberalis causa*, l'action noxale intentée contre son prétendu maître (2), la partie qui réclame la litistranslation doit se rendre devant le préteur. Ce magistrat examine les prétentions du réclamant (*cognita causa*) (3), et, s'il y a lieu d'y faire droit, change dans la *condemnatio* le nom du défendeur ou du demandeur, suivant qu'il s'agit d'une *litistranslatio a parte actoris reive* (4).

43. La modification de la formule doit-elle être plus

---

(1) Tryphoninus, l. 57, ff. *De noxalibus actionibus.* — Ulpianus, l. 1, § 15, ff. *Si quadrupes pauperiem fecisse dicatur.* — Bonjean, *Traité des actions*, § 206. — Ortolan, Explication historique des *Institutes*, § 2045.

(2) L. 24, ff. *De lib. causâ* 40, 12.

(3) Ulpianus, l. 17, ff. *De procuratoribus et defensoribus* 5, 5.

(4) Zimmern, *Traité des actions*, § 119, *in fine*.

radicale lorsqu'elle est nécessitée par le décès de l'un des plaideurs ? *Primus* actionne, en qualité d'héritier, un débiteur du défunt, non-seulement la *condemnatio*, mais encore l'*intentio* de la formule sont rédigées sans son nom, *ut si proprio nomine si deberetur* (1). Quand la formule a été délivrée au défunt, sous son propre nom, il est difficile d'admettre qu'une seule *translatio judicii* suffise pour lui substituer l'héritier. La *translatio judicii*, en effet, n'affecte que la *condemnatio*, et le nom du défunt continuerait à figurer dans l'*intentio*, ce qui est impossible : *Neque id quod defuncti fuit potest intendere... neque id quod defuncto debebatur*, dit un texte bien connu en parlant de l'héritier (2) ; un peu plus loin il ajoute : *Potest intendere dare sibi oportere* (3).

44. Cette théorie serait incomplète, si nous ne parlions pas de l'influence de la *litistranslatio* sur la caution *judicatum solvi*.

Nous nous trouvons en présence de deux textes qui semblent se contredire au premier abord : *Si ex parte actoris litistranslatio fiat, dicimus, committi judicatum solvi stipulationem a reo factam ; idque et Neratius probat et Julianus, et hoc jure utimur* (4), dit le premier fragment ; mais, d'après le second : *Defensor absentis cautionem judicatum solvi præstitit. In dominum a judicio postea translato, fidejussores ob rem judicatam, quos*

(1) L. 93 pr., ff. *De sol.* 46, 3.
(2) Gaius, Com. IV, § 34.
(3) Keller, *Über litiscontestation und Urtheil*, p. 167, note 3. — Zimmern, *Traité des actions*, § 119, note 17.
(4) Ulpianus, l. 27, § 1, ff. *De procuratoribus et defensoribus* 3, 3.

defensor dedit, non tenebantur, nec pignora quæ dede-
runt (1).

La conciliation est pourtant assez simple ; dans le premier cas, il s'agit de *litistranslatio* par changement de demandeur (*si ex parte actoris litistranslatio fiat*) ; le débiteur, en vertu du quasi-contrat judiciaire, restant le même, on ne voit pas pourquoi les sûretés accessoires de sa dette s'évanouiraient. Dans le second cas, le changement a lieu du côté du défendeur ; les sûretés accessoires doivent disparaître avec le débiteur primitif ; il serait contraire au crédit de maintenir les cautions avec un nouveau défendeur, qui, lui, est peut-être insolvable. Cette antinomie se réduit à une simple distinction.

45. Ulpien, dans la loi 27, § 1, *de procuratoribus*, ajoute sur la *litistranslatio*, par changement de demandeur, un renseignement qui n'est pas sans intérêt. Lorsque le maître de l'affaire prend la place d'un mandataire *ad litem*, c'est lui qui se trouve créancier des cautions données par le défendeur pour assurer l'exécution de la sentence (*et ex stipulatu actionem a procuratore in dominum transferri*). Si un mandataire prend la place du *dominus*, il devient, lui aussi, créancier des cautions (*et licet procuratori commissa sit stipulatio*), mais le mandant conserve l'exercice des actions utiles (*Domino erit danda utilis ex stipulatu actio.*)

46. L'effet de la litiscontestation d'après lequel la personne du demandeur et celle du défendeur sont fixées d'une manière définitive fournit les moyens d'arriver à un résultat semblable, soit à l'expromission, soit à la

(1) Papinianus, l. 1, § 1, *Quibus modis pignus et hyp.* 20, 6.

délégation. Jetons un coup d'œil rapide sur le mécanisme de ces agissements.

a). Expromission. L'expromission est le fait d'une personne qui sans mandat se met à la place d'une autre personne pour la libérer. Supposons Caius absent, Sempronius dit au créancier de Caius : Actionnez-moi, je me porte défendeur pour votre débiteur. Pourvu que Sempronius donne la caution *judicatum solvi*, le créancier est tenu d'accéder à sa demande (1). L'*intentio* est alors rédigée contre le débiteur, et la *condemnatio* contre l'*expromissor* (2). L'*expromissor* n'étant pas *cognitor* doit toujours donner caution (3). Il paraît que le créancier perdait le droit d'agir contre le débiteur et pouvait être repoussé par l'exception *rei in judicium deductæ* lorsque l'action ne réunissant pas les caractères voulus, la *litiscontestatio* n'éteignait la créance qu'*exceptionis ope* (4).

b). Délégation. Ulpien dit à la loi 11 § 1 *ff de Novationibus* : *Fit autem delegatio vel per stipulationem vel per litiscontestationem.* Nous avons eu déjà occasion d'observer que la *litiscontestatio* n'opérait pas une délégation véritable, mais arrivait à un résultat analogue. Le texte d'Ulpien a besoin d'être légèrement modifié pour être vrai.

1° *Délégation de débiteur.* Pour libérer l'ancien débiteur, on peut se présenter comme mandataire *ad litem*. Le plus souvent, le délégué sera débiteur du délégant,

---

(1) Ulpianus, l. 55, § 2, ff. *De procuratoribus* 5, 5 et l. 1, ff. *De negotiis gestis.*
(2) Gaius, Com. IV, n° 87.
(5) Gaius, Com. IV, n° 101.
(4) L. 11, § 7, ff. *De exceptione rei judicatæ.*

mais ce n'est pas essentiel, il suffit qu'il soit simplement *cognitor* (1).

Le quasi-contrat résultant de la *litiscontestatio* se forme entre le demandeur et le mandataire, et l'ancien débiteur se trouve libéré, soit que le mandataire perde son procès, soit qu'il le gagne (2).

2° *Délégation de créancier.* Pour réaliser une cession d'action, l'ancien créancier constitue son cessionnaire mandataire *ad litem*. La *litiscontestatio* rend le cessionnaire *dominus litis* et lui confère l'exercice de l'action *judicati* contre le défendeur (3). Le défendeur oppose valablement toutes les exceptions qu'il avait contre le cédant, car l'*intentio* est toujours rédigée *ex persona mandantis*; il peut aussi exiger du demandeur la caution *rem dominum ratam habiturum*.

Depuis l'empereur Sévère le *procurator præsentis* est assimilé au *cognitor*, devient *dominus litis*; plus tard, on étendit l'assimilation au mandat certain (4).

§ 2.

Second effet. — La litiscontestation rend de nul effet le défaut des parties.

47. Que le demandeur soit ou non présent, que le défendeur se trouve dans la seconde de ces hypothèses,

(1) Gaius, *Com. IV*, n° 83.
(2) L. 11, § 7, ff. *Eod.*
(3) *Vaticana fragmenta*, § 317.
(4) M. Humbert, Conférences préparatoires au doctorat (1866).

le juge n'en doit pas moins rendre la sentence. On ignore à Rome les règles du jugement par défaut, parce que la *litiscontestatio* emporte pour les plaideurs obligation d'être jugée.

Pourtant, si le défendeur vient à faire défaut à ce moment de la procédure, le préteur rend un édit répété deux autres fois s'il y a lieu à dix jours d'intervalle, pour enjoindre au défaillant d'avoir à comparaître. Le dernier édit est nommé *peremptorium;* si le défendeur n'y obéit pas, le procès suit son cours (1).

Si c'est le demandeur qui fait défaut, le défendeur a droit d'exiger que l'affaire soit immédiatement jugée (2).

Avant la *litiscontestatio,* au contraire, l'absence du défendeur produit les plus fâcheux résultats ; s'il se cache, il n'est aucun moyen de lier l'instance. Aussi, pour le forcer à reparaître, le préteur envoie le demandeur en possession des biens du défaillant (3).

§ 3.

Troisième effet. — Détermination du lieu où le procès se juge définitivement.

48. Le *judicium acceptum* détermine en outre le lieu où le litige se vide définitivement. *Ubi acceptum est semel*

(1) Hermogenianus, l. 53, ff. *De re judicata* 42, 1. — Paul, *Sentences* 5, 5 A, § 7. — Ortolan, § 2045. — Bonjean, l, § 225.
(2) Scævola, l. 28, ff. *De appel.*
(3) Bonjean, *Traité des actions,* § 203.

judicium ibi et finem accipere debet, dit la loi 34 *ff. de judiciis*. Le magistrat ne peut choisir pour juge une personne
étrangère à la localité, et l'on doit lire dans la loi Ult. *ff.
de Off. prœt. urb. 1, 12 : ne extra urbem potest jubere
judicare.*

Il est pourtant une dérogation, dont nous avons tiré
argument plus haut, lorsque la formule est en cas d'urgence délivrée par un magistrat romain contre un *lega-
tus provinciœ* (1). La formule portait, suivant toutes les
apparences, qu'au président de la province incomberait
la charge de désigner un juge aux parties. Tel est le sens
des mots : *ut lis contestetur ita ut in provinciam transferatur* (2).

§ 4.

Quatrième effet. Détermination des éléments du litige.

49. La formule détermine strictement les pouvoirs
du juge qui doit observer l'ordre des preuves et n'admettre que les exceptions spécialement indiquées. *Ultra
id, quod in judicium deductum est, excedere potestas
judicis non potest* (3). Les prétentions du demandeur,
d'abord indéterminées, sont précisées dans l'*intentio* qui
devient pour les parties là source d'un droit positif.

Après la *litiscontestatio*, aucun élément du litige,

(1) L. 28, § 4, ff. *De judiciis.*
(2) Zimmern, *Traité des actions*, § 124, note 2.
(3) Javolenus, l. 18, ff. *Communi dividundo* 10, 5.

même en cas d'erreur ou de préjudice inique, n'est susceptible d'être modifié, à moins de *restitutio in integrum*. Un citoyen a mal à propos agi *de Peculio*, tandis que par l'action *quod jussu* il eût obtenu l'intégralité de sa créance ; sans la restitution en entier, il lui est impossible de revenir à la première action (1).

50. La vigueur des principes fléchit dans un cas. Un citoyen actionne noxalement le maitre d'un esclave. La formule donnée interdit l'option possible chaque fois qu'une action noxale est intentée (*detracta noxæ deditione*), par ce motif, que le maitre avait eu connaissance de l'intention dolosive de l'esclave. Le jurisconsulte Paul examine si le demandeur peut, *in judicio*, retirer cette restriction de la *condemnatio* ou réciproquement, la formule ayant été rédigée d'après le droit commun, s'il peut, pendant la même partie de la procédure, reprocher au défendeur sa *scientia* et demander au juge de lui retirer l'option. Paul, consulté, se prononce pour l'affirmative (2).

51. Le juge est limité, dans son pouvoir d'appréciation, par la formule et ne peut accorder au demandeur plus qu'il n'a été fixé. Quand la réclamation porte sur une somme certaine (*quâ certam pecuniam petimus*), le juge ferait le procès sien, en accordant une somme supérieure ou inférieure. Souvent, dans les litiges relatifs aux choses de genre, le préteur fixe un maximum que le juge ne doit pas dépasser ; ce dernier n'a un pouvoir

(1) Ulpianus, l. 4, § 5, ff. *Quod cum eo.* — Bonjean, *Traité des actions*, § 206.
(2) Paulus, l. 4, § 5, ff. *De noxalibus actionibus* 9, 4.

étendu que lorsque la formule porte : *quanti ea res erit ,
tantam pecuniam condemna.*

Les moyens directs de défense sont les seuls qu'il soit
permis d'invoquer toujours. Les exceptions et prescriptions ne sont pas opposables sans être spécialement men-
tionnées ou tout au moins sous-entendues comme les
exceptions basées sur l'équité dans les actions de bonne
foi.

§ 5.

*Cinquième effet. Détermination du juge et obligation de
prononcer la sentence.*

52. La *litiscontestatio* détermine le juge qui doit connaître de l'affaire. Lorsqu'il est nécessaire de transférer
l'action d'un juge à un autre, on a recours à la théorie
de la *litistranslatio*, seulement aucune modificaton n'est
nécessaire dans les parties constitutives de la formule (1).

La désignation faite par le magistrat, oblige le juge
à prononcer une sentence que chaque partie a droit de
requérir quand elle se fait trop attendre (2).

---

(1) Bonjean, *Traité des actions*, § 207. — Alfenus, l. 76. —
Paulus, l. 46. — Ulpianus, l. 17 et 18, ff. *De judiciis* 5, 1.
(2) L. 14 et 74 pr., ff. *De judiciis* 5, 1.

SECTION II.

§ 1er.

Premier effet. La litiscontestatio *perpétue les actions.*

53. La *litiscontestatio* éteignant le droit réclamé et lui substituant une obligation quasi-contractuelle, reconnue par la loi et sortant effet sans le secours de l'édit du préteur, les actions, qui auparavant n'étaient que temporaires, deviennent perpétuelles, et celles qui s'éteignaient avec la personne physique du demandeur, passent aux héritiers. Ainsi, les actions prétoriennes qui périssent dans l'année, deviennent perpétuelles une fois contestées (1); l'action d'injures qui ne survit pas à la partie lésée, et les actions pénales qui s'éteignent avec le délinquant, ou du moins ne lui survivent que dans la limite de l'enrichisssement causé, passent aux héritiers du demandeur ou contre les héritiers du défendeur quand elles ont été déduites *in judicium* (2).

(1) Callistratus, l. 58, ff. *De Obligationibus et actionibus.* — Paulus, l. 24, ff. *De lib. causd.* — Gaius, l. 139, ff. *De reg. juris.*

(2) Bonjean, *Traité des actions,* § 208. — Zimmern, *Traité des actions,* § 121. — Keller, p. 130 et suiv.

54 Supposons, maintenant, la situation inverse ; le droit contesté ne prend naissance qu'après la délivrance de la formule ; un ancien auteur (1) indique le vrai principe avec profondeur et brièveté : *Neque videri potest*, dit-il, *illius dominii jus in judicium deductum esse quod demum post litem contestatam accidit seu acquisitum est.* Le droit nouvellement acquis ne peut, sauf exception, servir de base à une sentence. A l'appui de cette opinion, on cite presque toujours le texte suivant où l'on retrouve presque toutes les expressions dont Voët s'est servi : *Non potest videri venisse in judicium id quod post judicium acceptum accidisset, ideo alia interpellatione opus est* (2).

Voët invoque, en outre, l'exemple de l'action *ad exhibendum*, où la condamnation n'est possible, que si la chose existe au moment de la *litiscontestatio : non aliter condemnatio sequi debeat, quam si actoris utroque tempore interfuerit, rem ei restitui et quo lis contestabatur*, etc.

On a cru voir une contradiction dans la loi 17, *ff. mandati*, 17, 1, due à Paul : *Si mandavero tibi ut a Titio decem exigeres, et ante exacta ea, mandati tecum egero, si ante rem judicatam exegeris, condemnatum te esse constat.* Caïus donne à Titius le mandat de recevoir dix de Sempronius ; Caïus recourt contre Titius par l'action de mandat ; si le versement, qui n'a pas encore été effectué, est fait par Sempronius depuis le *judicium acceptum*, antérieurement à la sentence, le défendeur suc-

---

(1) Voët, *ad Pandectas*, VI, 1, § 4. Junge Glück, vol. VIII, p. 147, 151. — Wachter, 5, p. 120, 124.

(2) Paulus. l. 23, ff. *De judiciis* 5, 1.

combe. Il n'y a pas là une contradiction au principe de Voët, mais une exception basée sur l'équité, et surtout sur cette considération, que l'agissement du mandant est la voie la plus sûre pour stimuler le mandataire et arriver au résultat souhaité (1).

Le système de Voët est, en outre, appuyé sur un texte où, à propos des actions personnelles, Javolenus dit que si l'obligation d'un fidéjusseur peut être en suspens et même porter sur l'avenir, il en est autrement d'une instance judiciaire, qui ne peut être en suspens ou comprendre des choses, qui deviennent, plus tard seulement, l'objet de l'obligation (*quæ postea in obligationem adventuræ sunt*). Personne ne doute, ajoute le jurisconsulte, qu'un fidéjusseur ne soit valablement reçu avant l'obligation du débiteur principal, tandis qu'une instance ne saurait s'engager avant qu'il soit dû quelque chose (*antequam aliquid debeatur*) (2).

En résumé, suivant les expressions de Pellat : « Les » droits survenus, depuis l'instance engagée, ne peu-» vent être considérés comme compris dans cette ins-» tance, comme soumis au juge; il faudra une nouvelle » action pour les faire valoir (3). »

(1) De Savigny, *Traité de droit romain*, VI, p. 69 et suiv.
(2) Javolenus, l. 55, ff. *De judiciis*.
(5) Pellat, Sur la loi 27, § 1, ff. *De rei vendicatione* 6, 1.

§ 2.

*Second effet. Détermination de l'époque à cons:dérer pour
apprécier la demande.*

55. L'époque de la *litiscontestatio* est importante
à bien connaitre, parce que le juge devra s'y reporter pour apprécier les prétentions du demandeur. *Restituere is videtur, qui id restituit, quod habiturus esset ai.oi,
si controversia ei facta non esset* (1). Dans cette matière,
très difficile, rien ne doit être entendu d'une façon trop
absolue, car les distinctions et les exceptions sont fort
nombreuses.

56. Pour examiner si l'action est fondée, et par suite,
ce qui concerne l'objet de l'*intentio*, il faut que le juge
se reporte à l'époque de la délivrance de la formule; peu
importe que l'action soit de droit strict ou arbitraire, car
les questions posées : *si paret dare oportere, si paret ejus
esse*, se réfèrent à l'époque où l'actio a été déduite *in
judicium* (2). Ainsi, le demandeur, comme nous le verrons plus loin, obtient gain de cause, s'il est propriétaire
au moment de la litiscontestation, quoique depuis il ait
cessé de l'être, et que le défendeur le soit devenu par
usucapion ; de même, si au cours de l'instance les ser-

(1) Paulus, l. 23, ff. *De judiciis* 5, 1. — L. 35 § 75, ff. *De
verborum signif.* 50, 16.
(2) Tryphoninus, l. 27, ff. *De noxalibus act.* — Gaius, l. 18
et 20, ff. *De rei vendicatione* 6, 1. — Ulpianus, l. 8, §§ 4 et 5,
ff. *Si servitus vendicetur.*

vitudes avaient été éteintes par non usage, le défendeur
devrait les reconstituer.

57. A Rome, on usait fréquemment, dans les récla-
mations, de droits réels de la procédure *per sponsionem*.
La forme du pari qu'employaient les plaideurs : *Si homo
de quo agitur meus est ex jure Quiritium, sestersios XXV
nummos dare spondes*, obligeait le juge à considérer au
cours de l'instance, non plus l'époque de la délivrance
de la formule, mais celle de la gageure.

58. Dans les actions *bonæ fidei*, le juge se reportait
en principe au moment du *judicium acceptum ;* cependant, comme le préteur lui donnait ordre de tout apprécier, *ex bono et æquo,* il pouvait, suivant toutes les
probabilités, tenir compte des faits postérieurs à la
litiscontestation (1).

59. C'est donc avec des restrictions nombreuses qu'il
faut entendre la loi 35, ff., *De verborum significatione :
restituere autem is videtur, qui simul et causam actoris
reddit, quam is habiturus esset, si statim judicis accepti
tempore, res ei reddita fuisset.* On doit même restreindre
la responsabilité parfois trop lourde que ce texte semble
faire peser sur le défendeur. Ce dernier, lorsqu'il possède
de bonne foi, ne répond que du défaut de diligence et
jamais des cas fortuits.

D'après Ulpien (2), le défendeur de bonne foi, même
après une sommation extra judiciaire : μετὰ τὴν ἔξω

(1) Paulus, l. 27, § 1 et l. 42, ff. *De rei vendicatione* 6, 1. —
Paulus, l. 4, ff. *De hæreditatum petitione.* — Ulpianus, p. 18,
§ 1, et Gaius, l. 41, ff. *cod. tit.* — Zimmern, *Traité des actions,*
§ 121. — Bonjean, *Traité des actions,* § 209.
(2) L. 45, ff. *De rei vendicatione.*

δικαστερίου γενομένην υπόμνησιν, dit Stephano (1), ne répond que de son dol ; quand le défendeur possède de mauvaise foi, il répond même de sa faute (*etiam de culpâ sud*) ; il faut assimiler à ce dernier le possesseur de bonne foi après la litiscontestation : *Inter quos erit et bonæ fidei possessor post litem contestatam.* Avant la délivrance de la formule, il ne croyait faire tort à personne par sa mauvaise gestion, et l'on peut dire : *rem quasi suam neglexit ;* mais après, il doit se regarder éventuellement comme l'administrateur de la chose d'autrui, et porter l'attention et les soins d'un bon père de famille. Une chose le distingue du possesseur de mauvaise foi ; il ne répond pas des cas fortuits, quand même la continuation de sa possession en serait la cause.

La loi 45 présente une difficulté des plus sérieuses ; comment concevoir qu'avant le *judicium acceptum*, le possesseur de bonne foi puisse commettre un dol à l'occasion d'une chose qu'il croit lui appartenir ?

60. *Réponse d'Azon, rapportée par Accurse.* — Azon soutient qu'Ulpien fait allusion au dol commis par un défendeur d'abord de bonne foi, ayant appris, avant la délivrance de la formule que la chose ne lui appartient pas. Mais cette connaissance, suffisante pour que l'on doive s'abstenir de tout fait de nature à rendre la restitution illusoire ou impossible, ne saurait imposer les obligations qui incombent à l'administrateur de la chose d'autrui.

61. *Réponse de Savigny (2).* — De Savigny explique la loi 45 d'une autre manière ; d'après lui, il faut

(1) Suppl. *Basiliques*, Sch., 119.
(2) *Traité de droit romain*, VI, § 272, note 9.

entendre par dol le fait du possesseur qui, avant la litiscontestation, affranchit ou hypothèque la chose revendiquée. S'il garde le silence sur cet acte, fort honorable en soi, à l'époque de la restitution qui, pour cette cause, devient inefficace, il est coupable d'un dol ; c'est pourquoi, avant la délivrance de la formule, tout défendeur doit fournir la caution *de dolo*.

Pellat fait remarquer avec raison que de Savigny emprunte par inadvertance son explication à la loi 18, ff. *de rei vindicatione*, relative à l'obligation de retransférer au demandeur la propriété de la chose que son adversaire a acquise par usucapion depuis l'introduction de l'instance. Dans l'espèce, ce texte est inapplicable ; si le possesseur achève son usucapion avant la litiscontestation, le revendiquant succombe ; si l'usucapion n'est pas accomplie, le demandeur triomphe, et les concessions d'hypothèque comme les affranchissements, s'il s'agit d'un esclave, ne sortent nullement effet.

62. *Réponse d'Ant. Fabre* (1). — Antonius Faber est l'auteur d'une explication qui compte, de nos jours, parmi ses partisans, d'illustres autorités. Les actes immoraux et méchants, dit cet auteur, doivent être considérés comme un dol. Ainsi, un possesseur fait périr son esclave par le fer ou le poison, l'estropie par ses mauvais traitements, est cause, en le privant de nourriture, que sa valeur diminue ; ces faits, de nature à lui faire encourir des peines s'il eût été le maître de l'esclave, le constituent en dol en vertu de la loi 45 (2).

---

(1) *Ration. ad leg.* 11, § 1, ff. *De doli except.*
(2) Pellat, sur la 46, ff. *De rei vindicatione.*

Telles sont les diverses réponses ; *adhuc sub judice lis est!*

63. Revenons à l'objet spécial de ce paragraphe. Nous avons dit plus haut que le juge doit se reporter au moment de la délivrance de la formule pour apprécier les prétentions du demandeur. Quand il s'agit au contraire de tout ce qui tient accessoirement à l'action sans être compris dans l'*intentio*, c'est l'époque de la sentence qu'il doit examiner (1).

a). Cela n'est pas douteux dans les actions réelles, chaque fois qu'il s'agit de la possession ; si le défendeur a, sans dol de sa part, perdu la possession d'un objet revendiqué, il doit être absous (*sine dolo malo amisit possessionem, absolvendus est possessor*) malgré la formule d'action donnée contre lui ; au contraire, si le défendeur acquiert la possession depuis la litiscontestation, il doit, sous peine de succomber, restituer la chose avec les fruits produits depuis qu'elle est tombée en son pouvoir (2). Cette décision est conforme à celles que donnent Paul, Gaius et Ulpien dans les lois 4, 41 et 18, § 1, *ff De hæreditatum petitione*, mais semble contredire le principe de Voët reproduit plus haut (§ 54), d'après lequel : *Non potest videri in judicium venisse id quod post judicium acceptum accidisset* (3). Cependant on peut dire, pour la justifier, qu'une nouvelle action est préférable quand le droit réclamé ne prend naissance qu'après la litiscontestation, tandis que le droit de pro-

---

(1) Zimmern, *Traité des actions*, § 121.
(2) Paulus, l. 27, § 1, ff. *De rei vendicatione* 6, 1.
(3) L. 23, ff. *De judiciis.*

priété existant à cette époque, et la possession seule
étant acquise par le défendeur au cours de l'instance,
un nouveau procès éterniserait les débats sans assurer
une solution meilleure (1).

b). On actionne aussi valablement *de peculio* le père
de famille, quand même le pécule du fils ne contient
aucune valeur. Consultés sur cette question, les jurisconsultes Proculus et Cassius répondirent : *Intenditur enim
rectè etiamsi nihil sit in peculio.* Ulpien ajoute que, pendant
le litige, le pécule peut prendre une certaine consistance
(*quia esse potest*). C'est donc au moment de la sentence qu'il
faut voir quels sont les biens du fils de famille : *Rei judicatæ
tempus spectamus utrum sit, an non sit.* A-t-il formé son
pécule ou l'a-t-il accru depuis la délivrance de la formule, le demandeur a là un gage qui lui répond du
paiement de sa créance ; le pécule est-il resté ce qu'il
était, le demandeur ne saurait rien obtenir (2).

c). Enfin, c'est encore au moment de la sentence que
le juge apprécie tout ce qui est exclusivement motivé
par des considérations affectant la condamnation. Des
raisons de convenance ont fait, par exemple, établir le
bénéfice de compétence, mais il serait injuste que le
demandeur en souffrît par trop. Aussi, quoique le préteur ait inséré dans la formule les mots *quantum reus
facere potest condemna*, la solvabilité ne s'apprécie pas au
moment de la litiscontestation, mais au moment où la

(1) De Savigny, *Traité de droit romain*, VI, § 263. — Pellat,
sur la loi 27, § 1, ff. *De rei vendicatione*, et sur loi 42, *Eod.*
(2) Ulpianus, l. 7, § 15, ff. *Quibus ex causis in poscatur*, et
l. 50 pr. ff. *De peculio.*

sentence est rendue. *Rei judicatæ tempus spectatur, quatenus maritus facere potest* (1), dit-on lorsque l'action *rei
uxoriæ* est introduite ; la remarque est la même dans le
cas de l'action *pro socio* où le *quoddam jus fraternitatis*,
dont parlent les jurisconsultes romains, a fait introduire
le bénéfice de compétence.

64. Si l'objet dû est un corps certain, c'est au moment
de la litiscontestation, que doit se placer le juge, pour
procéder à l'estimation. La preuve en est dans la loi 28.
*ff De novationibus et delegationibus : Fundum Cornelia-
num stipulatus, quanti fundus est, postea stipulor ; si non
novandi animo secunda stipulatio facta est, cessat novatio :
secunda vero stipulatio tenet, ex quâ non fundus, sed
pecunia debetur. Itaque, si reus promittendi fundum sol-
vat, secunda stipulatio jure non tollitur ; nec si litem actor
ex prima contestetur :*denique meliore vel deteriore facto
sine culpa debitoris postea fundo, præsens æstimatio fundo
petito recte consideretur ; in altera vero ea æstimatio venit,
quæ secundæ stipulationis tempore fuit.*

Titius stipule de Sempronius le fonds Cornélien et,
peu de temps après, l'estimation de ce fonds. Aucune
novation ne résulte de ce nouvel agissement, puisque les
parties n'ont point manifesté d'intention de nover. Mais
ce n'est pas à dire que les deux créances, quoique coexis-
tantes, se cumulent.

L'intérêt est grand à distinguer si le créancier
invoque l'une ou l'autre action ; s'il agit au moyen
de la première, et que le fonds ait changé de valeur, le

---

(1) Paulus, l. 15, et Tryphoninus, l. 53, ff. *Soluto matrimonio*
24, 5.

juge en déterminera l'estimation au moment de la délivrance de la formule. Les corps certains, en effet, ne se doivent que dans l'état où ils se trouvent au moment de l'introduction d'instance. Si le demandeur emploie la seconde action, la valeur du fonds s'estime à l'époque où la stipulation a eu lieu.

Il semble que la loi 33 *ff De conditione tricticaria*, 13, 3, dise qu'il faut se placer, dans la première hypothèse, au moment où la sentence est rendue. Mais *condemnatio* y est employé dans le sens de la délivrance de la formule ; la partie désigne le tout. Les jurisconsultes romains, s'ils avaient voulu parler de ce que nous appelons la condemnation, auraient employé le mot *sententia* (1).

65. En résumé, le défendeur doit conserver la chose et la restituer, *cum omni causâ*, avec tous ses accessoires et ce qu'elle a produit, depuis la litiscontestation. Pomponius formule cette idée d'une manière très lucide et très complète : *Restituit non tantum qui solum corpus, sed etiam qui omnem rem conditionemque reddita causa præstat; et tota restitutio juris est interpretatio* (2). C'est, en effet, le seul moyen de replacer le demandeur dans la situation où il aurait été, s'il eût triomphé au moment du *judicium acceptum*.

66. Le défendeur, quand il a pendant l'instance acquis la propriété de la chose par usucapion, est tenu de transférer au demandeur victorieux la propriété et la possession. Cette obligation ne suffit pas toujours pour

(1) M. Humbert, Conférences préparatoires au doctorat (1866).
(2) L. 240, ff. *De verborum significatione.*

assurer le parfait accomplissement de la loi et le fragment 18, *De rei vendicatione*, dû à Paul, prévoit le danger tout en indiquant le remède : *Si post acceptum judicium possessor usu hominum cæpit, debet cum tradere.. coque nomine de dolo cavere ; periculum est enim ne cum vel pignoraverit, vel manumiserit.* Le danger, le voici : Une fois propriétaire, il se peut que le défendeur aliène l'objet litigieux, le grève de droits réels et d'hypothèques, le donne en gage, et si l'objet est un esclave, l'affranchisse. Ce texte embarrassa fort Accurse, qui répondait : mais toute aliénation de la chose litigieuse est prohibée. Accurse supposait résolue, l'une des questions les plus redoutables et les plus discutées dont nous ayons à faire l'étude.

67. On trouve dans la loi des Douze-Tables une disposition défendant aux plaideurs, sous peine d'une amende du double, de consacrer aux dieux la chose litigieuse (1). Cette disposition, ajoutent, en général, les Romanistes, fut généralisée d'abord par l'interprétation des prudents, puis, en dernier lieu, par un édit d'Auguste (2), et après ce grand effort d'imagination, ils gardent un silence d'autant plus prudent que l'on peut dire : *ardua quæstio.* Cette indication est insuffisante ; quelle est la sanction et surtout quelle est l'étendue de cette défense? Ici l'on trouve des lacunes regrettables dans les auteurs, qui prennent à tâche, on le dirait, de justifier le vieux brocard : *in difficili muti.*

68. *Système de Cujas.* — Cujas, auquel son génie

(1) L. 3, ff. *De litigiosis.*
(2) *De jure fisci*, ff. § 8.

donna plus de confiance, osa l'un des premiers examiner
la question (1); remarquant que Gaius (2) parlait d'exception, *rei litigiosæ*, que les mêmes exceptions étaient reproduites par la loi 1, § 1, ff. *De litigiosis*, 44, 6, et
par la loi 1, ff. *Quæ res pign.* 20. " il en conclut qu'en
droit civil l'aliénation ou l'hypothèque de l'objet est valable, qu'elle est réprouvée seulement par le droit prétorien. Que l'acquéreur veuille agir, il ne peut triompher
lorsque le défendeur fait insérer dans la formule l'exception *rei litigiosæ;* mais, en revanche, il est inexpugnable
lorsqu'il a déjà été mis en possession. C'est dans cette
dernière hypothèse, d'après Cujas, qu'a lieu le danger
dont parle la loi 18, ff. *De rei vendicatione.* Zimmern (3)
et Bonjean (4) adoptent le système de Cujas sur l'inaliénabilité de l'objet litigieux.

Ces auteurs, malgré tout le respect qu'inspire leur
nom, n'ont tenu aucun compte de certains fragments
que l'on ne doit pourtant pas laisser de côté. Ainsi,
Papinien voulant parler de la nullité d'un acte juridique,
nullité radicale d'après lui, répond en parlant d'après le
droit civil (*responsorum*), *nihil esse domino quæsitum,
non magis, quam si* LITIGIOSUM PRÆDIUM *servus, aut
liberum hominem emerit* (5). Il y a donc, d'après Papinien, et la gloire attachée à son nom me dispense d'appuyer sur la force de cet argument, des cas dans lesquels
la vente de la chose litigieuse emporte la nullité absolue;

---

(1) Tome VII, p. 270.
(2) *Com.* IV, § 117.
(3) *Traité des actions*, § 124.
(4) *Traité des actions*, § 210.
(5) L. 27, § 1, ff. *Ad senatusconsultum Velleianum* 16.

or, les nullités radicales n'ont pas besoin pour être opposées du secours d'une exception.

Puis, l'édit d'Auguste, fondamental en cette matière, confirme le fragment de Papinien (1) : *Qui contra edictum divi Augusti rem litigiosam a non possidente comparavit, prœterquam quod emptio* NULLIUS MOMENTI *est, pœnam quinquaginta sestertiorum fisco reprœsentare compellitur.* L'édit d'Auguste renferme deux dispositions : l'une de droit civil, l'agissement juridique est frappé d'une nullité radicale (*nullius momenti est*). L'autre, pénale; toute aliénation est défendue sous peine d'une amende encourue tant par le vendeur que par l'acquéreur si celui-ci a eu connaissance du litige (2). Mais le premier chef de l'édit donne tort à Cujas en corroborant le fragment de Papinien.

Zimmern, en présence de deux textes aussi formels et aussi probants, puisque l'un d'eux émane du prince des jurisconsultes romains, ne trouve qu'une seule réponse : il ne faut pas leur donner trop de portée.

69. *Système de Bachofen* (3). — Le système de Bachofen, beaucoup plus scientifique, laisse encore trop à désirer ; comme celui de Cujas, il est basé sur quelques textes et passe les autres sous silence. Bachofen remarquant que le texte de Gaius (4) suppose un vendeur non possesseur (*si a non possidente emeris*), que selon toute probabilité, l'édit d'Auguste fait la même précision, quoique une malheureuse lacune du manuscrit ne permette point

(1) L.   , § 8, ff. *De jure fisci.*
(2) Callistratus, l. 1. — Marcianus, l. 22, ff. *De jure fisci.*
(3) *Das Verausserungsverbot der res litigiosa,* dans ses *Ausgewalte Lehren des romischen civilrechts,* p. 76, 77.
(4) Com. IV, § 117.

de l'affirmer (*rem litigiosâm a. . ente comparavit*), en tire cette conclusion : dans les actions réelles ou dans les actions tendant à la délivrance d'une chose, le non pos·sesseur est le demandeur, le possesseur est le défendeur, donc, au demandeur seul il est défendu d'aliéner ou d'hypothéquer l'objet litigieux, et le défendeur ne tombe pas sous le coup de cette prohibition.

Le système de Bachofen tombe devant un fragment de Marcien (1) : « *Si prædium quis litigiosum pignori acceperit, an exceptione summovendus sit? Et Octavenus putabat, etiam in pignoribus locum habere exceptionem.* » D'abord, il n'est pas question de ce que l'on nomme vulgairement un gage, mais d'une hypothèque. Dans le gage, le créancier, ayant le pouvoir physique sur la chose affectée au paiement, ne peut être poursuivi. Dans l'espèce, en effet, la constitution d'hypothèque ne donne naissance qu'à une simple exception, et l'exception, arme essentiellement défensive, ne peut servir à pour·suivre l'adversaire.

La raison de douter vient de ce que le créancier hypo·thécaire a la possession civile de la chose et le débiteur la détention ou pouvoir de fait. La question est de savoir si le détenteur oppose valablement au possesseur l'ex·ception *rei litigiosæ*, le possesseur étant en général à l'abri de toute attaque. Le désir de replacer le demandeur dans la situation où il aurait été, s'il eût triomphé au moment de la délivrance de la formule, fait donner à Marcien et à Octavien une réponse affirmative. Mais la raison qui fait douter ces jurisconsultes, prouve que, de

(1) L. 1, § 2, ff. *Quæ res pign.* 20, 3.

leur temps, le principe de l'inaliénabilité de la chose
litigieuse s'étend même au cas où le défendeur est possesseur et par suite défendeur.

Je m'étais demandé pourtant si le système de Bachofen
ne devait pas être repris avec quelques légères modifications. Il me semblait après un premier examen que
les textes si divergents du Digeste pouvaient se concilier en rattachant la nullité radicale dont parle l'édit
d'Auguste aux aliénations émanant du demandeur, et la
nullité *exceptionis ope*, si je puis employer ce langage
aux aliénations émanant du défendeur. Le texte de Gaius,
déjà cité, s'oppose à cette conciliation, puisque dans la
première hypothèse, il n'accorde qu'une exception contre
l'acquéreur.

70. Je crois avoir réfuté les systèmes de Cujas et de
Bachofen; nous nous trouvons de nouveau en présence
de textes en antinomie, reste à les concilier. Les uns
annulent *ipso jure* l'aliénation de l'objet litigieux, les
autres la paralysent par une simple exception, quoi qu'en
dise Zimmern. Papinien, donnant un exemple de cette
nullité radicale, suppose (1) qu'il s'agit d'un agissement
juridique reconnu par le droit civil, celui d'un esclave
qui a reçu de son maître mandat de s'occuper d'une
affaire. Marcien, au contraire, donnant un exemple de
cas où l'agissement relatif à la chose litigieuse est valable *jure civili*, mais où l'acquéreur est repoussé par une
exception, indique la constitution de l'hypothèque dont
l'origine est prétorienne. Peut-être, faut-il dire qu'il y a
nullité radicale quand le demandeur, pour faire valoir

_____

(1) L. 27, § 1, *Ad senatus consultum Velleianum.*

son droit, agit par un *judicium legitimum*; tandis que dans les *judicia imperio continentia*, une exception peut seule le débouter de sa demande. Je ne dis pas que cette solution soit parfaite, mais c'est la seule qui ne heurte aucun des textes que le hasard a fait passer sous mes yeux. Lorsque l'acquéreur a été mis en rapport direct avec l'objet litigieux, lorsqu'il a sur lui un pouvoir physique et que l'acte n'est pas frappé d'une nullité radicale, il est à l'abri de toutes poursuites. C'est là probablement le danger signalé par la loi 17, *ff de rei vendicatione*, (§ 66). Nous y reviendrons au siége de la matière, à propos de l'influence de la litiscontestation sur l'usucapion accomplie.

71. L'édit d'Auguste ajoute : *res litigiosa videtur, de qua apud suum judicem delata est.* L'inaliénabilité de la chose litigieuse est donc encore un des effets de la litiscontestation.

§ 3.

La litiscontestation et la diminution de l'objet.

72. L'importance des développements qui vont suivre se fait surtout sentir pendant la période formulaire où toutes les condamnations sont pécuniaires (1). A l'époque des actions de la loi et sous l'empire des *judicia extraordinaria*, l'évaluation est nécessaire quand il y a diminu-

(1) Gaius, *Com.* IV, § 48.

tion de valeur; dans le cas inverse, la sentence du juge porté directement sur l'objet lui-même.

De deux choses l'une, ou la diminution produite depuis la délivrance de la formule est *objective*, c'est-à-dire ne portant pas sur le prix, ou elle est *subjective*.

73. *Diminution objective. a*). *Actions stricti juris.* — L'estimation de l'indemnité se fait d'après les règles ordinaires en examinant l'époque de la litiscontestation : *in stricti juris judiciis, litiscontestatæ tempus spectetur* (1). Les déductions de la logique mènent ici, il faut le reconnaître, à des résultats qui violent l'équité. Soit une baisse constante dans la valeur jusqu'à la délivrance de la formule, le demandeur obtient, au cas d'inexécution, une somme égale à la valeur de la chose au moment du *judicium acceptum*. Qu'une hausse survienne après ce moment, et le demandeur n'obtient qu'une somme égale à la valeur, déduction faite de la plus-value. Il en résulte un enrichissement pour celui qui refuse de remplir ses obligations.

74. Un texte semble renverser ce que nous venons de dire sur les actions de droit strict, il est relatif à la *conditio tricticaria : In hâc actione si quæratur res quæ petita est, cujus temporis æstimationem recipiat, verius est quod Servius ait, condemnationis tempus spectandum* (2). Des Romanistes ont résolu la difficulté en soutenant, au mépris de la loi 1 *ff h. t.* que la *condictio tricticaria* n'est pas de droit strict (3). L'erreur est si manifeste qu'il est inutile de la faire remarquer plus longtemps.

---

(1) Ulpianus, l. 5, § 2 ff. *Commodati* 13, 6.
(2) Ulpianus, l. 3, ff. *De conditione Triticaria* 13, 3.
(2) *Cocceji jus controv.* 13, 3, quest. 2 avec l'observation de Emminghaus, cité par de Savigny, VI, § 276, note.

D'autres ont dit : Le caractère de bonne foi ou de droit strict de l'action importe peu, il faut s'attacher à la nature de la chose litigieuse. Les quantités (*genera*) s'estiment en se reportant à l'époque de la litiscontestation, les corps certains (*speciei*) en se reportant au moment de la sentence (1). Il suffit de répondre au système de Doneau que Gaius (2), après avoir placé l'estimation à la délivrance de la formule pour les genres, ajoute : *quod est de cæteris rebus juris est.*

Enfin, Huschke (3) propose de lire *contestationis* au lieu de *condemnationis.*

On peut voir d'autres interprétations dans Cujas (4) et Glück (5).

Il faut répondre avec de Savigny que *condemnatio* désigne tantôt l'une des parties principales de la formule (*condemnatio a prætore accepta*), et tantôt la sentence du juge (*condemnatio a judice prolata*) (6). Le Digeste emploie souvent ce mot dans le premier sens (7); or, dans le texte précité, *condemnatio* désigne la délivrance de la formule et par suite la litiscontestation : c'est la partie prise pour le tout (8).

75. Le principe formulé plus haut comporte deux exceptions. Quand le contrat porte une échéance fixée

---

(1) Donellus, *Comm. in var.*, tit. Dig. XII, 1 ; XXII, nᵒˢ 5, 19, 21, 26 ; XIII, 3 ; III, nᵒˢ 12, 13, 25.
(2) L. 4, ff. *De conditione Tricicaria* 15, 5.
(3) Zeitschrift, *de Linde* XX, p. 267.
(4) In leg. 59, *De verb. oblig.*
(5) XIII, § 844.
(6) Gaius, *Com.* IV, §§ 59, 43, 44.
(7) Ulpianus, l. 2 pr., ff. *De exceptionibus* 44, 1.
(8) Voir une solution analogue dans notre § 64.

pour l'exécution de l'obligation, c'est à cette échéance qu'il faut se reporter, en vertu de l'adage, *dies interpellat pro homine*, pour estimer les droits du demandeur (1).

76. Le voleur est traité plus rigoureusement encore : *Placet*, ID TEMPUS SPECTANDUM QUO RES UNQUAM PLURIMI FUIT ; *maximè, cum deteriorem rem factam fur dando non liberatur* : SEMPER ENIM MORAM FUR FACERE VIDETUR (2). Le législateur suppose qu'en possession de l'objet dérobé, le dépossédé l'eût vendu au moment de la plus haute valeur; cette supposition très arbitraire a été faite *in odio furorum*, et le motif pratique en est que la valeur restant inconnue fort longtemps, le propriétaire volé ne peut poursuivre avec l'activité qu'il met à l'exercice des autres actions.

77. *b). Actions bonœ fidei.* — Les conséquences rigoureuses sont écartées et comme l'on apprécie tout *ex bono et œquo*, le juge doit tenir compte des circonstances qui jusqu'à la sentence augmentent ou diminuent la chose : *in cœteris bonœ fidei judiciis,... rei judicandœ tempus quanti res sit observatur; quamvis in stricti juris judiciis litis-contestatœ tempus spectetur* (3). Les actions arbitraires sont soumises au même principe.

78. *c). Actions pénales.* — Dans une troisième classe d'actions, celle des actions pénales, le juge se reporte au moment où l'obligation a pris naissance (4). Dans l'action *legis Aquiliœ*, il doit même prendre la plus haute

(1) L. 4, ff. *De conditione Tricticaria* 15, 5.
(2) Ulpianus, l. 8, § 1, ff. *De conditione furtiva* 13, 1.
(3) Ulpianus, l. 3, § 2, ff. *Commodati* 13, 6.
(4) L. 8, § 1, ff. *De conditione furtiva*; l. 9, ff. *De in litem jur.* 12, 3.

valeur dans l'année ou dans les trente jours précédant le délit, suivant qu'il s'agit du premier ou du troisième chef (1).

79. II. *Diminution subjective.* — Après avoir parlé de la diminution objective, passons à la diminution subjective ou par *changement de prix.* La première n'est possible que pour les objets *in specie*; la seconde, au contraire, s'applique même aux genres. Les règles ne varient pas d'une manière sensible dans les deux hypothèses.

80. *Actions de droit strict.* — L'estimation est toujours faite d'après le prix au moment de la délivrance de la formule.

81. *Actions de bonne foi.* — Il faut envisager le prix quand la sentence est rendue.

82. *Cumul de la mora et de l'introduction d'instance.* — Quand l'introduction d'instance suit une mise en demeure, et c'est peut-être la seule règle spéciale, le demandeur choisit entre l'estimation au moment de la *mora* ou l'estimation à l'époque du *judicium acceptum.*

83. III. Les formules ont trois expressions pour ces situations diverses. *Quanti res fuit, condemna; quanti res est, condemna; quanti res erit, condemna* (2).

(1) L. 2 pr., *Ad legem Aquiliam* 9, 2.
(2) De Savigny, *Traité de droit romain,* VI, § 270.

§ 4.

Troisième effet. — De la mauvaise foi du défendeur et des fruits depuis la litiscontestation.

84. 1. *De la mauvaise foi.* — Avant d'étudier l'étendue de l'obligation de restituer *cum omni causâ*, il importe de se demander quelle est, à partir de la litiscontestation, le caractère de la possession du défendeur ?

Post litem contestatam OMNES INCIPIUNT MALÆ FIDEI POSSESSORES ESSE : *quinimo post controversiam motam*, dit Ulpien à la loi 25, § 7, *ff. de hered pet.* 5, 3. Il est vrai qu'Ulpien ajoute à la loi 20, § 11, *ff. cod : Ex quo quis scit a se peti...* INCIPIT ESSE MALÆ FIDEI POSSESSOR... *Si scit... puto debere : cœpit enim malæ fidei possessor esse.*

Ces textes qui, tous deux, émanent du même auteur et sont empruntés (remarque importante pour les développements qui vont suivre) au titre des pétitions d'hérédité, consacrent deux théories contradictoires ; dans l'un, la mauvaise foi du possesseur résulte de la délivrance de la formule, et, dans l'autre, de la simple connaissance des prétentions adverses.

D'abord, la mauvaise foi du possesseur actionné ne peut être la mauvaise foi telle qu'on l'entend d'habitude ; souvent on se croit, en toute conscience, propriétaire d'une chose dont la sentence du juge vous évince pourtant. Le droit n'est pas toujours clair et précis ; il est des

questions telles, que sans le choix du juge, les raisons
militent avec une égale énergie en faveur des deux systèmes. Il n'y a donc aucune relation entre la mauvaise
foi proprement dite et la situation légale du défendeur.
Un texte du même titre confirme notre manière de voir.
Lorsque l'objet d'une *hereditatis petitio* périt après la
délivrance de la formule, on examine, pour apprécier la
responsabilité, si le possesseur était de bonne ou de mauvaise foi : *Nec enim debet possessor, aut mortalitatem
præstare, aut propter metum hujus periculi timere indefensum jus suum relinquere*, dit Paul (1), pour justifier
sa manière de voir. La délivrance de la formule ne
constitue pas le possesseur en mauvaise foi d'une manière absolue.

Passons à l'explication des lois d'Ulpien empruntées
au titre des pétitions d'hérédité et extraites par Tribonien
d'un commentaire sur le sénatus-consulte d'Hadrien
(*S. C. Juventianum*). Le droit civil permettait à tout
citoyen de se mettre en possession des hérédités vacantes
pour les acquérir par l'*usucapio lucrativa*. Ces possesseurs
savaient n'avoir aucun droit : *cum scirent ad se non per-
tinere*. Qu'un citoyen les actionne en se disant héritier
du défunt, ils sont, à cause du caractère équivoque de
leur pouvoir de fait, constitués en mauvaise foi. Le
Sénatus-consulte d'Hadrien règle cette situation, ainsi
que le prouvent les lois 20 § 6 ; 25 §§ 2, 3, 5, 6 *De
hered. pet.* 5, 3 ; dès-lors, il n'y a rien que de fort
naturel, à ce qu'Ulpien, en le commentant, ait écrit
cette loi qui embarrasse si fort les commentateurs.

(1) L. 40 pr., *De hered. petit.* 5, 5.

Puis, vient le second fragment, d'après lequel, la mauvaise foi serait engendrée par la connaissance de la demande. Le sénatus-consulte d'Hadrien, rapporté par la loi 20 § 6, *ff de hered. petit.*, 5, 3, qu'il faut rapprocher du § 11 et de la loi 25, § 7, *ff eod.*, s'exprime en ces termes : *Petito autem fisco hereditatem ex eo tempore æstimandum esse quo primum scierit quisque eam a se peti, id est cum primum aut denunciatum esset ei, aut litteris vel edicto evocatus esset, censuerunt.* Après les développements qui précèdent, il n'y aurait rien d'étonnant à ce que le *prædo*, en matière de pétition d'hérédité, fût constitué en mauvaise foi, du jour où les prétentions du demandeur lui sont connues. Mais, le sénatus-consulte d'Hadrien parle des actions du fisc relatives aux successions vacantes, actions où l'on ne suivait pas la procédure ordinaire. Dans cette *cognitio extraordinaria*, jugée sans renvoi par le préteur, l'équivalent de la délivrance de la formule était la *denunciatio* ou *evocatio litteris vel edicto*. Aucune contradiction n'existe entre les deux fragments d'Ulpien; quand le premier emploie les mots *litiscontestatio*, il fait allusion à l'institution juridique qui remplace la formule dans les actions intentées par le fisc.

Ainsi s'explique l'antinomie qui a si fort tourmenté les commentateurs; nous nous trouvons de nouveau en présence de l'ensemble des lois du Digeste, unanimes, cette fois, pour rattacher la mauvaise foi du défendeur à la litiscontestation. Cette mauvaise foi est purement relative; le possesseur, aussi convaincu de son droit qu'on le suppose, sait qu'il peut perdre sa cause. Il doit conserver la chose, conserver les fruits, pour se mettre à même d'obéir aux éventualités de la sentence; que s'il s'écarte de cette ligne de conduite, il est en faute sur ce point, et, sur ce point seulement, traité comme un *prædo* (1).

85. II. *Des fruits perçus depuis la litiscontestation quand la chose est un objet inanimé.* — En sa qualité de possesseur de mauvaise foi, le défendeur doit les fruits depuis la litiscontestation.

86. *Système de Pellat.* — Pellat a, sur cette question, une théorie que nous ne saurions adopter ; d'après lui, le possesseur qui succombe est tenu, depuis les temps les plus anciens, de rendre au double les fruits perçus et ceux qu'il a omis de percevoir. Il invoque un premier texte des sentences de Paul : *Possessor hereditatis, qui ex ea fructus capere vel possidere neglexit, duplam eorum æstimationem præstare cogitur* (2), et le corrobore par un autre fragment des œuvres de ce jurisconsulte qui n'est pas sans valeur (*ex die accepti judicii dupli fructus computantur* (3), surtout lorsqu'on le rapproche du commentaire donné au titre 8 par les rédacteurs de la *lex Romana Burgundiorum* (4). Avant l'introduction de l'instance, le possesseur de bonne foi fait les fruits siens, le possesseur de mauvaise foi, au contraire, n'acquiert aucun droit sur eux, et doit les rendre au propriétaire ;

(1) De Savigny, *Traité de droit romain*, VI, § 264.
(2) *Sentences* 1, 13, § 8.
(3) *Sentences* 5, 9, § 2.
(4) De his vero quibus sine tumultu solum occupatæ aut pervasæ rei actio intenditur, si quis convictus fuerit rem indebite tenuisse, post conventionem duplos fructus cum rei ipsius restitutione dissolvat. Si vero simpliciter rem possidet, usque ad conventionis tempus simplos fructus dissolvat, post conventionem duplos, ut dictum est, inferat repente.

mais, après la délivrance de la formule, l'obligation de restituer devient du double des fruits que l'on aurait dû percevoir. Plus tard, le sénatus-consulte Juventien étendit l'obligation de restituer au double, aux fruits perçus avant la litiscontestation dans les actions en pétition d'hérédité, et les jurisconsultes étendirent ces principes aux actions en revendication (1).

87. Il faut récuser d'abord l'autorité de la *lex Romana Burgundiorum;* les recueils, rédigés par ordre des rois barbares, sont un véritable danger pour les romanistes. Sous prétexte de résumer le droit romain, ils l'altèrent et le dénaturent tellement, qu'il est souvent impossible de le reconnaître. Gaius dit, au Commentaire III, qu'il est défendu de vendre *quod humani juris non est,* et les rédacteurs de l'Epitome Visigoth écrivent *quod sui juris non est.* Aurait-il fallu en conclure, si l'on n'avait pas retrouvé le manuscrit original de Gaius, qu'à Rome, la vente de la chose d'autrui est interdite? Quand il en est ainsi des textes reproduits, les commentaires sont suspects à plus juste titre, et l'on ne peut en tirer aucun argument décisif.

Les passages invoqués ont aussi, ce nous semble, été

(1) Pellat tire argument de la Constitution 1 au Code Théodosien, *De fructibus et litis expensis* : Litigator victus, quem invasorem alienæ rei prædonemve constabit, sed et qui post conventionem rei incubavit alienæ, non in sola rei redhibitione teneatur, nec tantum simplorum fructuum præstationem aut eorum quos ipse percepit agnoscat, sed duplos fructus et eos quos percipi oportuisse, non quos eum redegisse constabit, exsolvat. Et prædoni quidem ratio a die invasi loci usque ad exitum litis habeatur; et vero qui simpliciter tenet, ex eo quo re in judicium deducta scientiam malæ possessionis accepit.

commentés d'une façon trop extensive par le savant
doyen de la Faculté de Droit de Paris ; aucun d'eux n'est
général, tous visent un cas particulier, celui où le possesseur est de mauvaise foi, non point d'une manière
relative, mais absolument parlant. Les rédacteurs bourguignons ne renvoient aux lois romaines que pour cette
seule hypothèse : *Fructus enim malæ fidei possessor post
conventionem duplos, ante simplos ex lege præstabit, secundum legem Theodosii, vel sententiam Pauli* (1). La constitution des empereurs Valentinien et Valens, rapportée
au code Théodosien, le seul document invoqué dont
l'origine soit pure, a trait au cas de mauvaise foi. Elle
suppose soit un voleur (*prædo*), soit un citoyen qui,
ayant envahi le fonds d'autrui (*invasor alienæ rei*), est
sans juste titre, et sait n'avoir aucun droit; il ne faut
donc pas l'étendre au-delà de l'espèce prévue, puisque
la qualité du défendeur influe probablement sur la solution. *In odio prædonum*, n'est-ce pas là un brocard aussi
répandu que *in odio furorum*?

Quant aux sentences de Paul, on pourrait les récuser
comme extraites de la loi romaine des Visigoths, mais il
est une réponse qui, tout en respectant leur autorité, permet de restreindre le sens que l'on leur donne. Nous
avons à notre § 84 montré, d'après Savigny, comment
dans les pétitions d'hérédité le défendeur est presque
toujours assimilé au possesseur de mauvaise foi. Tout
citoyen s'empare valablement d'une hérédité vacante et
l'*usucapio lucrativa* l'en rend maître. Qu'un demandeur
se prétende héritier, la situation du possesseur rend les

(1) Sur le titre XXV, de la *Lex Romana Burgundiorum*.

jurisconsultes plus sévères à son égard ; il sait que son pouvoir est purement de fait, s'il succombe, il est regardé comme de mauvaise foi. Eh bien ! les textes des sentences visent ce cas. *Possessor hereditatis*, dit le premier ; le § 2 (1), malgré sa forme absolue (*ex die accepti judicii dupli fructus computantur*), n'est pas plus probant ; les mots qui le précèdent sont lacérés dans le manuscrit et rien ne prouve que la restitution soit exacte ; peut-être même faut-il le rattacher au texte précédent, qui, lui, parle de la *petitio hereditatis*.

88. A partir de la litiscontestation, le possesseur de mauvaise foi est tenu sous le système formulaire de restituer les fruits perçus au double. Le respect des jurisconsultes pour le défendeur, qui, en toute sincérité, suit l'instance, défend d'étendre cette disposition : *nec debet propter metum hujus periculi tenere indefensum jus suum relinquere*, dit, à la loi 40 *ff de hered. petit.*, Paul, sous le nom duquel on place l'autre théorie. La mauvaise foi du défendeur n'est que relative, lorsqu'il croit défendre ses droits ; il doit les fruits perçus ou ceux qu'un bon père de famille eût perçus, mais rien au-delà.

Cette matière comporte un triple point de vue. *a*). — Le défendeur a conservé la possession pendant toute l'instance ; il a perdu ou acquis la possession au cours du procès.

89. *a*). *Le défendeur est resté en possession pendant l'instance.* — Dans les actions de bonne foi, il doit les fruits à partir de la mise en demeure. *Mora fieri intelligitur,... si interpellatus opportuno loco, non solverit*, dit

(1) 5, 9.

Marcien (1) ; et si la mise en demeure se confond avec la délivrance de la formule, ce qui arrive si l'action est introduite après une réclamation faite en un lieu inopportun, les fruits sont dus à partir de la litiscontestation. Dans les actions de droit strict, on distingue suivant que le demandeur réclame *quod suum fuit* ou *quod non suum fuit* ; lorsqu'il s'agit de la première hypothèse, les fruits sont dus *ex morâ* (2), mais s'il s'agit du second cas, le demandeur devant être placé dans la même situation que s'il eût triomphé au moment de l'introduction d'instance, le défendeur est tenu de restituer les fruits depuis la litiscontestation, ce qui fait dire à Paul (3) : *Quod si acceptum est judicium, tum Sabinus et Cassius ex æquitate fructus quoque post acceptum judicium præstandos putant, ut causa restituatur* (4).

90. Le possesseur de bonne foi ne doit pas seulement les fruits perçus, mais à partir de la litiscontestation, il doit encore, comme le possesseur de mauvaise foi, les fruits qu'il a omis à percevoir ; avant cette époque, on applique le vieil adage : *qui rem alienam quasi suam neglexit nulli querelæ subjectus sit.*

Quelle est l'étendue de cette obligation ? Quels sont les fruits que le possesseur aurait dû percevoir ? Faut-il entendre cette obligation de ce que le défendeur aurait pu faire produire à la chose réclamée ou seulement de ce que le demandeur aurait perçu en le supposant investi du pouvoir de fait ? Le Digeste et le code de Justinien

(1) L. 52, ff. *De usuris et fructibus* 22, 1.
(2) L. 58, §§ 1, 2, 3, *De usuris et fructibus* 22, 1.
(3) L. 58, § 7, ff. *eod.*
(4) Vernet, *Textes choisis sur les obligations*, p. 27 et suiv.

contiennent des textes en faveur de chacune de ces doctrines (1).

Buchholtz (2), se fondant sur la différence de rédaction des lois 62 § 1 ff *de rei vendicatione* et 25 § 4 ff *de hereditatum petitione*, soutient que dans la pétition d'hérédité le défendeur restitue les fruits qu'il aurait pu percevoir depuis la litiscontestation ; et dans la revendication, ceux que le demandeur eût perçus. Glück (3) et de Vangerow (4) distinguent entre le possesseur de bonne et de mauvaise foi pour prendre en considération la personne du demandeur ou celle du défendeur. Heimbach (5) se montre très radical, et veut que l'on examine toujours ce qu'eût fait le demandeur.

De Savigny (6) et Pellat (7) adoptent un système

(1) Il faut examiner ce que le défendeur aurait pu retirer de la chose. — Ulpien, l. 25 § 4, ff. *De hered. pet.* : Sed et fructus non quos perceperunt, sed quos percipere debuerunt, eos præstaturos. — Valens et Valentinien, Const. 2, Cod. *De fruct.* 7, 51. — Gordien, Const. 5, Cod. *De rei vendicatione* 3, 52. — Marc-Aurèle, Const. 1 § 1, Cod. *De pet. hered.* 3, 51 : Quos percipere poterant. — Alexandre, Const. 5, *De pign. act.* 4, 24 : Quos percepit, vel percipere debuit. — Dioclétien et Maximin, Const. 2, *De partu pignoris* 8, 25.

Il faut envisager la personne du demandeur. — Ulpien, l. 62 § 1, ff. *De rei vendicatione.* — Ulpien, l. 59 § 1, ff. *Delegatis* 1 : Fructus autem hi deducuntur in petitionem, non quos heres percepit sed quos legatarius percipere potuit. — Dioclétien et Maximien, Const. 4, Cod. *Unde vi* 8, 4 : Quos possessor percipere potuit.

(2) *Juristische Abhandlungen*, p. 15, 14.
(3) T. VIII, p. 262, 296, 298.
(4) *Lehrbuch der Pandecten*, § 555, p. 745, 747.
(5) *Lehre von der Frucht*, p. 168, 170, 184.
(6) *Traité de droit romain*, VI, p. 114.
(7) Sur la loi 62, § 1, p. 547.

beaucoup plus vrai ; d'après eux, le point de départ est
celui-ci : Y a-t-il ou n'y a-t-il pas faute de la part du
possesseur? Quand le défendeur a laissé les fruits qu'un
bon père de famille eût perçus, le juge le condamne à
en restituer la valeur à son adversaire. Les textes parlent sans doute, tantôt des fruits que le défendeur
aurait pu percevoir, tantôt des fruits que le demandeur
aurait perçus ; ces expressions sont employées indifféremment et pour dire les fruits qu'un bon père de famille
n'eût pas négligés. La loi 62 § 1 *ff de rei vendicatione*
seule semble opposer ces deux idées : *constat animadcerti
debere, non aut* MALA FIDEI POSSESSOR FRUITURUS SIT, *sed
an* PETITOR FRUI POTERIT. Mais de Savigny fait observer
que la leçon de la Florentine : *fruiturus sit* étant un non
sens, puisqu'il n'est question de jouissance future,
il faut adopter la leçon de la Vulgate : *fruitus sit,* qui lève
toutes les difficultés.

91. Heimbach (*Lehre der Frucht*) veut que l'obligation du défendeur s'étende seulement aux fruits existant
déjà, et non à ceux qu'il a négligés de faire venir. C'est
prendre les mots *percipere* et *colligere* dans un sens trop
littéral. Une solution pareille blesse l'équité en encoura-
geant la paresse du possesseur, en outre elle est contraire
aux textes, car, si elle était vraie, elle s'étendrait aux
intérêts. Or, Ulpien dit, dans la loi 39, § 1, *ff De leg.,*
1° : *Fructus hi deducuntur in petitionem, non quos hæres
percepit, sed quod legatarius percipere potuit; et id in ope-
ris servorum vel vecturis jumentorum, vel nautis navium
dicendum. Quod in fructibus dicitur hoc et in pensionibus
urbanorum ædificiorum intelligendum erit. In usurarum
autem quantitate mos regionis erit sequendus.* Or, si l'hé-

ritier doit tenir compte des intérêts au légataire, d'après
le taux usité dans le pays, c'est qu'il est tenu de faire
valoir et fructifier les sommes léguées ; responsable seulement de n'avoir pas touché les intérêts de sommes
prêtées, on n'exigerait de lui que le taux porté au contrat (1).

92. Les constitutions impériales ont spécifié que le
possesseur, même de bonne foi, doit rendre les fruits
existants au moment de la litiscontestation : *Bonæ fidei
vero extantes, post autem litiscontestationem universos,*
disent les empereurs Dioclétien et Maximien (2). On a
soutenu que ces empereurs sanctionnaient la manière
de voir de Papinien, de Paul et d'Ulpien, et les mots :
*Fructus suos facit si consumpti sint ; lucratur fructus
consumptos,* que l'on trouve souvent dans les textes,
semblent justifier cette opinion ; mais il est assez facile
de prouver que ces textes sont interpolés. Citons d'abord
la loi 4, *ff De usurpationibus,* dont le § 19 est ainsi
conçu : *Lana ovium furtivarum, si quidem apud furem
detonsa est, usucapi non potest. Si vero apud bonæ fidei
emptorem, contrà ; quoniam in fructu est, nec usucapi
debet, sed statim emptoris fit ; idem in agnis dicendum, si
consumpti sint.* Sempronius possède de bonne foi des brebis que son vendeur a volées, il n'usucape point, mais
il fait les fruits siens. Donc, la laine lui appartient dès
qu'elle a été détachée (*si quidem detonsa est*) ; le texte
ajoute qu'il en est ainsi des agneaux, fruits des brebis
(*idem in agnis dicendum*), mais dans la même phrase

(1) Pellat, Sur la loi 62, § 1, ff. *De rei vendicatione,* p. 555.
(2) Const. 22, Cod. *De rei vendicatione.*

se trouvent quelques mots en antinomie avec cette idée. Après *idem in agnis dicendum*, on lit *si consumpti sint*. Si le possesseur des agneaux ne les acquiert que par un usage définitif, les règles ne sont pas les mêmes que pour la laine. L'interpolation est évidente. Paul n'a pu écrire cette phrase absurde, dont la traduction serait : « Le possesseur de bonne foi acquiert la propriété des agneaux dès leur naissance, seulement après en avoir fait un usage définitif. » Les compilateurs ont voulu mettre ce texte en harmonie avec les constitutions impériales, leur correction n'a pas été heureuse.

Laissons de côté ces exemples, qu'il serait facile de multiplier, pour arriver au cœur de la difficulté, en d'autres termes, aux droits du possesseur de bonne foi : *Bonæ fidei emptor, non dubiè percipiendo fructus etiam ex aliena re suos* INTERIM *facit, non tantum eos qui diligentia et opera ejus provenerunt, sed omnes; quia quod ad fructus attinet, loco domini* PENE *est. Denique etiam priusquam percipiat, statim ubi a solo separati sunt, bonæ fidei emptoris fiunt* (1).

Interim. Ce mot a trait au caractère intérimaire des droits du possesseur sur la chose, et non aux droits qu'il acquiert sur les fruits perçus. La propriété temporaire et résoluble, n'était pas connue des jurisconsultes romains : *Proprietas ad tempus tranferri nequit*, disent les *Vaticana fragmenta*. Le texte doit être entendu en ce sens que le possesseur fait siens les fruits perçus dans le temps qui précède la revendication.

Pene. Est-ce à dire qu'il ait sur les fruits les mêmes

(1) Paul, l. 48 pr. ff. *De adquirendo rerum dominio.*

droits que le propriétaire? Julien, loi 25, § 1, *ff De usuris et fructibus*, examine l'espèce suivante : une personne
a semé sur le fonds d'autrui, que Titius possède de
bonne foi ; nul ne doute, dit le jurisconsulte, que Titius,
en recueillant les fruits, n'en devienne propriétaire :
*Nemo unquam dubitavit quin, si tu meo fundo frumentum
tuum severim, segetes et quod messibus collectum fuerit,
meum fieret.* La raison donnée est celle que nous laissons
pressentir : le possesseur de bonne foi a sur les fruits,
autant de droits que le propriétaire : *Id juris habet quod
dominio prædiorum tributum est.* Le mot *pene* est donc
interpolé.

Julien va plus loin, et ses précisions fournissent un
argument direct. Le possesseur de bonne foi a un pouvoir plus étendu que celui de l'usufruitier (*plus juris
in percipiendis fructibus habet*), il acquiert les fruits dès
qu'ils sont séparés du sol, sans que l'on ait à rechercher
le mode employé (*quoquo modo a solo separati fuerint*) ;
l'usufruitier, au contraire, doit les percevoir pour les
rendre siens. En outre, les droits du possesseur de
bonne foi sont égaux à ceux du titulaire d'un fonds vec-
tigalien. Ce dernier ne restituant jamais les fruits
extants au moment de la délivrance de la formule, il en
est de même pour le possesseur qui serait autrement dans
un état d'infériorité que Julien eût indiqué.

Les partisans de la théorie contraire tombent dans
d'étranges contradictions, et dérogent à leur principe
pour les acquisitions faites par les esclaves, *ex operibus
suis* ou *ex re possessoris.* Qu'une personne possède à la
fois un champ et un esclave, elle doit rendre le blé
produit par le champ quand elle ne l'a pas consommé,

mais elle conserve le blé acquis par l'esclave. Une pareille antinomie est contraire au sens pratique des Romains.

Enfin, dans la loi 48, *ff. De rei vendicatione*, Papinien donne au défendeur une exception de dol pour contraindre le demandeur au remboursement des impenses, à moins qu'il n'ait été désintéressé par les fruits perçus *ante litem contestatam*. Si Papinien précise, c'est que toutes autres sont les règles relatives aux fruits acquis depuis la litiscontestation.

Le défendeur ne doit pas les fruits extans au moment de la litiscontestation, il n'en est pas de même dans la pétition d'hérédité (1), et les renseignements que nous avons donnés plus haut sur cette action expliquent cette dérogation (2).

93. *b) Le défendeur acquiert la possession pendant l'instance.* — Lorsque le défendeur acquiert la possession de l'objet depuis la délivrance de la formule (*si litis contestatæ tempore non possidet, quo autem judicatur possidet*), nous avons vu au § 63, qu'il est condamné, par dérogation aux principes généraux (*omnimodo condemnetur*). L'équité le veut ainsi. Les fruits ne sont plus dus à partir de la litiscontestation, mais du jour où le défendeur commence à posséder (*ergo et fructuum nomine, ex quo capit possidere damnabitur*) (3).

94. *c) Le défendeur perd la possession pendant l'instance.* — S'il est en demeure ou s'il a perdu la possession

(1) Cons. 2, Cod. *De petit. hered.* 3, 31.
(2) Pellat, Sur la loi 48, ff. *De rei vendicatione.* — Demangeat, *Cours de droit romain*, I, p. 526.
(3) Paulus, l. 27 § 1, ff. *De rei vendicatione.*

par son dol ou par sa faute, la loi lui impose de rendre les fruits perçus et les fruits qu'il aurait perçus en continuant de posséder. S'il n'est pas en demeure ou en faute, il ne doit que les fruits perçus et ceux qu'il aurait dû percevoir pendant la possession (1).

§ 5.

Quatrième effet. — Des intérêts depuis la litiscontestation.

93. La litiscontestation fait courir les intérêts moratoires quand l'action est de bonne foi et non quand elle est de droit strict. On objecte souvent la loi 34, *ff. de usuris et fructibus*, 22, 1, d'Ulpien : *Usuræ vicem fructuum obtinent et meritò non debent a fructibus separari : et ita in legatis, et fideicommissis, et in tutelæ actione et in cæteris judiciis bonæ fidei servatur.* Ulpien assimile les intérêts aux fruits, non seulement dans les actions de bonne foi, ce que personne ne nie, mais dans le cas de legs. Or, les legs donnent naissance à des conditions, c'est-à-dire à des actions de droit strict; dès-lors, dans tous les cas, la litiscontestation fait courir les intérêts moratoires. Nous répondrons que la rédaction primitive portait : *et ita legatis sinendi modo.* Gaius dit : *legatorum usuræ non debentur* (2), et n'admet de dérogation que pour le legs *sinendi modo : in eo legato quod sinendi*

(1) L. 17, § 1, ff. *De rei vendicatione.*
(2) Gaius, *Com.* II, § 280.

modo relinquitur, idem juris esse quod in fideicommissis.
Les diverses espèces de legs ayant été fondues, Tribonien,
avec toute l'inintelligence du compilateur, a supprimé
les mots *sinendi modo*, sans voir qu'il introduisait dans
le texte d'Ulpien une hérésie doctrinale.

Le second argument que l'on oppose, se tire de la
loi 35, *ff. de usuris et fructibus* 12, 1 : *lite contestatâ
usuræ currunt.* Le texte ne distingue pas, observent nos
adversaires, pourquoi nous montrer plus précis que lui.
Pour être compris, ce fragment doit être rapproché de
la loi 18, *ff. De novationibus et delegationibus.* Ces deux
textes sont empruntés au commentaire de Paul sur l'édit,
livre 57; dans la loi 18, Paul dit, en parlant de la novation : *novatione legitimi facta, liberantur hypothecæ et
pignus, usuræ non currunt* et, comparant la litiscontestation à la novation, il ajoute immédiatement : *lite
contestatâ usuræ currunt.* Le sens de la loi 35 est donc:
la délivrance de la formule n'arrête pas le cours des intérêts conventionnels. La distinction précédente doit être
maintenue; la solution, donnée pour les actions de droit
strict, repose sur celle donnée commune aux deux
hypothèses : rien ne prouve que le demandeur eût trouvé
un placement avantageux au moment de l'introduction
d'instance (1).

§ 6.

La litiscontestation emporte-t-elle mise en demeure?

96. I. *Actions réelles.* — Quand le possesseur est de

(1) Vernet, *Textes choisis sur les obligations*, p. 27 et suiv.

bonne foi, la mise en demeure est *relative*, ou plutôt la litiscontestation n'emporte pas mise en demeure, puisque, si le défendeur doit les fruits et les intérêts, il ne répond pas des cas fortuits. Lorsqu'il a juste sujet de croire le demandeur dans son tort, pourquoi abandonnerait-il la chose avant le prononcé de la sentence? Cujas dit très bien : *Bonæ fidei possessorum, non improbè litigantem, puta cum esset aliqua justa causa propter quam existimare debet rem petitoris non esse, sed suam potius vel auctoris sui.* Ces considérations ont fait poser en principe, que la délivrance de la formule ne le mettrait pas, absolument parlant, en demeure, car, ainsi que le dit Paul : *non debet propter metum hujus periculi temere indefensum jus suum relinquere* (1).

97. Le possesseur de mauvaise foi, *qui improbè litigavit, id est sine justa causa, sine justa persuasione* comme le dit Cujas, n'est pas digne de tant de ménagement, et la délivrance de la formule le constitue en demeure, lorsque cela n'est pas déjà fait. Mais, encore une fois, la mise en demeure ne s'applique qu'à lui seul, et les jurisconsultes ont toujours soin de préciser si ce résultat a été produit ou non. *Moram passo petitori*, dit Ulpien dans la loi 15, § 3, *de rei vendicatione*, et l'interprète grec Stéphano relève ce point avec attention : εἰ δίχα μόρας αὐτόν παρὰ τοῦ ποσσέσσορος ἔλαβε (s'il avait, sans demeure, reçu l'objet du défendeur (2).

Celui qui est en demeure répond des cas fortuits; la

_____

(1) L. 40, ff. *De hereditatis petitione.* — Julien, l. 63, ff. *De regulis juris* : Qui sine dolo malo ad judicium provocat non videtur moram facere.

(2) *Basilic Supplem.* l. C. Sch. 47.

chose périt par accident, il n'en doit pas moins la valeur, à moins que la perte ne se fût produite, même chez le demandeur. Un esclave périt dans un incendie, le défendeur n'est nullement libéré s'il est de mauvaise foi ; il tombe frappé d'apoplexie, comme cet événement aurait eu lieu partout, le défendeur, même en demeure, est libéré.

Le possesseur de bonne foi est en demeure, lorsqu'il aurait dû, au simple exposé de la demande, reconnaître le bien fondé des prétentions de son adversaire.

D'après de Savigny, ce n'est pas la litiscontestation, mais l'ordre de restituer du juge, qui met en demeure dans les actions réelles. Le seul argument sérieux est aussi le seul que n'ait pas présenté l'illustre jurisconsulte ; il est tiré des œuvres de Stéphane (1) : « Il est » manifeste, qu'après la prononciation, l'esclave devait » être rendu. Dites donc, en posant l'espèce, la prononciation ayant eu lieu, afin que la demeure ne soit » plus douteuse désormais, et que l'on ne vous oppose » pas ce qui est dit à la fin de la loi 15, où Ulpien distingue, si l'esclave était à vendre ou non. » A la première lecture, il semble que la prononciation, ou ordre de restituer, qui précède la sentence dans les actions arbitraires, mette seule en demeure le possesseur de bonne foi. Cependant, on peut répondre que Stéphane a voulu indiquer un cas incontestable et général de mise

(1) *Basilic,* Shol. 59. — Πρόδηλον δὲ ὅτι μετὰ προνουντιατιονά χρεὼν ἦν τὸν οἰκέτην ἀποδοθῆναι. Οὕτως οὖν θεματίζων εἰπέ, προνουντιατιονος γινομένης, ἵνα καὶ ἀναμφίβολος ἦ λοιπὸν ἡ μόρα, καὶ ἵνα μὴ ἐναντιωθῇ σοι τὸ προειρημένον ἐν τῷ τέλει του ιέ διγ., ἔνθα διατίζει ὁ Οὐλπιανὸς, εἴτε βενάλιος ἦν ὁ οἰκέτης, εἴτε καὶ μή.

en demeure, sans rien préjuger des espèces où elle aurait lieu à une époque plus reculée.

Lui-même ne dit-il pas : ὡς πρόδηλόν τε καὶ ἀναμφίβολον εἶναι λοιπὸν τὴν τοῦ ποσσέσσορος μόραν. Tout possesseur, même de bonne foi, est mis en demeure par le *jussus*, car les doutes qu'il pouvait avoir au point de vue juridique, s'évanouissent à cet acte de procédure. Il ne s'en suit point que la *mora* ne puisse résulter de la litiscontestation ; Stéphane lui-même la suppose possible par tout autre acte que le *jussus judicis* : « Pour me résu- » mer, dit-il, le possesseur de bonne foi, quand l'es- » clave est mort après la litiscontestation, sans son dol » ou sa faute, n'est condamné *que si l'esclave était à ven-* » *dre et qu'il y ait eu demeure envers le demandeur,* ou » si le possesseur de bonne foi, après la litiscontestation, » a vendu l'esclave encore vivant et en a reçu le prix » ou si l'esclave est mort après la prononciation (1). »

La loi 17 § 1, *ff De rei vendicatione*, 6, 1, complète la preuve et montre que le possesseur de bonne foi ne se rendant pas à l'évidence et, à plus forte raison, le possesseur de mauvaise foi peuvent être mis en demeure par la litiscontestation : *Idem Julianus eodem libro scri-* *bit* si MORAM FECERIT *in homine reddendo possessor et* *homo mortuus sit, et fructuum rationem usque* AD REI JUDICATÆ TEMPUS *spectandam esse.* Les mots *res judicata*, s'appliquent souvent dans le Digeste à la délivrance de

---

(1) *Basilic*, L. C., Schol. 60. — Καὶ, ἁπλῶς εἰπεῖν, τότε ὁ βόνα φίδε νομεὺς, τελευτήσαντος τοῦ οἰκέτου μετὰ προκατάρξιν δίχα μέντοι δόλου καὶ κούλπας αὐτοῦ, καταδικάζεται, ὅτι ἢ ξενάλως ἦν ὁ οἰκέτης καὶ μόρα γεγένηται τω πετιτορι, ἢ μετὰ προκατάρξιν τὸν οἰκέτην ἔτι περιόντα πωλήσας ὁ βόνα φίδε νομεὺς τίμημα ἔλαβεν, ἢ μετὰ προνουντιατιόνα ἐτελεύτησεν ὁ οἰκέτης.

la formule qui, après tout, emporte jugement interlocutoire. Dans l'espèce, c'est le seul sens que nous puissions leur donner, puisque les fruits sont dus *ad rei judicatæ tempus*, et nous avons démontré que les fruits étaient dus, au plus tard, à partir de la litiscontestation (1).

98. II. *Actions personnelles.* — La mise en demeure concourt rarement, dans les actions personnelles, avec la litiscontestation, puisqu'elle a lieu lorsque le débiteur sommé de remplir son obligation s'y refuse sans motif valable ou sur des motifs futiles.

La mise en demeure a lieu : *a)* en vertu d'une sommation, dans les obligations qui résultent des stipulations et, si l'obligation est à terme, par la seule échéance : *Dies interpellat pro homine* (2); *b)* par le simple retard de livrer dans les legs (3); *c)* dans la vente par tout retard dans la livraison (4).

Mais Pomponius qui, dans un texte, fait résulter la mise en demeure du retard, l'attribue dans un autre à la litiscontestation (5), et divers jurisconsultes, aux lois 8, *ff De re judicata*, 42, 1 ; 12, § *ff Depositi*, 16, 3 ; § *ff De confessis*, 42, 2, ratifient cette seconde opinion. Il n'y a pas antinomie, et toute difficulté disparaît, lorsque l'on se dit : la responsabilité des cas fortuits com-

---

(1) Pellat, Sur la loi 17, § 1, ff. *De rei vendicatione.*

(2) L. 82, § 1 ; l. 23 *De verb. oblig.* 45, 1 ; l. 59, § 1, ff. *De leg.* 1° (30).

(3) L. 39, § 1 ; l. 47, § 6 ; l. 108, § 11, ff. *De leg.* 1° (30) ; l. 23 *De verb. oblig.* 44, 1.

(4) L. 4, 6, Col. *De per.* 4, 48.

(5) L. 5, ff. *De rebus inditis* 12, 1 ; l. 12, § 5, ff. *De posit.* 16, 3.

mence à la *mora* et, s'il n'y a pas eu *mora*, à la litiscontestation (1).

§ 7.

*Effets de la délivrance de la formule sur la prescription et
l'usucapion.*

99. La délivrance de la formule interrompt la prescription, elle n'empêche point l'usucapion de courir.

I. *Usucapion.* — Ulpien, dans ses règles, la définit :
l'acquisition de la propriété par la possession continuée
pendant le temps légal : *Ademptio dominii per continua-
tionem possessionis annii vel biennii.* L'introduction d'instance laisse subsister le rapport de fait entre le défendeur
et l'objet revendiqué, tout au plus est-elle génératrice de
la mauvaise foi, et la mauvaise foi survenue pendant le
cours de l'usucapion ne saurait l'interrompre.

Le demandeur devant être traité comme s'il eût
triomphé au moment de la litiscontestation, le juge
ordonne au défendeur devenu, par usucapion, propriétaire au cours de l'instance, de retransférer à qui de droit
le domaine et la possession de la chose (*debet tradere*). Le
transfert de la propriété est essentiel, sinon la revendication n'aurait pas atteint le but que le législateur s'est
proposé en la créant.

La situation du demandeur n'est pas sans danger, il

(1) De Savigny, *Traité de droit romain*, VI, § 275.

se peut que, devenu propriétaire de la chose, le défendeur la grève de droits réels, la donne en nantissement.

Pour prévenir de pareils abus, le défendeur, sur l'ordre du juge, est tenu de fournir la caution de dol, assurant le remboursement de toutes les pertes causées par son dol et même par sa faute (1).

II. *Prescription.* — La prescription est un remède prétorien, un bénéfice accordé au possesseur dans les cas où l'usucapion est impossible, que l'on exerce par une fin de non recevoir, écrite en tête de la formule. Le demandeur succombe, non pas à cause de la possession continuée, mais parce que le préteur refuse de le laisser agir.

Quand le défendeur ne réunit pas les conditions requises au moment de la litiscontestation, aucune exception n'étant opposable, la prescription se trouve interrompue, parce qu'elle n'est pas attachée au fait de la possession, mais à l'échéance du terme requis par le préteur, avant la délivrance de la formule.

CHAPITRE IV.

COMPARAISON DE LA LITISCONTESTATION ET DE LA NOVATION (2).

§ I.

Ressemblances.

100. *a*). La litiscontestation, comme la novation, est

(1) L. 18, ff. *De rei vendicatione.*
(2) Cette question a été traitée à fond par M. Humbert, dans

un mode d'extinction des obligations. Le premier de ces
modes n'opère pas toujours de plein droit, comme le
second ; cependant *ipso jure* ou *exceptionis ope*, le résultat est toujours le même.

Que l'un des créanciers *correi* actionne un des *correi
debendi*, le droit des créanciers est éteint et les codébiteurs sont libérés. On se rappelle la différence capitale
qui sépare la corréalité de la solidarité. Dans la corréalité, malgré la pluralité de sujets, soit actifs, soit passifs,
il n'y a qu'un seul lien, en d'autres termes, qu'une seule
obligation. Dans la solidarité, au contraire, la pluralité
des sujets est doublée de la pluralité des liens ; il y a
autant d'obligations que de codébiteurs. Ce qui faisait
dire à M. Demante, dans les Cours professés à la Faculté
de Toulouse, que le créancier corré se trouve dans la
situation d'un tireur d'arc, qui, n'ayant qu'une flèche
dans son carquois, ne peut atteindre qu'une personne.
Si dans la corréalité le lien obligatoire est unique, si
l'introduction d'instance détermine d'une manière irrévocable les personnes du créancier et du débiteur, la
litiscontestation éteint l'obligation primitive. Pomponius
dit à la loi 33, *ff De solutionibus : Solutione, vel judicium
pro nobis accipiendo, et inviti et ignorantes liberari pos-
sumus*. La litiscontestation peut, en effet, être assimilée
à la *datio in solutum*, puisque l'obligation résultant du
quasi-contrat judiciaire est donnée au demandeur pour
le désintéresser.

Corréalité active. — Dès que la litiscontestation est

des Conférences sur la *Novation*, professées à la Faculté de
Toulouse (1866).

intervenue entre le débiteur commun et l'un des créanciers corrés, la personne du créancier est déterminée
définitivement et les autres corrés ne peuvent plus agir.
Venuleius dit à cette occasion (1) : *Ferè convenit, et uni
rectè solvi et unum judicium petentem totam rem in litem
deducere.*

Ce résultat est encore vrai quand l'un des créanciers
corrés devient héritier de son créancier (*si reus stipulandi
extiterit heres rei stipulandi*). Les deux droits restent
distincts (*suas species obligationis sustinebit*) et au moment
où l'un d'eux est déduit *in judicium*, l'autre s'éteint
(*Cum altera earum in judicium..... ducentur, altera con-
sumeretur*).

Corréalité passive et fidéjussion. — L'application des
mêmes théories conduit à dire que la litiscontestation
intervenue entre le créancier commun et l'un des *correi
promittendi* libère les autres corrés. *Electo reo principali
fidejussor vel heres ejus liberatur* (2). Les fidéjusseurs
sont assimilés aux corrés. Les institutes indiquent,
comme exemple, le mandat dans l'intérêt du mandant
et du mandataire, le cas où le fidéjusseur sur le point
d'être actionné donne à ses risques et périls au créancier l'ordre d'attaquer d'abord le débiteur principal
(§ 2, *mandati*). Ce n'est qu'un moyen d'éluder les effets
rigoureux de la délivrance de la formule (3).

Le *judicium legitimum* seul éteint de plein droit
l'obligation primitive; lorsque le *judicium est imperio*

(1) L. 51, § 1, ff. *De novationibus.*
(1) L. 5 *in fine*, ff. *De fidejussoribus* 46, 1.
(2) *Sentences* de Paul 2, 17, § 16.

continens, la litiscontestation ne libère pas, d'après le droit civil, les autres corrés; mais le préteur les met à couvert au moyen d'une exception. Ce détail donne la clef de la loi 51, § 1, *ff. de evictionibus* d'Ulpien. Sempronius achète un fonds de plusieurs covendeurs et stipule le double en cas d'éviction (*pro evictione teneantur*), de manière à ce que chaque vendeur soit tenu corréalement. Après éviction, l'acheteur actionne l'un des corrés (*cum uno fuero expertus*); le défendeur est insolvable. Labéon observe que les autres débiteurs sont, par une exception, à l'abri de toute poursuite. Pour mettre ce texte d'accord avec les principes, il faut admettre que dans l'espèce le *judicium* n'est pas *legitimum* (1).

101. *b*) La litiscontestation libère comme la novation les débiteurs principaux non-actionnés, lorsqu'il s'agit de fidéjussion (2).

102. *c*) La novation engendre des obligations contractuelles, la litiscontestation des obligations quasi-contractuelles; les règles à appliquer sont les mêmes dans les deux cas. Quelques jurisconsultes en ont tiré la conséquence étrange et rigoureuse qui, plus haut, nous a fourni un argument irrécusable. Les personnes lésées par un fils de famille ont contre le père une action noxale; mais qu'elles agissent contre l'auteur du délit, après la délivrance de la formule elles peuvent actionner le père *depeculio*, en vertu de l'obligation résultant du *judicium acceptum*.

(1) Demangeat, *De duobus reis*, p. 61.
(2) Mechelard, p. 556 et suiv., *Obligation naturelle*.

7

103. *d)* L'effet extinctif de la litiscontestation est employé dans la pratique comme procédé de délégation (1).

§ 2.

Différences.

104. *a)* La litiscontestation résultant d'un acte de procédure, n'opère que sur une dette munie d'action; on nove au contraire les obligations naturelles (2).

105. *b)* L'effet de la litiscontestation est fatal; il se produit même, quand les parties stipulent le contraire. La novation suppose la volonté des parties, puisque l'*animus novandi* est un de ses éléments essentiels.

106. *c)* La litiscontestation améliore la situation du demandeur : *neque deteriorem causam nostram facimus actionem exercentes, sed meliorem; ut solet dici in his actionibus quæ tempore vel morte finiri possunt* (3). Ce principe n'est pas, à proprement parler, violé lorsqu'il s'agit de corréalité passive, puisque la *consumptio actionis* résulte de l'unité de lien, plutôt que de la délivrance de la formule; du reste, il est facile de prévenir ce résultat rigoureux en créant un *fidejussor indemnitatis*.

Conséquences : 1. La litiscontestation laisse subsister

(1) L. 11, ff. *De novationibus et deleg.* 46, 2; *Vaticana fragmenta*, § 262.
(2) L. 1, § 1, ff. *De novationibus et deleg.* 46, 2.
(3) Paulus, l. 29, ff. *De novationibus et delegationibus* 46, 2.

les gages et hypothèques de la créance primitive; la novation les éteint (1).

2. La litiscontestation laisse courir les intérêts conventionnels; la novation en arrête le cours.

3. Les actions se perpétuent par l'effet de la litiscontestation; la novation les rend impossibles (2).

107. *d)* Non seulement les fils de famille, mais les esclaves, novent valablement leurs créances péculiaires avec mandat du père de famille. Les esclaves n'ayant pas la capacité nécessaire pour prendre part à une instance, ne peuvent opérer la litiscontestation (3).

108. *e)* La novation véritable éteint les dettes naturelles; la litiscontestation relative à une dette à la fois civile et naturelle, éteint la dette civile, mais laisse subsister la dette naturelle. Cela est incontestable, et les difficultés ne commencent que pour la sentence (4).

109. *f)* Dans le cas de novation, il n'est pas nécessaire que l'une des dettes ait précédé l'autre, il suffit qu'elles coexistent un instant de raison (5). Pour la litiscontestation il faut une dette préexistante et munie d'action.

110. *g)* La novation volontaire faite avec les héritiers du débiteur, enlève au créancier le droit de demander la séparation des patrimoines; mais on peut actionner les héritiers sans perdre ce bénéfice.

---

(1) L. 11 § 1, ff. 15, 7; l. 15,§ 4, ff. 20, 1.
(2) L. 159, ff. *De regulis juris*; *Inst.* III, XII, § 1.
(3) Const. 6, Cod. *De judiciis* 3, 1.
(4) Machelard, *Oblig. naturelle.* p. 562; l. 60, ff. *De conditione indebiti*; l. 8, § 5, ff. *De fidejuss.*
(5) L. 8 § 2, ff. *De novationibus et delegationibus* 46, 2.

CHAPITRE V.

Détails sur quelques modes d'extinction de l'obligation engendrée par la litiscontestation.

111. *Novation.* — Le quasi-contrat prend fin par les modes généraux d'extinction des obligations ; nous n'étudierons dans ce chapitre que quelques espèces donnant lieu à des difficultés.

La novation éteint l'obligation résultant du *judicium acceptum.* La preuve en est au § 2 *Inst. quibus modis obligatio tollitur* III, **XXIX**, qui porte à propos de la stipulation aquilienne : *quæque adversus te persecutio est eritve. Persecutio* désigne une action réelle avec renvoi devant le juge. Ce texte a fort embarrassé les interprètes ; ils se sont demandé comment la novation, qui suppose comme élément essentiel une obligation à nover, est possible dans un cas où l'on n'a qu'un droit réel. D'après nous, la délivrance de la formule, engendrant un rapport quasi-contractuel, c'est ce rapport qui est nové par la stipulation aquilienne. Le mot *persecutio* donne raison à cette manière de voir, puisqu'il suppose le renvoi devant le juge.

Reste le mot *eritve.* Comment peut-on nover pour l'avenir ? La novation est la transformation d'une dette en une autre ; la difficulté va s'évanouir en ne perdant pas de vue ce point de départ. Grâce à cette définition , Ulpien résout une difficulté qui, au fond, est celle qui nous occupe (1). Quelqu'un stipule de Séius en ces termes : Promettez-vous de me donner ce que je stipulerai de Titius ? (*Quod a Titio stipulatus fuero.*) Quelque temps après, la stipulation annoncée a lieu avec Titius, Séius reste seul tenu (*solusque teneatur Seius*). La novation a lieu, dit le jurisconsulte Celse ; la naissance de l'obligation à nover est la condition de la dette de Séius, et il suffit, pour que la novation soit possible, que la dette à nover vive un instant de raison, juste assez pour être transformée (*eodem tempore et impleri prioris stipulatio conditionem et novari*).

L'espèce visée par le mot *eritve* est la même. Par la formule de la stipulation aquilienne, on nove toute obligation même à venir, et l'obligation quasi-contractuelle engendrée par la litiscontestation vit un instant de raison pour s'éteindre par la novation dont elle est frappée.

Péremption. — 112. Lorsque le *judicium* est *legitimum*, le demandeur doit faire juger le procès dans les dix-huit mois pour éviter la péremption de l'instance. Ainsi dispose la loi *Julia judiciaria* (2). Si le demandeur laisse périmer l'instance, aucune formule nouvelle ne lui est donnée sans *restitutio in integrum*, puisque l'obligation primitive est éteinte d'après le droit civil, remplacée par un lien quasi-contractuel, et que cette dernière obligation elle-même est éteinte par la péremption.

La péremption opère plus rapidement encore dans les

(1) L. 8, § 2, ff. *De novationibus et delegationibus*, 46, 2.
(2) Gaius, *Com.* IV, § 104.

cas où la litiscontestation n'éteint pas de plein droit l'obligation primitive. Que la sentence soit ou non rendue, l'instance finit avec la préture du magistrat qui a délivré la formule. Sous l'empire des actions de la loi, la durée des procès était indéfinie; la loi *Julia judiciaria*, rendue sous Auguste, l'ayant limitée à dix-huit mois pour les procès rappelant les anciennes actions portées devant les centumvirs et les pontifes, les *judicia imperio continentia* restèrent soumis aux règles établies en province où l'instance ne durait pas plus que les pouvoirs du magistrat.

La péremption éteint les rapports des plaideurs *breviore tempore*, lorsque le préteur fixe au juge un délai plus court que le délai légal. La loi 32 *ff de judic.* 5, 1 ne peut être expliquée qu'ainsi; Brisson, longtemps avant la découverte du manuscrit de Gaius, devina la vérité par une véritable intuition de génie (Dict. de droit, v° *legitimus*). Le préteur n'aurait pu étendre le délai de la péremption et par suite les pouvoirs du juge, au-delà de son propre *imperium* (1). Cependant, Paul (2) suppose que, dans certains cas, les juges nommés par les présidents de province conservaient leurs pouvoirs, bien que le président eût reçu un successeur. Pour concilier les textes, il faut distinguer les provinces du Sénat, où conformément aux traditions de la République les gouverneurs nommés *préteurs, proconsuls, magistrats du peuple romain*, étaient investis de fonctions annales, des provinces de César gouvernées par des *legati Cæsaris*,

(1) L. 15 §1, ff. *De jurisdictione* 2, 1.
(2) L. 19 §1, ff. *De judiciis.*

præsides dont les fonctions n'avaient pas de durée fixe (1).
Dans les provinces de César, l'application rigoureuse des
principes aurait compromis les intérêts des parties ;
comment intenter un procès quand le départ inattendu
du magistrat qui a délivré la formule peut éteindre à
tout jamais le droit du demandeur ? Aussi, on permit aux
présidents de fixer un délai suffisant pour les débats et
continuant de courir malgré la fin de leur pouvoir (2),
tandis que dans les provinces du Sénat cette manière
d'agir était interdite aux préteurs et proconsuls.

L'obligation naturelle survit à la péremption comme
à la litiscontestation. Cette précision n'est pas sans intérêt pratique. Soit une dette à la fois civile et naturelle ;
Le fidéjusseur, obligé avant la délivrance de la formule,
a l'exception *rei in judicium deductæ* pour repousser le
créancier qui a actionné le débiteur principal. Mais que le
fidéjusseur se soit engagé après la litiscontestation, il ne
peut, à cause de la persistance de l'obligation naturelle,
invoquer la péremption (3).

Quand le *judicium* est *imperio continens*, la péremption
n'éteint le quasi contrat judiciaire qu'*exceptionis ope* (4).

113. *Paiement de la première obligation.* — Depuis la
litiscontestation, le défendeur a satisfait aux prétentions
du demandeur, soit par la prestation de l'objet, soit en
donnant toute autre satisfaction, le juge a-t-il le pouvoir

(1) L. 20, ff. *De officio præsidis* 1, 18; *De officio proconsulis*,
ff. 1, 16.
(2) Machelard, *Oblig. naturelle*, p. 567.
(3) L. 8, § 5, *De fidejussoribus*. — Machelard, *Oblig. naturelle*,
p. 362 à 365.
(4) L. 2, ff. *De diversis temp. præsc.* 43, 5; l. 5, § 1, ff. *Quæ
in fraudem creditorum.*

d'absoudre? La négative est incontestable lorsque la procédure est *per sponsionem*, puisque le juge doit décider qui a raison dans sa gageure, et le défendeur, par le fait même du paiement, avoue que son pari est mal fondé. On doit en dire autant des actions de droit strict, où les pouvoirs du juge sont limités à l'absolution du défendeur, si le droit du demandeur n'existait pas au moment de la délivrance de la formule, ou à sa condamnation dans le cas inverse. *Quia judicii accipiendi tempore in eâ causâ fuit et damnari debeat*, disaient les Proculiens ; il est vrai qu'ils prévenaient l'injuste rigueur d'un double paiement, par des exceptions ou des condictions, suivant les cas.

Le juge devait absoudre dans les actions arbitraires, puisque le défendeur ne succombait qu'après refus d'obéir à l'*arbitrium*, et dans les actions de bonne foi où tout était apprécié *ex bono et æquo* (1).

Les Sabiniens généralisaient cette dernière solution, et d'après eux, le juge, même dans les actions de droit strict, devait absoudre le défendeur. D'où le vieil adage : *Sabino et Cassio placuit omnia judicia esse absolutoria* (2).

114. *Perte de la chose depuis la litiscontestation.* — Proculus veut que l'on condamne le défendeur, malgré la perte de la chose par cas fortuit. Les Sabiniens absolvent le défendeur pour le principal, et ne le condamnent qu'à restituer les fruits. Dans un troisième système que nous adoptons, on ne condamne le débiteur au prin-

---

(1) L. 57, § 6, *De op.*, lib. 58, 1 ; l. 5 pr., *De public.* 59, 4 ; l. 41, § 1, ff. *De re judicata* 42. 1.

(2) Gaius, *Com.* IV, § 114. — Zimmern, § 121.

cipal que de mauvaise foi, plaideur téméraire, en un mot, lorsqu'il est en demeure (1) d'une manière absolue.

Le défendeur, mis en demeure, non-seulement succombe comme si la chose n'eût pas péri, mais en outre répond du dol et de la faute antérieurs à la litiscontestation.

Le défendeur, non en demeure, ne répond avant la délivrance de la formule que de son dol, après il est éventuellement administrateur de la chose d'autrui, et répond même de sa faute. Quand la perte, survenue depuis la litiscontestation, résulte de la faute ou du dol du défendeur, ce dernier reste tenu. Quand, au contraire, la perte résulte d'un cas fortuit, le défendeur est libéré : *debitor certi corporis interitu rei liberatur.*

Même, dans cette dernière hypothèse, il est bon que le juge prononce la sentence. *Utique autem etiam mortuo homine necessaria est sententia propter fructus et partus, et stipulationem de evictione. Non enim post litem contestatam, utique et fatum possessor præstare debet* (2). Le but de cette disposition est double. Le juge assure ainsi la restitution des fruits produits, depuis la délivrance de la formule et du part, quand l'objet est un esclave. Le prononcé de la sentence est encore utile au point de vue de l'action en garantie (*de evictione*). Que le demandeur à l'action en revendication soit le propriétaire, le défendeur un acquéreur de la chose, là sentence permet de

---

(1) Zimmern, *Traité des actions*, § 122. — Pellat, l. 16, ff. *De rei vendicatione*; l. 40 pr. ff, *De hered. petition.*; l. 12, § 1, ff. *De positi* 16, 3; l. 21, 24, ff. *De usuris*; l. 8, ff. *De re judicatá* 42, 1; l. 82, ff. *De verb. oblig.* 45, 1.

(2) Paul, l. 16, ff. *De rei vendicatione.*

recourir contre l'auteur par l'action en garantie ; malgré
la perte par cas fortuit, *res ei evincitur.* En résumé, suivant les expressions de Paul dans la loi 11, *ff judicatum
solvi : Expedit de evictione actionis conservandæ causa,
item fructuum nomine, rem judicari.*

TROISIÈME PARTIE.

De la litiscontestation sous le système des JUDICIA EXTRAORDINARIA.

115. Pour trouver l'origine de ce système de procédure, il faut remonter à la période formulaire ; dès cette
époque, dans des affaires importantes et en petit nombre,
le préteur, au lieu de renvoyer les parties devant le juge,
tranche lui-même la question débattue, comme pour les
fidéicommis (1), les restitutions en entier (2), les questions d'honoraires des professeurs et médecins et les
procès entre publicains (3). C'étaient là les *cogniliones
extra ordinem,* en d'autres termes, les procès vidés en
dehors des règles ordinaires ; sous l'Empire, ces anoma-
lies se multiplièrent (4) ; il faut l'avouer, la tendance des

(1) Gaius, *Com.* II § 278.
(2) L. 15 § 1, ff. *De pignoribus* 4, 4.
(3) Tacite, *Annales* 13, 50.
(4) L. 5, ff. 50, 13.

esprits favorisa ce mouvement. Depuis la mort d'Alexandre Sévère et d'Ulpien, son préfet du prétoire, massacrés dans une sédition militaire, l'Empire, comme un corps gangrené, se dissolvait sous le coup d'une profonde désorganisation morale et politique. Le patriotisme des citoyens s'étant affaibli, les fonctions de juges, jadis si honorées, furent remplies avec tant d'insouciance, de dégoût et d'incapacité, que l'abolition de cette ancienne institution par Maximien (en l'année 294), fut un véritable bienfait pour les plaideurs (1).

116. Plus d'*in jus* et d'*in judicium*, plus de délivrance de formules, ces innovations bouleversaient la procédure romaine, mais les jurisconsultes de l'école classique avaient tracé un tel sillon, que les jurisconsultes du Bas-Empire, pâles fantômes de jurisconsultes, nommés Tribonien, Dorothée, Stéphane, que l'on retrouve toujours incapables d'avoir une idée à eux, fesant des *excerpta* informes, reprirent en sous œuvre le monument simple et grandiose du vieux *jus quiritium*, et tâchèrent de l'accommoder aux besoins de leurs contemporains.

Tout notre travail va consister à indiquer quelles différences séparent la litiscontestation des *judicia extraordinaria* de la litiscontestation du système formulaire.

Moment où se produit la litiscontestation. — 117. La délivrance de la formule n'ayant plus sa raison d'être, puisqu'il est inutile que le magistrat se pose des questions à lui-même, Constantin supprima ce souvenir de nécessités qui n'existaient plus. Cependant, on ne pouvait se passer de litiscontestation, il fallait détermi-

(1) Const. 2, Cod. 3, 3.

ner le moment précis de l'introduction d'instance, en attacher les effets importants à un acte de procédure, et l'on choisit le moment de la lecture des positions à l'audience. Sévère et Antonin le disent dans la constitution unique au Code *De litiscontestatione* : *Res in judicium deducta non videtur si tantum postulatio simplex celebrata sit, vel actionis species ante judicium res cognita. Inter litem enim contestatam et edictam actionem permultum interest.* LIS ENIM TUM CONTESTATA VIDETUR CUM JUDEX PER NARRATIONEM NEGOTII CAUSAM AUDIRE CŒPERIT. Keller traduit dans ce texte le mot *judex* par magistrat; sans insister sur les interprétations, assez divergentes des Romanistes, il nous semble, avec de Savigny, que ce rescrit impérial est rendu sous la période des *judicia extraordinaria*. Et toutes les circonlocutions sont employées pour arriver à préciser un moment de la procédure qui tienne lieu de litiscontestation. D'où ces ambages qui, souvent, ont fait croire à une altération des textes.

Vingt jours après la réception de la demande, le défendeur se présente devant le magistrat pour lier l'instance; de son côté, le demandeur donne caution de ne pas retarder l'instance de plus de deux mois (1). Dès que les parties ont exposé les prétentions, il y a litiscontestation : *Cum lis fuerit contestata post narrationem propositam et contradictionem objectam* (2).

Différences au point de vue de la nature. — 118. Au fond, la litiscontestation reste ce qu'elle était, un

(1) *Novelle* 96. — Auth., *Libellum* C. de L. C 3, 9.
(2) Const. 14, § 1, Cod. *De jud.* 3, 1.

moyen de déduire *in judicium* les prétentions des
parties et de fixer les points litigieux sur lesquels le magistrat va se prononcer. Pourtant, même au point de vue
de la nature, que de différences! Le préteur disparaît,
le magistrat juge le remplace; toutes les actions se
vident de la même manière. On ne distingue plus le *judicium legitimum* du *judicium imperio continens*. La lilis-
contestation n'éteint plus de plein droit l'obligation
réclamée : *Si judicio tecum actum fuerit nihilhominus obligatio durat* (1). D'après le droit civil, le demandeur peut
intenter de nouveau son action (*ipso jure de eadem postea,
adversus te agi potest*), mais le défendeur a une exception
pour se garantir (*debes per exceptionem rei judicatœ
adjuvari*).

Différences quant aux effets. — 119. Le possesseur
de mauvaise foi ne rend plus au double les fruits perçus
depuis la litiscontestation. Mais les différences principales viennent de ce que un certain nombre d'effets de la
litiscontestation sont transportés à la citation en justice,
qui acquiert ainsi une certaine importance. Théodose II
se contente, pour l'interruption de la prescription, d'une
conventio notifiée par huissier (2).

La Novelle 142, Cap. 1, établit aussi que la citation
rend l'objet litigieux inaliénable. Ses règles, indiquées
dans notre parágraphe 70, sont abrogées. Les empereurs Gratien, Valentinien et Théodose (3), veulent,
lorsqu'une personne laisse une créance ou une chose

(1) Inst. IV, XIII, § 5.
(2) Const. unique, Code Théodosien 4, 14, *De acto certo tempore finitur.*
(5) Const. 3, Cod. *De litigios* 8, 57.

litigieuse (*rem litigiosam vel ambiguum chirographum*), que l'héritier en donne la valeur au légataire et intente le procès à ses risques et périls. Justinien (1) défend d'aliéner, soit la chose litigieuse, soit l'action ; mais l'aliénation de la chose litigieuse, emporte seule les peines édictées. Le fisc s'empare de la chose, lorsque l'acqué-reur en connaît la qualité ; dans l'hypothèse inverse, le vendeur rend à l'acquéreur le prix reçu et paie, en outre, le tiers de la valeur de l'objet.

120. Les jurisconsultes du Bas-Empire ont eu la main malheureuse; en innovant, ils ont, pour la litiscontesta-tion, comme pour tant d'autres matières, détruit la beauté juridique des principes posés pendant la période classique. En Droit, Rome a suivi la marche de la vie humaine, elle a eu sa virile jeunesse écoulée dans de rudes labeurs, entre le cliquetis des armes, les travaux des champs et l'organisation civile de la cité. Puis est venu l'âge mûr, elle s'est rappelé le conseil du poète :

Tu regere populos imperio Ro.nane memento.

Elle a fortement organisé la vie des peuples conquis, comme celle des citoyens et son génie pratique enfanta le vieux *jus quiritium*, si beau dans son ensemble, si logique dans ses déductions, que l'on pourrait presque le considérer comme une œuvre d'art.

Le droit romain a eu sa vieillesse. Les compilateurs remplacent les jurisconsultes de génie ; ces manœuvres

(1) Const. ult.. Cod. *De litigios.* 8, 57.

de la science portent leurs mains inintelligentes sur des chefs-d'œuvre qu'ils ne comprennent pas. De là, le Digeste et le Code de Justinien, pièces de marqueterie, réunions de lambeaux disparates, qui font songer aux premiers vers de l'art poétique d'Horace.

DROIT FÉODAL ET COUTUMIER.

Du gaige de Bataille. - Du Plez entamez. — Histoire de la litiscontestation dans les temps modernes ou de la contestation en cause.

121. L'humanité a ses phases comme la nature. Vico a écrit un ouvrage admirable pour prouver que la philosophie de l'histoire montre les hommes tournant éternellement dans un cercle vicieux. Sans être aussi désillusionnés que l'illustre écrivain, sans croire que nos efforts, quels qu'ils soient, restent stériles, que les hommes comme les astres décrivent sans cesse le même orbe en cherchant, sans le trouver, le lieu du repos, avouons que l'extrême civilisation est bien voisine des siècles barbares. Les grands empires de l'Orient tombèrent après avoir ébloui l'univers de leur gloire et Rome, Rome elle-même, s'endormit blasée par la civilisation, ivre de gloire et de sang, saturée de débauches et de sophistique.

Il faut revenir un peu en arrière, laisser le siècle de Justinien pour remonter au début de la période des *judicia extraordinaria*. On dirait que la Providence lassée d'une orgie qui a duré plusieurs siècles, envoie ses justiciers à l'empire des Césars; car les barbares partis du désert de Kobi s'avancent appuyés contre le Danube, poussés par un puissant instinct et se disant déjà les fléaux de Dieu. Tartares, Sarmates et Teutons, vêtus de peaux d'ours, de veaux marins, d'uroch et de sanglier pressent les flancs de l'empire, et pas une légion ne se présente. Les citoyens comprennent si bien que l'heure de la vengeance est venue, que pour arrêter la marche des Huns, ils envoient un pontife. Alaric, Genséric, Attila rançonnèrent Rome, sans que la haine des nations fût assouvie. Totila fut plus cruel encore, et quand Bélisaire pénétra dans Rome à la tête de quelques escadrons, l'herbe poussait dans les rues; il n'y avait plus de sénat! plus de peuple! rien que des ruines et des remparts renversés.

Cependant, les Romains étaient toujours nommés, le peuple roi et les barbares courbaient la tête en passant devant la statue de César. On se rappelle le beau vers :

> Græcia victa ferrum victorem cœpit et artes
> Intulit agresti Latio.

Avant que la Rome antique, détruite à jamais, remporte cette victoire morale qui ne se fera pas attendre, les barbares, frappés d'admiration, respectent les ruines faites par eux. En Gaule surtout, où l'invasion fut moins sanglante, où conquérants et vaincus vécurent à peu près en bonne intelligence, les Gallo-romains conservè-

8

rent leur législation ; la personnalité des lois fut reconnue.
Agobard, archevêque de Lyon, écrivait à Louis-le-
Débonnaire que souvent on voit converser ensemble cinq
personnes régies par des droits différents.

Voilà le droit romain définitivement implanté en
Bourgogne et dans le royaume des Visigoths ; du moins,
pour en assurer la conservation, les rois barbares
ordonnèrent d'en rédiger des résumés. De là le *Papiniani
responsum* et le *Breviarium Alarici*, où l'on retrouve
lacérés, transformés, souvent méconnaissables des fragments des codes Théodosien, Grégorien, Hermogénien et
surtout des œuvres de Papinien et de Gaius. Les Romains
vivaient avec les Burgondes sur le pied de l'égalité : *una
conditione teneantur*, dit la *lex romana* (1). La loi salique, au contraire, n'exige pour le meurtre des Gallo-
romains qu'une composition moitié moindre. Chez les
Francs, suivant toutes les probabilités, les principes de
la personnalité des lois et de l'égalité des races ne triom-
phèrent pas sans quelque résistance. Après le baptême
de Clovis, la situation légale des vaincus changea ; le
clergé voulait faire revivre dans ce roi barbare l'empire
d'Orient dont chaque peuple avait arraché un lambeau ;
or, le clergé était régi par la loi romaine, et Clovis
suivit l'exemple des Visigoths et des Burgondes, en
accordant aux vaincus la loi de leur origine. A l'époque
où Marculfe écrivait, la personnalité des lois était universellement reconnue (2).

(1) Titres X et XV.
(2) *Formules*, liber I, formule VIII. — Marculfe, moine de
Paris, écrivit des formules, à la demande de saint Landry, vers

Mais les lois qui touchent à la procédure , sont d'ordre public; quoique régis par la loi de leur origine, les Romains ont-ils encore la litiscontestation? Et si l'on n'en applique point les règles , comment l'instance est-elle liée chez les Francs à partir du règne de Clovis?

CHAPITRE PREMIER.

DE L'INTRODUCTION D'INSTANCE JUSQU'AU COMBAT JUDICIAIRE.

122. Quoi qu'en ait dit l'abbé de Mably (1), l'influence des institutions romaines sur les institutions germaniques fut assez grande, et l'on retrouve dans de vieux documents francs d'entre la Loire et le Rhin, les mots : *curia*, *ordo* , *gesta municipalia* , bien que la curie ait disparu, emportée par l'invasion et surtout par la réprobation des citoyens.

Malgré cette influence si évidente, que l'on ne peut raisonnablement la nier , nous croyons avec Pardessus (2) que les rois Francs, en laissant aux vaincus leurs lois d'origine, les soumirent à la juridiction commune , c'est-à-dire au *Mâl* ou assemblée des *Rachimbourgs*. Ainsi, les règles de la litiscontestation ne survécurent pas en Gaule à la chute de l'Empire d'Orient.

l'an 560. Il s'est écoulé assez de temps pour qu'il ne parle plus de ce principe comme d'une innovation.

(1) *Observations sur l'histoire de France*, liber 1, cap. 2.
(2) *Dissertations sur la loi Salique*, p. 515.

Marculfe semble le dire (1), mais l'argument décisif est emprunté à Sirmond (2). Un homme enlève une femme de son gré (*eam volentem rapuisset*) et l'épouse sans le consentement des parents; dans l'espèce, dit le jurisconsulte, les parties doivent être jugées d'après la loi romaine : *tunc ipsi viri qui ibidem aderant, tale dederunt judicium ut secundum legem romanam pro hæc culpâ.* Quels étaient les juges? *Intervenientibus bonis hominibus!* Or, les *boni homines*, il n'y a aucun doute à cet égard, ne sont autres que les Rachimbourgs (3).

Chaque partie conserve la loi de son origine ; seule, la juridiction est commune. Les règles de la litiscontestation disparaissent, nous ne les retrouverons, maintenant, que plus tard, quand les disciples de l'école de Bologne rapporteront le droit romain en France.

123. A l'époque de la conquête, toute personne lésée a le choix entre la guerre privée ou le jugement public. L'assemblée de justice se nommait *mâl* et les juges y

(1) Balazius, *Capitularia regum Francorum, aditæ sunt Marculfi monachi et aliorum formulæ veteres.* — Marculfe, liber 1, form. 8 : *Ita ut semper erga regimine nostro fidem inlibatam custodias, et omnis populus ibidem commanentes tam Franci, Romani, Burgundines, quam reliquas nationes sub tuo regimine et gubernatione degant et moderentur et eos recto tramite secundum legem et consuetudinem eorum regas....* etc. — Dans les Appendices, Marculfe suppose également que les causes intéressant le clergé, et par suite, jugées d'après les lois romaines, sont portées devant le Mall. (Formules 2, 3, 4, 5, 52) : *Veniens advocatus sancti illius de monasterio.... in mallo publico... Veniens ille in causa monasterii sancti illius... In mallo publico.* Baluze, tome II, p. 455 et suiv.

(2) *Eod., Formulæ Sirmondicæ,* § 52, II, p. 487.

(3) Junge *l'Historien des miracles de S. Benoît,* dans dom Bouquet, VI, p. 513.

siégeaient tout armés, sur des bancs disposés en cercle.
Avant d'avoir franchi le Rhin, les Germains tenaient
leur réunion en plein air, depuis ils se réunirent sous
des halles, mais le lieu des séances n'en garda pas moins
le nom de Mâl-berg ou Montagne du conseil, ce qui fait
dire à Ducange dans son Glossaire : *Malbergum, Mallo-
bergum, Mallebergium, locus judicii conventus judicialis,
ipsum judicium, populus ad judicium congregatus.*

Le territoire était divisé en comtés, centuries et décu-
ries (1) ; dans chaque division se trouvait un magistrat,
le comte ; le vicaire ou le dizainier, chargé de convoquer
les membres du *Mâl*, nommé aussi *Plaid* (*Placitum,
Mallum*). Tous les hommes libres, nommés *Arimanni,
Erimanni, Herimanni, Hermanni*, chez les Lombards, et
Rachimburgi, Rathimburgi, Regimburgi, chez les Francs,
étaient tenus de s'y rendre (2). Eux seuls jugeaient les
causes, l'office du magistrat se bornait à les convoquer
et à les présider.

124. Un fait domine la législation franque, c'est le
rapprochement et presque la confusion entre l'ordre civil
et criminel : « Elle ordonnait la preuve des faits ; elle
» appliquait la composition attachée aux infractions de
» la loi civile, comme à celles de la loi criminelle. C'est,
» en effet, une chose bien remarquable que les disposi-
» tions de la loi salique sur les objets d'ordre privé, sou-
» mis à la juridiction contentieuse, entraînent presque
» toujours, comme condamnation, une composition pécu-

(1) Décrets de Chlotaire et de Childéric, repportés par Baluze,
I, p. 19.
(2) Lex. Alam., tit. XXXVI, cap. IV, V ; lex Baiuvi, tit. XV,
cap. 1.

» niaire. S'agit-il d'ajournement méprisé, d'affranchisse-
» ment illégal, de l'achat du Mundium, relatif à la
» veuve, d'un recours injuste au graphion ou comte, du
» déni de justice des Rachimbourgs, d'un mariage man-
» qué par le désistement du fiancé? Tout se termine
» par des compositions en sous et deniers (1). »

Le caractère des lois barbares se retrouve même en
matière d'introduction d'instance; aucun lien juridique
n'unit les plaideurs, aucun quasi-contrat n'est engendré,
et l'on ne trouve aucun acte de procédure qui le rappelle. Mais, on obtient un résultat analogue, par des
règles du droit criminel; chaque fois qu'une partie omet
de répondre à un acte de procédure, elle encourt une
amende. Il ne faut pas, sans doute, abuser de ce principe; ainsi, quand le litige porte sur une chose certaine,
le défendeur est condamné à la chose elle-même, et le
comte est chargé d'exécuter le jugement (2). En dehors
de ces cas exceptionnels, le système des compositions
reprend son empire. Le premier devoir du demandeur est
d'actionner le défendeur, de l'ajourner. *Mallare, admal-
lare, homallare, obmallare.* Le défendeur défaillant est
condamné à l'amende. *Si quis ad mallum legibus domi-
nicis mannitus fuerit et non venerit, Malb. reaptem, hoc
est DC dinarios, qui faciunt solidos XV, culpabilis judicetur* (3).

Le titre le plus curieux de la loi salique, au point de
vue de l'introduction d'instance, est le cinquante-
deuxième (*de rem pristita*). Il suppose qu'un homme a

(1) Lafferrière, III, p. 218.
(2) Pardessus, *Dissertations sur la loi Salique,* p. 579.
(3) Loi Salique, titre I, § 1.

contracté une obligation (*aliquis alteri aliquid præstiterit de rebus suis*). Le terme échu, le créancier, accompagné de ses témoins, se rend chez le débiteur pour le mettre en demeure, et, s'il ne veut payer, le sommer de comparaître au Mâl. Un refus de ce dernier (*si nec tunc reddere voluit*), est suivi d'un délai de sept jours (*septem noctes ei spacium dare debet*), après lequel on recommence la même formalité. Un nouveau refus entraîne un nouveau délai de sept jours, après lequel, si le débiteur persiste dans ses dénégations (*si nec tunc reddere voluit nec fidem facere reddendi*), le juge le condamne à une amende de quinze sous.

Il est inutile de prolonger plus longtemps l'examen des textes, nous ne retrouverions partout que l'application du même principe.

Le défaut du demandeur n'entrave point la marche du procès, et le Mâl rend un jugement dit : *evinditale judicium*. Voici la définition que Ducange en donne dans son Glossaire : Evinditale judicium, *vel forte* evindicale, *datum videtur contra eum qui re cujuspiam oblata, in jus vocatus, ad placitum, nulla missa vel nuntiata* sunnia, *seu excusatione, venire distulit : tunc enim is cui res oblata erat, eam judicio secundum loci legem lato evindicabat, sui evincebat.* Cette notion est conforme aux données de Marculfe (1).

125. Ce n'est point qu'en cherchant, on ne trouve, même dans la procédure devant le Mâl des traces de la procédure romaine. « Les Francs, dit Agathias, avocat

---

(1) Liber I, formule 57. — Junge Ducange, Glossaire vⁱˢ *Sunnia et Solsitare.*

» grec, du vi^e siècle, ont adopté en beaucoup de choses
» la police des Romains et leurs lois. » Ainsi, le demandeur, sur l'ordre du juge, est obligé de donner caution
de rester dans l'instance : « *Veniens ille, in nostri vel
procerum nostrorum præsentia..... et ab hoc per nostram
ordinationem tales datos fidejussores habuisset, ut K. L.
illis ex hoc in nostri præsentia debuisset adstare causan-
tes* (1). N'est-ce pas un souvenir de la caution *judicatum
solvi*?

126. Peu à peu, les Rachimbourgs omirent de se
rendre aux plaids ; ce qui d'abord était pour eux l'exercice d'un des droits les plus nobles de l'homme libre,
devint une tâche ennuyeuse et, pour être sûr de ne pas
manquer de magistrats, on dut, dans chaque district,
désigner un certain nombre de juges ou scabins, dont
l'assistance était obligatoire. Les Rachimbourgs conservèrent encore le droit de siéger, quand ils se rendaient
aux plaids ; ainsi, dans un plaid tenu à Narbonne, en
783, siégeaient : *Duo vassi, sex judices* (ou scabins),
quatuordecim boni vires. L'innovation était grande, elle
ne tendait rien moins qu'à la création d'un pouvoir judiciaire distinct du peuple ; mais quand une nation est en
décadence, l'exercice des droits de citoyen est une
charge plutôt qu'un noble devoir, et les Rachimbourgs,
heureux de n'avoir plus à siéger, vinrent de moins en
moins nombreux au Mâl, jusqu'au jour où ils en oubliè-
rent le chemin.

(1) Marculfe, liber I, form. 57.

CHAPITRE II.

QUELQUES MOTS SUR LE COMBAT JUDICIAIRE ET LE *gaige de bataille.*

127. La preuve se faisait devant le Màl, par les dépositions de témoins, par le serment des cojurateurs affirmant que celui avec lequel ils juraient devait être cru ; enfin, par les ordalies ou jugements de Dieu. Cette troisième preuve absorba peu à peu les autres, et constitua à elle seule presque tout le procès. A partir des viie et viiie siècles, jusqu'à Beaumanoir et Pierre des Fontaines, aucune procédure qui ne puisse se résumer dans le combat judiciaire.

L'origine des ordalies remonte à l'antiquité la plus reculée. Le plus ancien monument législatif des peuples Aryas, dont nous descendons, la loi de Manou, consacre la pratique d'épreuves par les éléments pour découvrir l'innocence ou la culpabilité des prévenus (1). Plus tard, nous la retrouvons en Grèce. Le cadavre du frère d'Antigone a disparu ; les gardes veulent prouver leur innocence, et l'un d'eux s'écrie : « Nous » étions tous prêts à manier le fer brûlant, à traverser » le feu, à attester les Dieux par serment, que nous » n'étions ni coupables, ni complices de celui qui avait

(1) De Valroger, *Eléments celtiques du droit français,* dans la *Revue des cours littéraires,* tome I, p. 499.

» conçu le crime ou qui l'avait exécuté. » On retrouve même quelque vague souvenir du jugement de Dieu dans Virgile :

> . . . . . Et medium freti pietate per ignem
> Cultores multa premimus vestigia pruna (1).

fait-il dire à l'un de ses héros,

Le temps ne rendit pas les nations plus sages, et le moyen-âge, forçant encore ces traditions qui lui venaient d'Asie devint le règne des jugements de Dieu. Il n'est pas jusqu'à Cunégonde, femme de l'empereur d'Allemagne, Henri II, qui, pour prouver son innocence, n'ait marché sur des barres de fer rouge. L'authenticité de la lance de Longin, trouvée à Antioche à l'époque de la première Croisade, fut d'abord établie de la sorte. Et, plus tard, dans un siècle relativement éclairé, Jérôme Savonarole, malgré son immense génie, voulut, pour convaincre le peuple de Florence, traverser un bûcher en flammes.

C'était là un abus d'autant plus à craindre qu'il venait de sentiments profonds. Les peuples dans l'enfance croient généralement que Dieu fait des miracles pour empêcher l'innocent d'être vaincu. Cependant, la religion chrétienne réfute elle-même cette croyance erronée, en faisant de la terre un lieu d'épreuves où Dieu châtie en raison directe de son amour. La vie, en effet, est comme les pièces de théâtre ; la vertu ne triomphe qu'au dernier acte, au dénouement, dont le nom assez sombre est la mort, et jusque là elle reste soumise à toutes les fluctuations de la fortune, à toutes les chances du hasard.

(1) *Enéide* XI, vers 787 et suiv.

Parmi les ordalies, le combat judiciaire devint surtout d'un usage général. Peut-être fut-il adopté à cause de ses points de ressemblance avec le droit de légitime défense; dans tous les cas, son origine germanique (en Germanie, les querelles et les procès se vidaient par la guerre privée), ne fut pas étrangère à sa fortune. Une considération semble surtout avoir frappé les législateurs barbares : « Il s'était introduit depuis longtemps, dit » Othon II, une détestable coutume; c'est que, si la » charte de quelque héritage était attaquée de faux, » celui qui la présentait faisait serment sur les Evan-» giles, qu'elle était vraie; et, sans aucun jugement » préalable, il se rendait propriétaire de l'héritage : ainsi » les parjures étaient sûrs d'acquérir (1). » Gondebaud reproduit la même pensée, en permettant le combat judi-ciaire : « C'est, dit-il, afin que nos sujets ne fassent » plus de serment sur des faits obscurs, et ne se parju-» rent point sur des faits certains (2). » C'est ainsi qu'un mode de preuve devint à lui seul toute la procé-dure.

Je ne veux pas aborder ici l'étude de cette institution où les religieux unis aux préjugés sociaux forment un ensemble attristant. Une seule chose est importante à signaler, c'est le germe d'une liaison de l'instance; sans doute, on ne retrouve encore à proprement parler aucun quasi-contrat judiciaire, mais les règles du *gaige de Bataille* lient les parties par un véritable contrat. Après avoir *adrouhé* les éléments du litige, chaque plaideur dit,

(1) Loi des Lombards, liber II, titre 55, cap. 54.
(2) Loi des Bourguignons, cap. 45.

en s'adressant au seigneur ou à la Cour : « Au cas que
» Gaige de Bataille y chice, je man deffanderay comme
» gentil homme bon et leaul et comme celuy qui n'a tort
» à la cause proposée contre moi, et me y offre et en
» baille mon gaige. » L'adversaire relève le gantelet en
signe d'acceptation du combat et dès lors il y a Gaige de
Bataille (1), introduction d'instance, lien obligatoire
entre les parties. « Quand li gaiges sont donnés et reçus
» du juge, la querèle di quoy li gaiges sont, doit
» demourer el point que li gaiges sont donnés; et aucuns
» coutumiers dient, que par la coutume, si aucun, après
» les gaiges jettiés et bailliés, c'est assavoir aucune
» partie se départ de la Court sans congié, elle sera tenu
» pour convaincue (2). »

Le *gaige de bataille* a tellement le caractère d'un
contrat, qu'il assure sans aucune voie de recours, le
jugement que le hasard du combat va imposer à tous (3) :
« Premièrement, quand l'un confesse sa coulpe où il se
» rend ; secondement, quand son ennemi le met hors
» des lices vif ou mort, et, en ce cas, le corps est déli-
» vré au maréchal comme vaincu et atteint; et pour en
» faire justice, ses biens confisqués après restitution de
» partie et ses ploiges retenues pour les injures, domma-
» ges et intérêts; et le vainqueur, après ce, s'en doit
» partir à cheval et en ses armes et hostages déli-
» vrées (4). »

129. Cette orgie de force brutale qui fesait pencher

(1) Beaumanoir, *Coutumes de Beauvoisis*, cap. 61, 63, 64.
(2) Beaumanoir, *Coutumes de Beauvoisis*, cap. 61 § 56.
(3) Beaumanoir, *Coutumes de Beauvoisis*, cap 11 § 50.
(4) *Cout. de Bourg.* 289.

la balance de la justice du côté de l'épée la mieux tenue,
ne pouvait se prolonger plus avant ; depuis sept siècles
déjà, elle régnait en toute licence et dominait le Moyen-
âge, quand en 1180 les prélats se réunirent et jurèrent
de ne plus combattre. Pourtant ces coutumes barbares
étaient tellement entrées dans les mœurs que « quand
» li roys Loys les ostât de sa cort, il ne les osta pas des
» cors de ses barons (1). » Telle est l'origine d'une réac-
tion qui métamorphosa la procédure ; on ne dit pas
encore comme du temps de Cicéron : *Cedant arma togæ*,
du moins, en certains lieux, la force est-elle mise au
service du droit. Nous allons retrouver des juridictions
où les procès se plaident à coups d'arguments et non plus
à coups d'épée ou de bâton, suivant qu'il s'agit de
nobles et de vilains. C'est là qu'ont cours les régles du
plez entamez qui vont nous occuper maintenant. « Et
» certes, dit Pierre de Fontaines, plus profitable lor sera
» li ameusuremens la justise que la bataille..... Et se li
» uns et li autres est si curevés qu'il n'en demande nul
» ameusurément entrer puent par folie en péril de
» gaige... bataille n'a mie leu en justise amesuré (2). »

CHAPITRE III.

DU PLEZ ENTAMEZ (3).

130. Beaumanoir et Pierre des Fontaines, avec les-

(1) Beaumanoir, *Cout. de Beauvoisis*, cap. 61, § 15.
(2) Conseil de Pierre de Fontaine, cap. 15, § 17, 18.
(3) Telle est l'orthographe de De Fontaines ; Beaumanoir écrit
Plet entasé.

quels, suivant la judicieuse observation de Minier, on reconstituerait facilement toute la procédure civile au XIII⁰ siècle, donnent des renseignements précieux sur l'enfance de la pratique française. A cette époque, rien n'est encore précis, quelques linéaments contenant en germes nos institutions modernes surgissent seuls çà et là. Au milieu de ces dispositions éparses, on trouve la trace d'un lien obligatoire qui a de profondes analogies avec le quasi-contrat-judiciaire que les Romains nommaient la litiscontestation.

131. Tout demandeur doit commencer par *semonre* ou ajourner son adversaire. Si le demandeur est un *sire* qui veuille *semonre un gentil home*, il assigne son adversaire par deux de ses pairs ou par *aucuns prud'hons souffisant* (1). Lorsque le *sire semonre* ses vassaux, l'assignation est portée par des sergents dont le serment fait foi pour la remise de l'exploit (2).

La semonce ne lie pas l'instance ; elle n'est pourtant point sans effets. Le demandeur : *por une seule défaute, il pert saisine de toute la querèle dont veue a esté fète* (3).

Devant le *cort de crestienté* comme devant le *cort laie*, on retrouve la semonce, mais une règle spéciale qu'il importe de signaler à cause de sa couleur locale. Elle montre bien le caractère naïf et plus que religieux des gens du moyen-âge. La partie citée devant une Cour ecclésiastique doit répondre à la semonce, quand même la Cour serait incompétente : *Et le réson por quoi il y doit*

(1) Beaumanoir, *Coutumes de Beauvoisis*, cap. 2, *Des Semonses* § 2.

(2) Beaumanoir, *Cout. de Beauv.*, cap. 2 §§ 12 et 15.

(5) Beaumanoir, *Cout. de Beauv.*, cap. 2 § 18.

aler ou envoter, dit Beaumanoir, *si est porceque s'il n'i
aloit ou envoioit, on geteroit sor li sentence d'excomme-
niement, et li escommeniement sont à douter, comment
qu'il soient geté, soit à tort, soit à droit* (1).

132. Le demandeur a le droit d'interroger son adversaire sur les points de fait qui constituent non pas le
fondement de l'action, mais sa qualité dans le procès.
« *Il convient bien en aucun cas que li deffenderes répondent as demandes qui li sunt fetes, sans lesquelles responses li demandeur ne pot faire certaine demande.* »

C'est à ce moment de la procédure qu'ont lieu les
demandes et réponses. Les demandes....... *Demender est
sa demande dire de boche, ou fère la dire par autre qui
fère le puisse, et embracier en sa demende quanque l'en
veaut demander* (2). Les réponses ou exposé des moyens
de défense directs ou indirects du défendeur.

133. Jusqu'à présent, nous n'avons vu aucun lien
obligatoire lier l'instance et les parties; et cependant,
ce lien existe, et Beaumanoir dit, en parlant d'un procès :
« Li demandères mist moult bone exception contre le
» Segneur, qui requerait se cort du defendere, en disant
» que li deffenderes avait jà *respondu* à se *demande* et

_____

(1) Beaumanoir, *Cout. de Beauv.*, cap. 2; *Des Semonces*, § 28.
Il n'est pas étonnant de voir si facilement excommunier les
plaideurs à une époque où les animaux eux-mêmes n'étaient pas
à l'abri de pareilles sentences. On trouve dans les *Consilia de Bar-
tholomæi a Chassaneo*, publiés à Lyon, en 1551, une consultation
intitulée : *De excommunicatione animalium*, écrite à l'occasion
d'une poursuite en excommunication, intentée devant l'officialité
d'Autun, contre les chenilles qui ravageaient le territoire de
Beaune.

(2) *Li Livres de jostice et de plet*, livre II, titre XIV, § 5.

» plet entamé, en niant ou en connissant, ou en pro-
» poser fet contraire por détruire se demande. Car on
» doit savoir que *responses sont plet entamé* (1). » Beaumanoir entend par le mot réponses le fait d'acquiescer de
la part du défendeur, ou bien encore le fait de présenter
sa défense (fet contraire por détruire sa demande). Faut-il
prendre le texte au pied de la lettre et dire l'instance liée
dès que le défendeur a fait ses réponses ? Faut-il, au
contraire, attacher le lien obligatoire à tout autre acte de
procédure précédant le jugement? C'est là une question
importante, car le Plez entamez a ses effets comme la
litiscontestation des Romains. Les exceptions sont opposables tant que l'instance n'est pas liée : « Toutes resons,
» soient dilatoires ou péremptoires, doivent estre mises
» avant que li jugements soient encarquiés, car, puisque
» cil qui doivent à droit, il n'i poent ne metre ne oster
» exeptées les resons qui poent esqueier le jugement
» pendant (2). »

Il semble d'abord que le Plet soit fatalement engagé
au moment où les réponses sont terminées. Responses
sont plet entamé, disent Beaumanoir, et Pierre de Fontaines, dont l'autorité est si grande, ajoute : « Plez est
» entamez, quant eleins et respons est faiz par devant
» la justise de la querele principal : mès se l'en fait sim-
» ple requeste seulement, on se l'en dit au défendeor
» par quel reison en li demande, por ce n'est mie plez
» entamez (3). »

_____

(1) Beaumanoir, *Cout. de Beauvoisis*, c. 7, *Des défenses*, § 21.
(2) Beaumanoir, *Cout. de Beauvoisis*, c. 7, *Des défenses*, § 6.
(3) Pierre de Fontaines, *Conseil*, cap, 25, comment *Pletz est entamez.*

De Fontaines dit, comme Beaumanoir, que l'instance est liée quand les réponses sont faites, sans rien exiger de plus. Cependant, les jurisconsultes du moyen-âge ne prennent jamais pour synonymes les mots *responses* et *plez entamez*. Les jurisconsultes romains disaient indifféremment litiscontestation et délivrance de la formule, preuve évidente que la litiscontestation résultait de la délivrance de la formule. Mais le mot *response* n'est jamais pris par les auteurs du droit coutumier dans le sens d'instance liée. Bien plus, Beaumanoir suppose le plez entamez par un acte distinct des responses, mais venant immédiatement après. Dans le Chapitre VIII des Coutumes de Beauvoisis intitulé, *du temps des demandes*, au § 10, après avoir analysé un procès, rapporté les prétentions des parties, les raisons qu'elles se firent valoir, il ajoute : « les resons conneues, *ils se mirent en droit*..... et fu jugié, etc..... » Si les réponses terminées les parties doivent encore se mettre en droit, c'est que le plez est entamez par un acte postérieur.

C'est Beaumanoir, encore, qui fait cesser nos doutes, et décrit cet acte de procédure, que nous pressentons sans le connaître : « Or, disons-nous, ainsi que es liex
» où li baillis font les jugements, quant li baillis a les
» paroles receues et eles sont apoiés à jugement, il doit
» apeler à son conseil les plus sages, et fere le jugement
» par lor conseil ; car son apele du jugement et li juge-
» ment est trovés malvès, li baillis est excusés du
» blasme, quant on set qu'il le fist par conseil de bones
» gens et sages. Et el lieu là, ù on juge par homes, li
» bailli est tenus, en le présence des homes, à prendre
» li paroles de cex qui pledent ; et doit demander as

9

» parties s'il voelent oïr droit, et s'ils dient : « Sire
» oïl ! » li baillis doit contraindre les homes qu'il facent
» le jugement. — Et comment, il les doit et peut con-
» traindre (1). » Après les semonces, après les demandes et réponses qui n'entament point le plez, le bailli
demande aux plaideurs s'ils veulent que justice soit rendue ; leur réponse affirmative lie l'instance et la rend
génératrice d'obligations. A quel moment, en effet, une
instance est-elle engagée? Quand le juge ne peut, sans
déni de justice, refuser de prononcer la sentence ; eh
bien ! quand les parties ont répondu : *Oïl, sire!* Le bailli
est tenu de faire prononcer les juges.

L'élément intentionnel joue toujours le plus grand
rôle : ne porquant, il n'est pas au jugement fere, se li
home ne voelent (2).

131. C'est au moment de plez entamez qu'il faut rapporter presque tous les effets de la litiscontestation. A
partir de cette époque, nous le disions un peu plus haut,
le juge est obligé de se prononcer, sous peine de déni de
justice. « Donques, se tix ples muet entre le conte et
» les homes, et li home requièrent droit, ils doivent
» peure droit par le conte et par son conseil. Et se
» liquens lor refuse à fere droit ou il lor fait malvès
» jugement, traire le poent par l'une de ces deus voies
» par devant le roy, si comme par devant souverain.

(1) Beaumanoir, *Coutume de Beauvoisis*, cap. 1, *De l'office as
Baillis*, § 13.

(2) Beaumanoir, *Coutume de Beauvoisis*, cap. 1, *De l'office as
Baillis*, § 52. — Junge, *Décisions de Jean des Mares*, p. 554 et
555.

» Mais du péril qui est d'apel sera il dit u capitres des
» apias (1). Il ne s'agit pas, seulement, d'un refus formel de juge (*expressè negantis*), mais de négligences et
longueurs, arrivant au même résultat : *quia rarò accidit
ut non aliquid colorati pretextus sit, quod moræ prætendi
queat, ideo rectius libello superiori porrectò consulitur*,
dit d'Argentré (2).

Le plez, une fois entamé, la compétence du juge se
trouve irrévocablement déterminée : « Si le court d'église
» s'entremet de jugier d'aucun cas dont la connaissance
» appartient à cort laïc, il jugement doit ténir, porce
» que les parties s'y assentirent et .entamèrent le
» plet (3). » Ce qui pouvait avoir de très grandes conséquences, et changer totalement le mode de preuve,
puisque le combat judiciaire, en vigueur encore jusqu'à
Philippe-le-Bel dans les cours des barons, est abandonné
devant les cours royales et dans les cours ecclésiastiques.

Enfin, les exceptions sont opposables jusqu'au plet
entamé.

Voilà, à notre connaissance, les seuls effets qu'il faille
rattacher au lien juridique engendré par l'instance. Le
génie pratique des baillis aux prises avec la nécessité,
source du progrès, a su créer cette théorie, mais sans lui
donner l'unité, sans synthétiser les diverses questions
qu'engendre un procès. L'attribution des fruits, la trans-
missibilité de l'action, les droits particuliers au deman-

---

(1) Beaumanoir, *Coutume de Beauvoisis*, chap. 1, *De l'office
us Baillis*, § 55.

(2) Sur la *Coutume de Bretagne*, art. 57.

(3) Beaumanoir, *Coutume de Beauv.*, cap. 64, § 8.

deur se rattachent à un principe indépendant, et ont
pour point de départ le jour de la demande.

CHAPITRE IV.

HISTOIRE DE LA LITISCONTESTATION DANS LES TEMPS MODERNES.

135. Au xiie siècle, la ville de Bologne fut le théâtre
d'une révolution scientifique. La théologie, alors ensemble de sciences plutôt que science elle-même, compre-
nait non-seulement la philosophie, mais le droit romain,
qui n'était après tout que le complément du droit canon.
Science accessoire, le droit romain avait végété à l'ombre des cloîtres et de l'Université de Paris, où la pratique
ne songeait pas à aller puiser de salutaires enseigne-
ments, quand un laïque, Irnérius, l'émancipa et le rendit
populaire.

La ville de Ravenne possédait un certain nombre de
copies des livres de Justinien ; quelques-uns d'entre eux
furent portés à Bologne, où Irnérius les lut et les relut
avec passion. Sans autre maître que son génie, sans
autre appui que son amour de l'étude, il déchiffra les
vieux textes, puis les enseigna.

Il se bornait d'abord à une interprétation littérale,
ensuite vinrent les gloses marginales, sorte de commentaire, et bientôt les disciples d'Irnérius, faisant de la
science théorique et appliquant tout leur savoir à l'intelligence des textes, la rénovation du droit romain fut

accomplie. Accurse, disciple d'Azon, résuma leurs travaux dans la Grande Glose.

De Bologne, la rénovation du droit romain rayonna
comme d'un centre. Un italien, André Alciat, vint pro-
fesser à Avignon et de là à Bourges, sur la demande de
François Ier. En cinq ans, il avait métamorphosé l'enseignement du Droit et fondé une école nouvelle. Dès-lors,
jurisconsultes et praticiens, tous vinrent, à la lueur du
droit romain, résoudre les questions délicates et chercher, *imperio rationis*, les raisons de décider dans le
silence des coutumes.

136. Ces études appelèrent l'attention sur la matière
si importante, et pourtant si peu élucidée, à cette époque, de l'introduction d'instance. Charondas reconnaît
en elle la partie principale de tant de procès : « Pour
» revenir à la contestation en cause, dit-il, que mon
» vieil praticien (Imbert), appelle contestation de plaid,
» elle est la partie principale du jugement et fait le pro-
» cez. Car l'édition de l'action qui la précède n'a effect
» de contestation, *ut rectè notant Grœci interpretes ad*
» *leg. 5. Cod. de edendo. Nec enim propriè lis est ante-*
» *quam contestetur sed controversia.* C'est donc propre-
» ment la contestation en cause, la conflictation, *ut*
» *loquitur Cicero in partitionibus*, qui se fait devant le
» juge d'une part, et d'autre, par la narration et récit
» de la chose, de laquelle est controverse et question
» entre les parties (1). »

Cette litiscontestation, que l'on traduit par les mots
contestation en cause, à quel moment a-t-elle lieu ?

(1) Charondas, *Pandectes du droit français*, IV, cap. 7.

Charondas démontre bien son importance, mais la détermination en est-elle aussi facile? Comment interpréter
les divers fragments du droit romain? Quelques-uns ont
trait à la période formulaire, et les autres à la période
des *judicia extraordinaria* et dans un temps où le manuscrit de Gaius étant perdu, il était impossible de se
rendre compte des contradictions apparentes.

Tiraqueau reconnaît que la question est grandement
controversée : « *Apud multos controversia est, quando et
quomodo fiat litiscontestatio aliis dicentibus, fieri per petitionem et responsionem negativam : aliis et per affirmati-
vam quoque ; ut scilicet enim reus fatetur ; aliis denique
etiam per dubitativam* (1). » La controverse est beaucoup
plus grave qu'il ne l'avoue et porte non-seulement sur
les points de détail indiqués, mais encore, dans les premiers temps, sur le moment même auquel elle est produite.

137 *Système du droit canon.* — Aux premières années
du moyen-âge, l'Eglise aima et cultiva le droit romain
et s'en inspira avec bonheur pour le développement du
droit canon. Quelques esprits grondeurs déploraient,
avec saint Bernard, que, dans le palais même du pape,
on suivit les lois de Justinien et non celles du Christ ;
mais ces voix se perdaient isolées. Plus tard, la fortune
est changeante en toutes choses, cette faveur déclina ; le
Concile de Reims défendit aux moines, en 1131, l'étude
des lois romaines, et le pape Honorius, dans une décrétale de 1220, interdit l'enseignement de cette science,
pour le ressort de l'Université de Paris.

(1) Tiraquellus, *De retr. munic.*, § 15, Glose 2, p. 187.

On retrouve, dans les Décrétales, un système sur la litiscontestation, qui est la reproduction de la litiscontestation des *judicia extraordinaria*. Le document le plus ancien que nous ayons est une Décrétale du pape Grégoire IX (1), adressée à l'abbé de Saint-Jean-dans-les-Vignes (*Sancti-Joannis-in-Vineis*), qui avait consulté le Souverain-Pontife sur un procès qu'il poursuivait contre le chapitre de l'église de Saint-Quentin, à propos de certaines injures et de sentences d'excommunication. Les parties avaient adressé aux juges leurs déclarations respectives (*factis quibusdam positionibus et responsionibus*). Il s'agissait de savoir si la litiscontestation avait eu lieu. Grégoire IX répondit qu'elle résultait seulement de la position des questions à l'audience : *Per petitionem in jure propositam et responsionem contestatio fiat.*

Les mêmes expressions sont reproduites dans une autre Décrétale du même pape, *Sylvanectem. Episcopo et Joan. de monte mirabili archidiac. et succentori Parisiensi I, VI, cap. 51, § 5.*

Ces documents sont antérieurs à la rénovation des études juridiques ; voyons quels systèmes adoptent les disciples des Glossateurs.

138. *Système de Tiraqueau.* — Comme tous les jurisconsultes du XVIᵉ siècle, Tiraqueau invoque le témoignage des auteurs latins ; avouons que les interprétations qu'il en tire ne sont pas toujours très heureuses. Il est vrai qu'à cette époque on ne connaissait pas le manuscrit de Gaius et les idées étant faussées relativement à la

(1) Gregorii papæ IX, *Decretales una cum libro sexto Clementinis et extravagantibus*, tome II, p. 207, caput unicum *De litiscontestatione, II, 5.*

procédure formulaire, les textes ayant trait à la délivrance
de la formule restaient lettre close.

Tiraqueau cite le fragment où Festus explique que
litiscontestation dérive des mots : *testes estote*, qui clôtu-
raient la procédure *in jure*. Il fait heureusement remarquer que ce texte condamne l'opinion de ceux d'après
lesquels *litiscontestation* viendrait de *confessio*, puisque
pour l'aveu il n'est besoin de la présence d'aucun
témoin (*quod tunc nullis sit opus testibus*), ni de leur
témoignage (*vel eorum testimonio*). Puis après avoir, dans
sa foi naïve, raffermi sa croyance par des citations de saint
Matthieu et de saint Luc, il aborde l'exposé de sa doctrine. D'après lui, en ne perdant pas de vue le texte de
Festus, on se convainct qu'il y a litiscontestation, lorsque
pour vider le litige, il est besoin de recourir au serment
ou au témoignage : *Contestari est testes vocare, nominare.*
Il avait dit un peu plus haut : *Si verum hujus vocabuli*
etymum, tradit Pompeius, contestatio tantum fieri dicitur
cùm propter partium controversiam opus est testibus, qui
negotium dirimant.

Il est curieux de suivre, dans Tiraqueau, les développements emphatiques, qui, d'ailleurs, font parfaitement
saisir sa pensée : « *Tullius in actione sexta , in Verrem ;*
Syracusis flens ac deos hominesque contestans , clamare
cœpit. Et in oratione pro L. Flacco : Cum ego te Flacce
cœlum noctemque contestans flens flentem obtestabatur.
QUOD EST TESTARI ETIAM SIMPLICITER DICITUR. *Idem*
Tullius, in oratione pro Cecina : Ego omnes homines deosque
testor. Virgilius, lib. 17, *Æneidos :*

« *Vos æterni ignes et non violabile vestrum*

» *Testor numen ;*

» *Per sidera testor* ;

» *Testor chara deos* ;

» *Testatur moritura deos* (1). »

139. *Système d'Imbert, de Charondas et de la pratique française.* — C'est plutôt une tendance vers un système déterminé, qu'un véritable système ; quoi qu'il en soit, Imbert et Charondas indiquent les idées dont l'ordonnance de Louis XIV n'est que le complet épanouissement ; leurs œuvres méritent donc une étude toute particulière.

Le point de départ est dans une théorie d'Imbert qui semble avoir été puisée dans la décrétale de Grégoire IX tout autant que dans le droit romain. Imbert croit la cause contestée, « lorsque le juge, par les plaidoiries, a ouy quel est le différent. » N'est-ce pas le *per petitionem... et responsionem secutam contestatio litis fiat ?* Puis il continue, « mais sur ce propos faut être adverti, » que nous prenons la contestation en cause, comme » PLUSIEURS *docteurs de droit civil et canon* (*Decretalis*) la » prennent. (C'est un aveu de controverse plus général » que celui de Tiraqueau), car ils disent la cause être » contestée, quand le défendeur a défendu seulement : » mais nous prenons la contestation en cause, quand le » défendeur a défendu, et le juge baillé son appoin- » tement là-dessus, ou bien à escrire, informer et à » produire (2). »

L'idée première est empruntée aux *judicia extraordinaria* et au droit canon ; il suffit que les parties aient exposé leurs prétentions réciproques, et François Ier dit,

(1) Andreæ Tiraquelli, *Regii in Parisiensi curiâ senatoris de utroque retractatu, commentarii duo*, § XV, Glose 2.
(2) Imbert, *Pratique judiciaire*, I, cap. 14.

dans l'article 3 cap. 1 de l'ordonnance de 1536, pour la
Bretagne, que la contestation se fait tant en demandes,
faits et conclusions du demandeur que sur les exceptions
et défenses. Mais un élément nouveau apparaît, ces faits
se passent devant le juge, il faut que le juge intervienne
activement pour que l'instance soit liée; aussi, d'après
l'ordonnance de 1539, article 26, y a-t-il contestation
« quand le juge, après avoir ouï les parties, ordonne par
» son appointement que les parties viendront plaider par
» avocat. » Il ne faut pas oublier que l'appointement est
un jugement préparatoire; là est le germe de la contestation en cause des derniers temps.

Charondas, qui écrivait en 1637, rapporte un arrêt
fort curieux du 19 janvier 1587, montrant bien ce qu'à
cette époque on entendait par introduction d'instance, et
surtout le lien obligatoire qui en résultait.

Certaines causes, comme au cas de retrait lignagier,
de saisine et de nouvelleté, périssent dans l'année, si
l'on interrompt les poursuites avant la contestation en
cause. Dans l'espèce, le demandeur fournit sa généalogie,
le défendeur produit ses défenses, et dans l'année, appointement est donné par le juge aux parties de venir plaider par avocats. Au moment de la procédure, toute
poursuite est interrompue pendant plus d'un an, après
quoi le demandeur reprend l'instance, et vient plaider
suivant l'appointement. Le défendeur répond que la
prescription lui enlève tout droit d'agir, et le demandeur
soutient que l'appointement a l'effet de la contestation
en cause.

L'appel fut porté devant le parlement de Paris. Le
défendeur invoquait l'autorité de Festus, de Macrobe, la

Constitution unique au Code Justinien et la Coutume de Paris.

L'avocat du roi, Mangot, « *briesvement,* » dit Charondas, il est vrai que rien n'est plus relatif que cette qualité, remonta aux Institutions de la Grèce et de Rome, cita Démosthène, Cicéron, etc. Il traduisit, en fesant un contre-sens : *ordinato judicio utraque pars dicere solebat, testes estote,* par les mots : le fait entendu, par le juge ordonné, et commis pour juger chacune des parties, avait accoustumé de dire : voilà mes témoins. De ces divers témoignages, il conclut que la loi romaine enjoint seulement au juge d'entendre l'état de la cause, pour qu'il y ait litiscontestation. Et passant au vieux droit de la France, « nous apprenons, des anciennes pratiques, » dit-il, j'entends celles plus vieilles que la *Somme* » *rurale,* que les juges jugeaient toutes les causes en » l'audience, tant de fait que de droit, sans les appoin- » ter en droit : à mettre ou à produire, et il n'y a guère » que trois-cents ans, que telle pratique d'escrire et pro- » duire, est venue en France de la doctrine du droit » canon. » Mangot reconnaît que l'appointement est une innovation, il n'en obtint pas moins ce que l'on nomme un succès d'audience, car le parlement de Paris, sous la présidence de M. de Harlay, ratifia les conclusions et jugea, le 19 janvier 1587, que l'appointement emporte contestation en cause (1).

Rebuffe adopte implicitement ce système de la pratique, en reconnaissant que la cause est contestée, lorsque, après une citation reçue, les parties comparaissent

(1) Charondas, liber 7, *Des réponses*, cap. 192.

devant le juge pour recevoir un délai à l'effet de produire leurs titres (1).

140. Imbert et Charondas regardent, comme essentielle, pour que la contestation en cause soit possible, la présence des parties soit en personne soit par procureur. Il importait de ne pas laisser le demandeur abandonné au bon vouloir du défendeur, aussi quelques tempéraments résultent de la coutume. *Fuga, cunctatio, mora, delatio, contumacia, frustratio habebitur pro litiscontestatione et operabitur eosdem effectus,* dit déjà Tiraqueau (2). D'Argentré nous apprend que celui qui, sans la prouver plus tard, met une exception en avant, est présumé coupable de dol, et l'instance, en vertu du principe précédent, se trouve liée (*litem haberi cum per quem* (3). En vertu de l'ordonnance de 1589, deux défauts sont nécessaires pour que l'instance soit liée.

141. De même qu'en droit romain la litiscontestation est impossible dans certaines hypothèses; de même, la contestation en cause, application fautive au droit coutumier de principes romains, ne peut avoir lieu dans certains cas. Lorsqu'il y a exception de transaction et prescription, Imbert observe que l'on évite la contestation sur le principal, sans pouvoir la prévenir sur l'exception elle-même (4): Bartole (*in leg..... cum quærebatur ff jud. solut.*), éprouvait quelques doutes sur l'exception de prescription qui, d'après lui, n'empêchait pas l'instance d'être liée. Cependant, comme la prescription, quoique

(1) Rebufflus, *Commentaria in constitutiones,* p. 796.
(2) *De utroque retractu commentarii duo,* Glose 2, § 15.
(3) Sur l'article 52, note 2, de la *Coutume de Bretagne.*
(4) Imbert, *Pratique,* cap. 56.

remède prétorien, ne peut être invoquée, si la formule n'en confère pas le pouvoir au juge, l'opinion de Bartole ne triompha pas.

142. *Nature de la contestation en cause.* Rebuffe montre, à n'en pas douter, que la notion du quasi-contrat judiciaire s'est développée dans l'esprit des jurisconsultes. Il suppose (1) une prescription de dix ans, dont le terme n'arrive à échéance qu'après la litiscontestation ; l'action est perpétuée, et alors commence à courir une prescription de dix ou quarante ans : *nunc enim quia perpetuatio fit ad triginta vel quadraginta annos poterit prosequi litem intra illud tempus.* Pourquoi une prescription nouvelle commence-t-elle à courir, pour éteindre un lien obligatoire nouveau? Ainsi, dit Rebuffe, une personne attaque un contrat qui lui a été arraché par violence (*per metum facto*), on doit appliquer l'article 46 de l'ordonnance rendue en 1512 par Louis XII : « Afin que
» les domaines et propriétez des choses ne soient incer-
» taines et sans seureté ès-mains des possesseurs d'icel-
» les, si longuement qu'ilz ont esté cy-devant et que la
» preuve des parties ne périsse, ou soit rendue difficile
» par laps de temps, ès cas cy-après déclarez : nous
» avons ordonné et ordonnons que toutes rescisions de
» contratz...... fondées sur...... violence, se prescriront
» d'oresnavant tant en nos pays coutumiers, que de
» droit escrit, par laps de dix ans, » Mais, l'instance est-elle liée avant le délai fatal, il y a ce que les glossateurs appellent improprement contestation en cause, et l'action se trouve perpétuée.

_____

(1) *Tractatus de rescriptionibus contractum et intra quœ tempora rescendi debeant,* Glose 19, n° 14.

De même, dans le cas d'actions exclusivement attachées à la personne, Rebuffe dit, au même passage, que,
si l'instance a été liée, les héritiers du demandeur peuvent encore agir pendant quarante ans : *Poterunt ejus
heredes processum intra quadraginta annos prosequi.* Comment expliquer ce résultat, sinon par la naissance d'une
obligation quasi contractuelle, qui, elle, n'est pas exclusivement attachée à la personne.

Connan donne dans ses œuvres les mêmes solutions
que Rebuffe (1).

La contestation en cause, à la différence de la litiscontestation du système formulaire, mais conformément au
§ 5, titre XIII, livre IV des Institutes, n'a aucun effet
extinctif. Aussi, lorsque l'article 15 de l'Ordonnance de
1563 eût introduit la péremption de l'instance par inaction de trois ans, à partir du dernier acte de procédure,
les parties purent intenter une nouvelle action, lorsque
le droit n'était pas encore prescrit, ainsi qu'il fut jugé
la vigile de la Pentecôte de 1570.

143. *Effets de la contestation en cause.* — La théorie
de la contestation en cause devient obscure quand on
l'examine au point de vue des effets. Déjà, sous Justinien, l'œuvre de démolition est commencée ; la délivrance
de la formule opérait seule tous les effets civils de l'introduction d'instance ; la position des questions à l'audience qui la remplace sous le système des *judicia extraordinaria*, est dépouillée de quelques-uns de ses effets (2).

---

(1) Connani, *Commentariorum juris civilis libri quinque*,
libri III, p. 215.

(2) C'est ce qu'a fort bien indiqué M. Laferrière (*Recueil de*

Théodose II donne à la citation la puissance d'interrompre la prescription; la Novelle 112, cap. 1, suit pour
d'autres cas l'exemple donné. Plus tard, à l'époque du
Plez entamez, les baillis inspirés par les seules notions
de la justice, généralisent encore ces idées novatrices.

Devant ces solutions diverses, les jurisconsultes du
xvime siècle ne purent qu'hésiter, et leurs théories
portent l'empreinte de ces doutes. D'ailleurs, l'exploit
d'ajournement avait pris une plus grande importance.
N'est-il pas le premier acte qui révèle l'intention des
parties, et à ce titre, celui auquel on devrait rattacher
tous les effets de l'introduction d'instance pour que la
sentence rétroagisse plus avant dans le passé? D'abord,
l'assignation fut purement orale : *fuit quidem tempus quo
in potestate agentium fuit libellatem necne citationem dic-
tarent* (1). On trouve la preuve de ce fait dans deux or-
donnances de François Ier, l'une de 1535, article 1er;
l'autre de 1539, article 16 et 17. Une ordonnance de
Charles IX, rendue en mars 1564, introduit dans son
article 1er, la nécessité de l'écrit sous peine de nullité,
et d'Argentré, soupçonnant peut-être le parti que l'on
devait tirer plus tard de l'exploit d'ajournement, trouve

l'*Académie de législation*, V, p. 423) : « Dans le droit romain de
» l'empire, après Dioclétien, dit-il, la litiscontestation s'efface par
» suite de la réunion des pouvoirs du magistrat et du juge dans
» la même personne, et l'appel en justice porte avec lui un carac-
» tère obligatoire plus étendu ; il entraîne contre le défendeur
» insensible à trois appels successifs, le jugement par défaut ou
» par contumace. Le droit pour le demandeur est d'obtenir le
» jugement ; l'obligation pour le défendeur, présent ou absent,
» est d'être jugé. »

(1) D'Argentré, sur la *Coutume de Bretagne*, art. 23.

cette disposition fort heureuse : *nec inutilis hujus articuli dispositio;* ne faut-il pas, dit-il en terminant, un acte qui fasse foi (*certâ lege*) entre les parties?

Alors disparaissent les anciennes habitudes procédu-rielles, et tandis qu'autrefois la présence des parties tenait lieu de citation, d'Argentré pose en principe : *Partis praesentia non aequipollet citationi.*

En même temps, l'assignation parait, environnée de quelques-uns des effets qu'elle a conservés depuis; une fois lancée, elle oblige le défendeur à comparaître sous la peine du défaut dans un certain délai fixé par la loi (1); ce délai écoulé, le défendeur est tenu de comparaître, ou bien l'instance suit son cours : *absentiæ fide firmari ipsa naturali justitiâ.* S'il y avait une cause d'absence légitime, la restitution serait accordée par le juge : *dari restitutionem si dicant justa de causa adfuisse.* Nous voici déjà bien loin du droit romain et de la *manus injectio obtorto collo.*

144. Le progrès doctrinal a presque fait de l'exploit d'ajournement un quasi-contrat judiciaire; les jurisconsultes ne s'en aperçoivent pas. Absorbés par l'étude du droit romain, ils ne songent qu'à la litiscontestation, qu'à la contestation en cause, qu'ils nomment avec Charondas la partie essentielle de tout procès, tandis que d'autre part, ils la découronnent en lui enlevant un à un tous ses effets. C'est donc une lutte entre deux actes de procédure égaux en âge, mais le temps enlève à l'un son importance sans pouvoir lui enlever encore son prestige.

(1) D'Argentré, sur la *Coutume de Bretagne,* art. 25.

Cependant, la contestation produit exclusivement certains effets; elle seule rend perpétuelle l'action temporaire; deux arrêts du Parlement de Paris, des 19 juillet 1378 et 19 janvier 1587, le décident pour le retrait lignagier (1); un arrêt du 2 août 1584, rendu par la même Cour, décide de même pour l'action en complainte bénéficiale (2), et un arrêt du Parlement de Dijon du 16 juillet 1717, applique ce principe à l'action en complainte civile (3). Si l'ajournement n'a pas été suivi de contestation, l'action n'est point perpétuée et se prescrit dans le temps indiqué par la loi, ainsi qu'il a été décrété par cinq arrêts du Parlement de Paris, en date des 11 mars 1600 (4), 7 septembre 1566, 27 juin 1533, 23 janvier 1588 et 7 juillet 1605 (5).

Pour les autres effets, la contradiction la plus grande règne entre les auteurs et souvent entre la doctrine et les lois; les uns se rattachent à l'assignation, les autres à la contestation. La contestation, dit Imbert, constitue le possesseur en mauvaise foi (6). Donc, à partir de cet acte de procédure, il doit tous les fruits perçus. Guymier, sur la pragmatique sanction, au titre *de collationibus*, adopte l'opinion d'Imbert. Boerius s'élève un

(1) Rapportés par Filleau, part. 4, cap. 95.
(2) Louet, lettre I, § 2.
(3) Menelet, *Traité des péremptions*, p. 151.
(4) Filleau, *loco citato*.
(5) Brodeau sur Louet, *Lettre* I, § 2. — Junge Levest, art. 186. — Vrevin, *Traité des péremptions*, cap. 45. — Chenu, *Centurie* I, question 95. — Bourdin, sur l'ordonnance de 1539, art. 61. — Leferron, sur la *Coutume de Bordeaux*, titre 2. — Papon, sur celle de *Bourbonnais*, art. 901. — Chopin, sur la *Coutume d'Anjou*, livre I, cap. 82.
(6) *Pratique judiciaire*, cap. 54, n° 9.

peu plus haut, et tenant compte du cas où le demandeur
est débouté dans ses prétentions, il ne met le défendeur
en demeure que d'une manière conditionnelle : *quæ*
constituit in morâ et malâ fide, dit-il en parlant de la
litiscontestation, aussi impose-t-il la restitution des fruits
dès ce moment (1). Alciat soutient le contraire dans ses
Commentaires sur le Code, et l'article 94 de l'Ordonnance de 1539 lui donne raison d'une manière relative;
« en toutes matières réelles, pétitoires et personnelles,
intentées pour héritages et choses immeubles, s'il y a
restitution des fruits ; ils seront adjugés, *non seulement*
depuis la contestation en cause, mais aussi depuis le temps
que le condamné a été constitué en demeure et mauvaise
foi, auparavant ladite contestation... » Voici la brèche
ouverte; au siècle suivant, on ne parlera plus de contestation pour la restitution des fruits.

D'Argentré, dans son Commentaire sur la coutume
de Bretagne (2), exige, pour interrompre la prescription
de dix et vingt ans avec juste titre et bonne foi, qu'il y
ait contestation en cause (*Contestatio interrumpit titulatas*
præscriptiones). Connan pose en principe, que la citation
en justice suffit pour interrompre toutes prescriptions :
Hodiè, omnes præscriptiones et usucapiones sola in jus
vocatione tollentur (3). Telle est aussi la disposition de la
coutume de Bourbonnais : « Toutes prescriptions sont
interrompues par adjournements libellés, exploit formel

---

(1) Boerius, *Aureorum decisionum in sacro Burgalensium*
senatu, pars secunda, quæstio CCCXL, n° 5.

(2) Art. 266, cap. 8.

(3) Francisci Connani, *Commentariorum juris civilis quinque*
libri, liber 5, p. 214.

déclaratif de la chose querellée ou par demande judiciaire. » Bien plus, le vœu de la loi est rempli lorsque
l'ajournement intervient avant le temps de la prescription, quand même le terme viendrait à échéance, avant
le délai de comparution (1). »

La chose litigieuse ne peut être donnée : *Res erat liti-*
giosa qua donari non potuerant. Imo punitur recipiens
talem rem litigiosam sibi donatam (2). Ici encore, en
vertu de la Novelle 112, c'est l'assignation qui rend la
chose litigieuse inaliénable.

Lorsque d'Argentré, sur l'article 32 de la Coutume de
Bretagne rattache tous les effets de l'introduction d'instance à la litiscontestation, rien n'est plus contestable
que son point de départ.

CHAPITRE V.

CONTESTATION EN CAUSE APRÈS L'ORDONNANCE DE 1667.

145. Après l'ordonnance de 1667, la contestation en
cause n'est que la théorie d'Imbert, de Charondas, de
Rebuffe et de la pratique française, arrivée à son plus
haut degré de développement juridique. « La contestation en cause, dit Denizart (3), est un contrat judiciaire

---

(1) *Coutume de Normandie,* art. 484; Grand-Perche (art. 177);
Vitry (art. 126); Angoulême (art. 56); Sens (art. 52); Châlons
(art. 254); Auxerre (art. 157); Vermandois (art. 152); Reims
(art. 197).

(2) Boerius, *Decisiones,* quæstio XXIII, n° 2.

(3) *Collection de décisions nouvelles,* v° *Contestation en cause.*

qui résulte d'un certain état de la procédure, après lequel les parties sont censées avoir consenti d'être jugées sur tel différent, par tel juge. »

En cas d'assentiment à la demande formée ou d'abandon de l'instance par le demandeur, tout débat cesse et la contestation est impossible. Si les parties ne s'accordent pas, il faut que le juge prononce, et, dès que le juge a prononcé, de quelque manière que ce soit, il y a contestation

L'article 104 de la Coutume de Paris disait déjà : « Contestation en cause est, quand il y a règlement sur les demandes et défenses des parties, ou bien quand le défendeur est défaillant et débouté de ses défenses. » L'usage des déboutés de défense a été abrogé par l'ordonnance de 1667, titre V, article 2. Aussi, est-il dit au titre XXIV, article 23 : « La cause sera tenue pour contestée, par le premier règlement qui interviendra après les défenses fournies. »

Il y a donc trois éléments essentiels à la contestation en cause : 1º la demande de celui qui attaque ; 2º la réponse du défendeur ou son refus de répondre ; 3º la prononciation d'un jugement quelconque.

Demande..... Sans demande, pas de procès.

Défenses..... Sinon pas de contradiction à la demande.

Prononciation d'un jugement quelconque ou *conflictus utriusque partis*, pour employer le langage de l'ancienne pratique, jusque là, la contestation n'est qu'une controverse extrajudiciaire qui, d'un moment à l'autre, peut se terminer sans jugement.

Quand le premier jugement prononce définitivement sur la demande, la cause se trouve jugée en même temps que contestée. Le plus souvent, le premier jugement n'est qu'interlocutoire ; tantôt, c'est un appointement à mettre, tantôt une sentence qui ordonne un délibéré ou la vérification de certains faits; une descente des juges, une visite d'experts, etc..... Quelle que soit la nature du premier jugement, il y a contestation en cause.

Si le défendeur ne se présente pas au jour indiqué, il est évident qu'il résiste à la demande formée contre lui. De même, si le demandeur ne se présente pas après avoir lancé une assignation, il serait censé persister dans ses prétentions.

Lorsque le jugement est rendu par défaut, la contestation en cause est soumise à une condition résolutoire, puisqu'elle est anéantie rétroactivement, quand la partie défaillante fait opposition.

Il est une espèce où la cause n'est contestée qu'après le troisième jugement. Ainsi, le défendeur fait opposition à un jugement par défaut, rendu sur la poursuite du demandeur. A son tour, le défendeur obtient un jugement par défaut contre le demandeur ; si ce dernier fait opposition, l'instance ne sera liée qu'après le troisième jugement.

Enfin, il est hors de doute qu'il y a contestation en cause, après un jugement qui remet la cause à une autre audience (1).

146. Au xviiie siècle, les effets de la contestation en cause sont tellement restreints, qu'ils ont la plus grande analogie avec les effets de la mise en état d'une cause.

_____

(1) Chenu, *Seconde Centurie*, quest. 196, et arrêt du Parlement de Paris, du 9 janvier 1787.

a). Les déclinatoires fondés sur l'incompétence *ratione persona*, ne peuvent être proposés après la contestation en cause, car, arriver à ce moment de la procédure sans les opposer, c'est y renoncer implicitement. Il n'en est pas de même de l'incompétence *ratione materiæ*, opposable en tout état de cause, puisqu'il n'est pas au pouvoir des parties, d'attribuer à un juge une compétence que la loi attribue exclusivement à un autre.

b). La récusation d'un tribunal entier est une espèce de déclinatoire n'ayant trait qu'aux personnes, et comme telle n'étant possible qu'avant la contestation en cause.

c). Le défendeur qui n'oppose pas les exceptions dilatoires avant la contestation est présumé avoir renoncé à s'en servir.

Toutes ces exceptions sont des incidents qui s'instruisent séparément. Il suit de là que, jusqu'au jugement définitif qui leur est donné, la contestation ne peut avoir lieu sur la demande principale (1).

d). La contestation en cause constitue le possesseur en mauvaise foi, car, à partir de ce moment, quel peut être éventuellement le titulaire du droit. Ainsi, un tiers est assigné en reconnaissance d'une rente foncière; s'il déguerpit avant la contestation, il reste de bonne foi et n'est tenu ni à l'occasion des arrérages, ni à l'occasion des dégradations. S'il déguerpit après la contestation, il est de mauvaise foi et comme tel tenu des arrérages échus et des dégradations par lui faites (2).

(1) Conclusions de Joly de Fleury, à l'occasion d'un arrêt du 6 février 1701, dans le tome VI du *Journal des audiences.*

(2) Art. 102-104, *Coutume de Paris.*

e). Enfin, la contestation en cause donne ouverture à la régale pour les bénéfices soumis à ce droit. La déclaration du 10 février 1673 porte : « le litige ne peut faire » ouverture à la régale s'il n'est formé et s'il n'y a entre » les parties en cause six mois avant le décès des arche-» vêques et évêques. »

DROIT CIVIL FRANÇAIS.

Du quasi-contrat judiciaire ou de l'introduction d'instance devant les juridictions civiles considérée comme source d'obligations.

Le code Napoléon et le Code de Procédure gardent, sur la nature civile de l'introduction d'instance, un silence d'autant plus étonnant qu'il s'agit d'une question capitale au point de vue théorique comme au point de vue pratique. Est-ce à dire que la litiscontestation devenue, par l'altération des principes, la contestation en cause, n'ait eu aucune influence sur la législation française, que le principe si simple du quasi-contrat judiciaire se soit éteint devant le silence, il faudrait dire plutôt devant l'inattention du législateur? Je ne le crois pas. On répète souvent que la théorie des obligations est absolue, que sous tous les climats on la retrouve la même parce qu'elle est basée sur la morale et que la morale ne saurait, suivant l'amère ironie de Pascal, varier en changeant de latitude. Aussi, répéterai-je avec les jurisconsultes romains : *Naturalis ratio corrumpi non potest.* Il y

a dans la théorie de l'introduction d'instance, source
d'obligations, quelque chose de trop nécessaire pour que,
devant le silence de nos Codes, on doive la déclarer
abrogée.

D'ailleurs, on retrouve çà et là de nombreuses dispositions qui la supposent, qui en sont comme le rayonne-
ment, comme la déduction, et le silence s'explique par
l'histoire d'une manière assez plausible.

On se rappelle notre point de départ, la litiscontestation ou délivrance de la formule dont l'importance s'était
accrue au détriment de l'ajournement. Voilà que sous la
période des *judicia extraordinaria*, les empereurs, au nom
de l'équité, détruisirent peu à peu l'harmonie des princi·
pes. Ce fut d'abord l'interruption de prescription rapportée à la citation, puis l'inaliénabilité de la chose litigieuse.
La brèche ouverte, il ne se passe pas un siècle sans qu'un
effet de la litiscontestation se détache pour aller grossir
ceux de l'ajournement.

Après le gaige de Bataille, après le plez entamez, cette
œuvre des baillis, les disciples de l'école de Bologne
rapportent en France les textes de Justinien ; de nouveaux
travaux recommencent, on éclaire la théorie de l'introduction d'instance par la litiscontestation. La contestation
en cause surgit, mais le mouvement commencé continue ;
enfin, à l'époque de Denizart, on ne rattache à la contestation que les effets relatifs aux exceptions.

Ainsi, la théorie de la litiscontestation s'est dédoublée ;
la nature juridique de divers actes de procédure s'est
même modifiée, et nous espérons prouver que de l'ajournement résulte une obligation quasi-contractuelle, tandis
que l'affaire étant en état, il y a, d'après le Code de Pro-

cédure, un contrat judiciaire qui remplace la contestation en cause.

Voici les rédacteurs de nos Codes en présence de la litiscontestation dédoublée ; dans leur travail hâtif de compilation à quoi songeront-ils? A l'institution dont le prestige attire encore tous les regards, à la contestation en cause qu'ils remplacent par la position des questions à l'audience et les constitutions d'avoués. Mais penseront-ils à l'ajournement, à sa nature civile, au caractère nouveau que lui donnent les effets de la litiscontestation que près de quinze siècles lui ont successivement rattachés comme une alluvion? *Nil in edicto prætoris.* Il n'en est point parlé dans l'édit du préteur, répondait Cujas, à ceux qui lui demandaient son opinion sur les matières religieuses. Le législateur aurait pu répondre à ceux qui l'auraient interrogé sur l'ajournement, sur sa nature nouvelle; il n'en est point parlé dans Pothier et dans les auteurs dont les résumés deviennent vos Codes.

Il n'est pas étonnant que les codes ne contiennent aucune disposition sur la nature civile de l'introduction d'instance, le travail de déplacement avait été trop lent, pour que l'imagination en fût frappée ; une nouvelle institution était sortie de ce flot montant des âges, mais tous les regards restaient attachés à un autre moment de la procédure. Les rédacteurs n'ont rien disposé ; reste à savoir si, des articles du Code civil, relatifs aux effets de l'introduction d'instance, on ne saurait faire jaillir une théorie nouvelle, analogue à celle de la litiscontestation.

Précisons notre pensée, la question est assez neuve pour que cela soit utile. Nous allons voir si le fait de la signification de l'exploit d'ajournement n'est pas un de ces faits licites d'où résulte, entre les parties, un lien quasi contractuel. Bien des dispositions du Code Napoléon rattachent, à cette époque, le cours des intérêts moratoires, la mise en demeure, l'interruption des prescriptions... etc. Nous combinerons ces textes et les présenterons sous forme de synthèse.

Le temps a déplacé le moment où l'instance est liée ; aussi, n'étudierons-nous pas le contrat résultant des constitutions d'avoué. Le point important de la procédure, ce n'est plus la contestation en cause, c'est l'ajournement.

CHAPITRE PREMIER.

Éléments de l'introduction d'instance.

148. D'après la raison, le droit repose sur deux éléments, les personnes et les faits.

Les personnes, êtres juridiques, réels ou abstraits, définies : tout ce qui est susceptible d'être le sujet actif ou passif d'un droit. Elles agissent à l'occasion des choses où tout ce qui est susceptible d'être l'objet d'un droit et leurs agissements engendrent les faits, véritable source des droits. Ce n'est pas la chose, mais le fait qui engendre les droits.

Dans l'introduction d'instance, il y a des personnes qui se prétendent lésées, et demandent au pouvoir judi-

ciaire, d'apprécier la valeur juridique de leurs plaintes,
par un acte dit exploit d'ajournement.

Une personne capable.

Un fait juridique.

Voilà les deux éléments de l'introduction (1).

SECTION PREMIERE.

DE LA CAPACITÉ CHEZ LE DEMANDEUR.

149. Les droits, objets du procès, sont nécessairement engagés par l'introduction d'instance, puisque le
gain de l'objet litigieux est subordonné au jugement.
L'introduction d'instance est un acte de haute administration, puisqu'elle compromet le sort de la chose, et de
même que le propriétaire transfère seul efficacement la
propriété : *id quod nostrum est, sine facto nostro ad ullum
transferri non potest* (2) ; de même, celui-là seul qui est
investi du droit, et de plus, peut s'obliger ou aliéner,
introduit valablement l'action par l'exploit d'ajournement (3).

_____

(1) Ces deux éléments n'ont pas une importance égale. Le fait
juridique seul est essentiel. La capacité n'est requise que pour la
validité de l'introduction d'instance et n'emporte qu'une nullité
relative susceptible d'être ratifiée.

(2) L. 11, ff. *De regulis juris.*

(5) Boitard, *Leçons de procédure*, n° 125.

§ 1er.

Autorisation de la femme mariée (1).

150. I. *Autorisation maritale.* — « La femme ne peut
» ester en jugement sans l'autorisation de son mari,
» quand même elle serait marchande publique, ou non
» commune ou séparée de biens. » (Art. 215. Code civil.)
Le cadre étroit de ce travail rendrait digressive toute
dissertation sur l'origine de cet article. Qu'il suffise de
dire que le législateur regarde la femme comme aussi
capable que l'homme; non-seulement elle a l'aptitude à
la jouissance des droits civils, mais à leur exercice,
quand elle n'est pas engagée dans les liens du mariage.
L'unité de vie rend essentielle l'unité de direction. La
famille est un état en miniature, et pour tenir compte de
l'Apologue de Ménénius Agrippa, il a fallu confier sa
direction à une seule personne.

La femme ne peut ester en justice, traduction singu-
lière des mots *stare in judicio*, pour une législation qui
ne connaît plus de différence entre le *jus* et le *judicium*.
Quoiqu'il en soit, la volonté du législateur est fort claire :
pour que la femme soit capable d'introduire une instance,
il lui faut l'autorisation maritale.

L'article 215 se lie intimement à l'article 217, qui
interdit à la femme de s'obliger *proprio motu*. L'instance

(1) Ce paragraphe n'est qu'un résumé des remarquables développements donnés par Demolombe, IV, n° 115 et suiv. — Junge
Rodière, *Exposition des lois de la procédure*, I, v. 260.

est un fait générateur d'obligations, imposant aux parties de se soumettre au jugement; et le législateur n'a pas voulu que, sans l'assentiment du mari, la femme accomplît un fait qui peut la soumettre à des obligations fort onéreuses.

L'article 215, étant aussi général que possible, cette incapacité de la femme mariée est vraie pour toute espèce de litige, même pour les procédures d'ordre (1), et les actions portées devant le juge de paix, fussent-elles possessoires. Il faut l'étendre à la tentative de conciliation, ce préliminaire des procès qui prévient, parfois, d'interminables débats. Pour que la tentative soit salutaire, il faut que les parties aient la capacité de transiger ; or, la femme n'acquiert cette capacité que par l'autorisation du mari (2).

Cependant, n'exagérons rien, et reconnaissons à la femme le droit de faire des actes conservatoires, même ceux pour lesquels l'intervention d'un huissier est nécessaire. Le législateur a voulu prévenir les obligations que la femme souscrirait à l'insu du mari ; or, les actes conservatoires, loin d'avoir des conséquences onéreuses, conservent le patrimoine, ainsi que l'indique leur nom, et il est vrai de dire : *cessante ratione legis, cessat lex.* Ainsi, la femme peut, à ce titre, intenter seule une instance en référé (3).

(1) Cass., 21 avril 1828 ; Sir., 1828, 1, 275 ; Grenoble, 10 mars 1818 ; Dev. 49, 2, 749.

(2) Art. 48 Procédure civile ; Cass., 5 mai 1808 ; Sir., 8, 1, 510.

(3) Art. 806 Procédure ; Tribunal de la Seine, 19 juin 1805, dans la *Gazette des Tribunaux* du 26 juin 1805.

Cette limitation elle-même ne doit pas être trop large-
ment entendue; il ne faut pas perdre de vue que la
femme ne doit faire seule aucun acte, d'où résultent des
charges ou un enrichissement quelconque, et dès qu'elle
poursuit les effets de l'acte conservatoire, l'autorisation
du mari redevient essentielle, comme dans le recours
en garantie d'un protêt fait à sa requête.

Nous rappelions plus haut le vieux Brocard : *cessante
ratione legis, cessat lex;* doit-on, en s'appuyant sur lui,
faire fléchir l'article 215 dans certaines hypothèses où
l'intérêt matériel est l'accessoire, et la sécurité des époux
le principal, et où le conflit des droits empêche l'unité
d'action que nécessite le mariage?

a) Demande d'interdiction du mari. — L'article 490
du Code Napoléon permet à la femme de poursuivre
l'interdiction du mari : « Tout parent est recevable à
provoquer l'interdiction de son parent. Il en est de même
de l'un des époux à l'égard de l'autre. » M. Demolombe (1)
ne voit dans cet article rien qui permette à l'épouse
demanderesse de se soustraire aux prescriptions du droit
commun. L'article 215 est absolu, dit-il, et son application préviendra des poursuites téméraires (2). Toutefois, nul ne peut être à la fois juge et partie, il faut
donner à la loi un sens raisonnable et ne pas forcer la
femme à rester sous la direction d'un insensé. Le Code
lui donne droit d'action, et ce droit ne serait-il pas illusoire, s'il fallait obtenir un consentement qui ne serait au

(1) *Du mariage et de la séparation de corps,* II, n° 126.
(2) Toulouse, 8 février 1825. — Sirey, 25, 2, 150. — Delvincourt, I, p. 150, note 2.

fond que l'aveu du fait en litige (1)? Les partisans du système qu'adopte M. Demolombe, tombent dans d'étranges contradictions; le célèbre Merlin donne pour toute preuve : « Il n'y a aucun doute sur l'affirmative. » Ce n'est pas qu'alors, la femme doive requérir précisément l'autorisation de son mari; mais il faut qu'elle » commence par se faire autoriser du juge. La chose » a été ainsi jugée par un arrêt du 17 avril 1734, dans » l'affaire de la marquise de Menars, demanderesse en » interdiction contre son mari (2). » D'après Merlin, il ne peut être sérieusement question de l'autorisation maritale; pourquoi, après cette concession exiger l'autorisation de la justice, puisque la demande en interdiction n'est pas comprise dans l'énumération limitative de l'article 221 du Code Napoléon.

b) Séparation de corps et de biens. — Une seconde exception résulte des articles 865, 875 et 878 du Code de Procédure, en matière de séparation de corps et de biens. Il est incontestable que la femme se présente valablement sans autorisation devant le président du tribunal qui remplace le juge conciliateur. Ce n'est pas ester en justice et l'on se trouve hors du texte même de l'article 215. Quant à l'action en séparation, la loi donnant au président du tribunal la mission d'autoriser les

(1) Zachariæ, Aubry et Rau, IV, p. 125. — Lyon, 5 mars 1863. — Conclusions de M. l'avocat général de Raynald devant la Cour de Cassation, le 21 novembre 1864. — *Gazette des Tribunaux*, 22 novembre 1864.

(2) *Répertoire de jurisprudence*, v° *Autorisation maritale*, section VII, § 16.

poursuites, l'a, par là même, retirée au mari (1). Cette solution s'applique à la femme mineure (2).

c) *Demande en nullité de mariage.* — On a soutenu qu'il fallait déroger à l'article 215, en se basant sur ce qu'une femme ne pouvait être traitée comme mariée dans une instance où le lien conjugal se trouve mis en doute (3). Raisonner ainsi, c'est faire un vrai sophisme. La femme est-elle mariée? c'est le fait qu'il s'agit d'établir. Jusqu'à la décision du tribunal, le mari, en rapportant l'acte de mariage inséré dans les registres de l'état civil, invoque valablement tous les droits conférés au mari légitime. Que la demande en nullité se produise sous forme incidente, comme défense à une action intentée par le mari, par exemple, en réintégration du domicile conjugal, l'autorisation n'est plus requise. Par cela même que le mari attaque sa femme, il lui reconnaît le droit de faire valoir tous ses moyens de défense (4).

L'autorisation est nécessaire quand la femme plaide contre son mari ; c'est peut-être une disposition fâcheuse. *Dura lex, scripta tamen* (5).

Les développements qui précèdent sont vrais, quel

(1) Colmar, 12 décembre 1816; Sir., 18, 2, 190. — Toullier, 2, § 766. — Rauter, *Cours de procédure*, § 545. — Demolombe, IV, 135.

(2) Merlin, *Répertoire*, v° *Séparation de corps*, § 5, n° 8.

(5) Cubain, *Des droits des femmes*, n° 105. — Cass., 11 août 1824. — Sir. 24. 1, 560.

(4) Cass., 21 janvier 1845; Dev. 45, 1, 566 et 10 février 1851 ; Dev. 51, 1, 202. — Merlin, *Répertoire*, v° *Mariage*, section VI, § 2. — Zachariæ, Aubry et Rau, IV, p. 124.

(5) Merlin, *Répertoire*, v° *Autorisation maritale*, section VII, n° 16. — Grenoble, 21 février 1855 ; Dev. 55, 2, 28; Aix, 27 août 1827 ; Dev. 28, 2, 25.

que soit le régime nuptial de la femme (article 1576),
quelle que soit sa qualité, fût-elle marchande publique.
L'autorisation est essentielle, encore que le litige porte
sur des actes que la femme est capable de faire, soit en
vertu des conventions matrimoniales, soit comme marchande publique. L'ancien droit admettait des exceptions
en faveur de la femme séparée pour l'administration de
ses biens (1).

Cette incapacité, étant un effet de la puissance maritale, commence avec le mariage et finit avec lui. Elle
s'étend même au cas d'une procédure liée avant cette
époque, en ce sens que si la cause n'est pas encore en
état, la femme ne peut plus ultérieurement procéder sans
être autorisée (2)

La spécialité de l'autorisation était, même sous l'ancien droit, regardée comme essentielle : « On a douté
autrefois, dit le chancelier d'Aguesseau dans un plai-
doyer du 3 mars 1691, si une autorisation générale,
portée par un contrat de mariage, pouvait donner à une
femme le droit d'aliéner ses propres sans un nouveau
consentement de son mari ; et vos arrêts ont décidé qu'une
pareille autorisation n'était pas suffisante. Ils ont suivi
l'esprit du droit romain, qui veut que le tuteur donne
son autorité, son approbation, *in rem presentem;* que
son consentement ne puisse, ni précéder, ni suivre,
mais accompagner seulement l'action du pupille. On a
même cru que cette maxime était encore plus favorable à

(1) *Nouveau Denizart,* v° *Autorisation maritale,* § 2, n° 4.
(2) Toullier, II, § 120. — Demolombe, IV, § 159. — Civ. rej.
7 octobre 1811 ; Sir., 12, 1, 10. — Cass., 7 août 1813 ;
Sir. 13, 1, 546.

l'égard d'un mari qu'à l'égard d'un tuteur, puisque
l'aliénation des biens de la femme intéresse personnellement le mari, non seulement à cause de la perte des
fruits qui entrent dans la communauté, mais encore,
à cause du remploi qui doit être fait sur les biens du
mari. Enfin, l'autorité de la coutume est précise ; elle
décide nettement la question, quand elle déclare qu'il
faut un consentement exprès de la part du mari. L'on ne
peut appliquer un terme aussi précis à une autorisation
vague et générale ; il faut une autorité expresse et spéciale, et *ad rem quæ geritur accommodata.* » De nos jours,
la difficulté est tranchée de la même manière, pour des
raisons différentes. Dans le contrat de mariage « les
» époux ne peuvent déroger, ... aux droits résultant de la
» puissance maritale sur la personne de la femme... etc. »
(article 1388). Or, une autorisation générale de plaider,
donnée de la sorte, constituerait une dérogation à la
puissance maritale et tomberait sous le coup de l'art. 1388.
L'article 222 pose une règle plus générale : « Toute
autorisation générale, dit-il, même stipulée par contrat
de mariage, n'est valable que quant à l'administration
des biens de la femme. »

Enfin, tant que l'action n'est pas consommée, le mari
retire valablement son autorisation. A quel moment, ce
pouvoir de revenir sur le passé prend-il fin ? C'est incon-
testablement lorsque l'affaire est en état, quand les conclusions ont été prises contradictoirement à l'audience
(art. 344, procédure). « Ni le changement d'état des
parties, ni la cessation des fonctions dans lesquelles elles
procédaient, n'empêchent la continuation des procédures, » dit l'article 343 du Code procédure ; la femme,

de capable, est devenue incapable, par le retrait du consentement, l'affaire n'en suit pas moins son cours.

II. *Autorisation de la justice.* — 151. Elle n'est possible que dans quelques hypothèses, limitativement énumérées par la loi.

a). Des cas où la justice est appelée à donner son autorisation.

1). Absence du mari (art. 222 du Code civil). — A l'époque des discussions au conseil d'Etat, quelques orateurs prirent le mot absent dans le sens de non-présent (1), et leur manière de voir a trouvé des partisans parmi les auteurs les plus sérieux (2). Cependant, il a été jugé que si le mari est simplement éloigné de son domicile, sans que son existence soit incertaine, la femme doit solliciter l'autorisation de la justice, suivant les formes prescrites par les articles 861 et 862 du Code de procédure civile au cas de refus du mari (3). Ce dernier système, sans être absolument vrai, se rapproche beaucoup de la vérité. L'article 863 du Code de procédure prend le mot absent dans le sens légal que lui donne le titre II, livre I du Code Napoléon; quand même le contraire aurait été écrit et voté sur l'article 222, il résulte du principe : *Posteriora derogant prioribus*, que la femme doit, pour la simple non-présence, attendre le

(1) Locré, *Législation*, IV, p. 599.
(2) Toullier, II, § 651. — Demolombe, IV, § 214.
(3) Colmar, 51 juillet 1810 ; Sir., 11, 2, 206. — Req. rej., 13 mars 1857 ; Sir. 57, 1, 547. — Zachariæ, Aubry et Rau, IV, p. 129.

retour du mari, ou, par lettre, lui demander une autorisation (1).

2). *Incapacité du mari.* — α). Sans être interdit, le mari
est retenu dans une maison d'aliénés ; l'économie de la
loi du 30 juin 1838, place les personnes ainsi retenues,
dans une situation analogue à celle des interdits.

β). La minorité du mari soulève une question très
délicate (2). Il nous semble que la sommation exigée
pour constater le refus du mari est inutile dans l'espèce,
puisque ce dernier étant, par hypothèse, incapable d'autoriser, cette formalité serait illusoire. D'ailleurs, les
articles 861 et 864 du Code de procédure, qui subor-
donnent la nécessité de citer le mari en la chambre du
conseil à la sommation que lui adresse sa femme, ne
regardent pas sa présence comme nécessaire pendant les
débats (3). En un mot, la demande est directement
portée devant la justice.

γ). « Lorsque le mari est frappé d'une condamnation
emportant peine afflictive ou infamante, encore qu'elle
n'ait été prononcée que par contumace, la femme, même
majeure, ne peut, pendant la durée de la peine, ester en
jugement, ni contracter, qu'après s'être fait autoriser
par le juge, qui peut, en ce cas, donner l'autorisation,
sans que le mari ait été entendu ou appelé » (art. 221,
Code civil). Delvincourt (4) soutient que la déchéance

(1) Marcadé, sur l'article 222. — De Moly, *Traité des absents,*
nos 738 et suiv.
(2) Demolombe, IV, § 235.
(3) Chauveau, sur Carré, III, p. 412, no 2925.
(4) Tome I, p. 164.

du mari survit à la peine principale, comme conséquence
de la dégradation civique (art. 28, Code pénal), et ne
s'éteint qu'à la mort, à moins de réhabilitation (art. 633,
inst. crim.). Delvincourt imagine des dispositions légis-
latives, qui n'existent que dans son esprit; l'article 34
du Code pénal énumère limitativement les droits dont
la dégradation civique entraine la déchéance, sans parler de la puissance maritale. L'article 221 du Code civil
n'est applicable que pendant la durée de la peine ; après,
le mari recouvre la capacité nécessaire pour habiliter sa
femme à ester en justice (1).

δ). D'après M. Magnin (2), dont un arrêt de la Cour
de Paris (3) a sanctionné la manière de voir, le mari
pourvu d'un conseil judiciaire (art. 222-224, Code civil)
pourrait, avec l'assistance de ce conseil, autoriser valablement sa femme. Cette opinion intermédiaire est contraire à la loi qui ne donne le pouvoir d'autoriser qu'au
mari seul ou à la justice (4).

5). *Refus du mari*. — La femme est admise à réclamer contre le refus d'autorisation du mari. Elle le somme
par huissier, et, sur le refus d'accéder à sa demande,
elle présente une requête au président du tribunal qui
rend une ordonnance, permettant de citer le mari, au
jour indiqué, à la chambre du conseil, pour déduire les
causes de son refus (art. 831, procédure). La sommation

(1) Marcadé, sur l'article 221.

(2) *Des minorités*, 1, 909.

(3) 27 août 1853. — Sir. 53, 2, 562.

(4) Demolombe, IV, § 226. — Cass., 11 août 1840; Sir.,
40, 1, 858.

est essentielle pour prouver le refus, puisque le refus seul habilite la justice à se prononcer.

b). Procédure à suivre dans ces diverses hypothèses. — La loi garde le silence sur la procédure à suivre pour obtenir de la justice l'autorisation d'introduire une instance. Cette lacune se comble par l'article 219, qui indique la procédure à suivre pour obtenir l'autorisation de contracter.

En cas de refus du mari, la femme le cite directement devant le tribunal de première instance de l'arrondissement du domicile commun, qui donne ou refuse l'autorisation, après que le mari a été entendu ou dûment appelé en la chambre du conseil (art. 219, Code civil).

Lorsque les époux sont séparés de corps, l'article 219 n'est plus applicable, puisqu'il n'y a pas de domicile commun. Comme il s'agit d'un acte de justice gracieuse, peut-être faut-il citer le mari devant le tribunal du domicile de la femme (1).

Cette procédure exceptionnelle se déroule à la chambre du conseil, et le ministère des avoués y est facultatif (2).

Quelques auteurs, invoquant le droit commun, soutiennent qu'après avoir entendu le mari, les juges doivent rentrer à l'audience pour y entendre la fin des débats et les conclusions du ministère public (3).

(1) Valette, *Explication sommaire du livre I*, p. 122. — Demolombe, IV, n° 234 *bis.*
(2) Paris, 30 juin 1837; Dev. 38, 2, 105. — Cass., 21 janvier 1846; Dev. 46, 1, 263.
(3) Jacques Berriat Saint-Prix, *Proc. civile* 2, p. 666, n. 12. — Marcadé, art. 219, n° 2.

Encore une fois, cette procédure s'écoule tout entière dans le plus grand secret. La vie privée doit être murée, disait Royer-Collard ; quand il s'agit d'intérêts de famille, de la considération qui s'attache aux personnes, et que pourrait flétrir la révélation de certains faits, il faut autant que possible jeter un voile sur les débats, écarter une publicité souvent dangereuse, puisque, d'après l'expression du poète :

Fama volat, vires acquirit eundo.

De nombreux arguments soutiennent ce système équitable.

Les articles 861 et 862 (procéd.) veulent que le mari soit cité, interrogé, entendu dans la chambre du conseil ; et l'article 862 ajoute de suite : le jugement sera rendu sur les conclusions du ministère public. Non seulement il n'est pas question de rentrer à l'audience, mais ces faits sont présentés comme liés entre eux et accomplis successivement dans le même endroit.

S'il n'en était pas ainsi, les précautions prises par le législateur seraient illusoires. On interrogerait le mari à huis clos, puis les avocats révèleraient les faits dévoilés avec une publicité plus à craindre que la première, puisque les faits arriveraient aux auditeurs dénaturés par les besoins mêmes de la cause et la nécessité de les plier à un système de défense.

Du reste, les orateurs du gouvernement ont clairement exprimé leur pensée devant le Conseil d'Etat : « Cette procédure, dit M. Berlier, sera non-seulement sommaire, mais exempte d'une publicité que la qualité des parties

et la nature des débats rendraient toujours fâcheuse......
Ce sera à la chambre du conseil que le mari sera cité,
que les parties seront entendues et que le jugement sera
rendu sur les conclusions du ministère public (1). »

L'appel étant de droit commun, il est loisible à la
femme d'attaquer devant la Cour impériale le jugement
du tribunal. Faut-il appliquer au second degré l'art. 461,
d'après lequel tout appel, à moins d'une exception écrite
dans la loi, se juge à l'audience ? La Cour de Cassation
(arrêt du 21 janvier 1846, rendu à propos de l'affaire de
la princesse de la Moskowa), répond : « Attendu, en
droit, que l'article 87 du Code de procédure, portant
que les plaidoiries seront publiques, excepté dans les cas
où la loi ordonne qu'elles seront secrètes, l'arrêt attaqué
n'a pu violer cet article, si dans le cas particulier la loi
ordonnait qu'elles seraient secrètes ; — attendu qu'aux
termes de l'article 861 du même Code, la femme qui a
besoin de l'autorisation de son mari doit, sur son refus,
le citer devant la chambre du conseil pour déduire les
causes de son refus ; — attendu, que si cette disposition
qui a pour but de provoquer les explications personnelles
du mari ne lui interdit pas de déduire les causes de son
refus par l'organe d'un avocat et par le ministère d'un
avoué, les motifs qui ont déterminé le législateur à prescrire que le mari sera entendu à la chambre du conseil
existent également dans les deux juridictions ; — qu'en
effet, la loi a eu pour objet non-seulement de tenter une
conciliation, mais encore et surtout d'éviter une publicité

(1) Locré, *Législation*, XXIII, p. 152. — Merlin, *Répertoire*,
v° *Autorisation maritale*, section 8, n° 2 *bis*. — Bordeaux, 27
janvier 1851; Dev. 54, 2, 312.

que la qualité des parties et la nature du débat rendraient toujours fâcheuses ; que cette publicité aurait les mêmes inconvénients devant la Cour impériale que devant le Tribunal de première instance ; — attendu que l'article 461 du Code de Procédure a eu pour but de prévenir les procédures longues et dispendieuses , et qu'il en résulte seulement que l'instruction par écrit ne doit pas nécessairement avoir lieu en appel , parce qu'elle aurait été ordonnée en première instance, mais qu'il ne s'ensuit pas qu'il doive y avoir des plaidoiries publiques. Quand l'article 861 du Code de procédure veut que les plaidoiries soient secrètes, et que, d'après l'article 470 du même Code, sauf les exceptions formellement consacrées, les règles établies pour les tribunaux inférieurs doivent être observées devant les cours impériales. »

Dans les autres cas, la procédure est plus simple. On laisse de côté tout ce qui a trait au refus du mari, et la demande est directement portée devant le tribunal.

En cas d'absence ou d'incapacité du mari, la justice est appelée à donner ou refuser l'autorisation dans les cas où lui-même l'eût donnée ou refusée. Tel est l'esprit de la loi. Aussi, le mari a-t-il peut-être le pouvoir de revenir dans ces hypothèses sur les autorisations données, sauf à la femme à se pourvoir d'après les règles de procédure. M. Demolombe, tout en reconnaissant que l'équité nécessite cette solution, n'ose l'adopter : « Comment donc faire? dit il. Je pense que le mari devrait suivre à son tour, pour faire révoquer l'autorisation judiciaire, les mêmes formes que la loi a organisées lorsqu'il s'agit de l'obtenir. » Ce système nous paraît trop problématique pour que nous osions le regarder comme vrai.

III. 152. *Etendue de l'autorisation.* — La femme autorisée, soit par le mari, soit par les tribunaux à ester en justice a-t-elle la capacité nécessaire pour suivre le procès sous toutes ses phases, ou lui faut-il à chaque nouveau degré obtenir une autorisation nouvelle? Lorsque le mari ou la justice ont spécifié que la femme a obtenu le consentement pour tel ou tel degré de juridiction, lorsque les termes employés sont absolus, aucune controverse ne s'élève et l'on observe ce qui a été convenu (1). Il n'y a de difficulté que sur l'étendue de l'autorisation pure et simple.

Plusieurs systèmes ont été émis par les auteurs.

La jurisprudence de la Cour de Cassation (2) exige à chaque degré de l'instance une nouvelle autorisation. C'est, il faut convenir, décider les questions de droit d'une façon assez arbitraire.

Dans un second système, on distingue suivant qu'en première instance la femme a perdu ou gagné son procès.

L'a-t-elle perdu, il faut qu'elle se fasse autoriser pour interjeter appel. L'a-t-elle gagné, elle a le droit de

_____

(1) Montpellier, 1er mai 1825; Dev. 25, 2, 190. — Poitiers, 21 mai 1827; Sir. 28, 2, 22.

(2) Cass., 25 mars 1812; Sir. 12, 1, 517. — Cass., 14 juillet 1819; Sir. 19, 1, 407. — Aix, 5 mai 1827; Sir. 28, 2, 546. — Cass., 4 mars 1845; Dev. 45, 1, 556. — Cass., 15 décembre 1847; Dev. 49, 1, 295. — Cass., 18 août 1857; Dev. 57, 1, 555. — Aix, 15 mars 1862; Dev. 62, 2, 151.

défendre contre son adversaire sans avoir d'autres formalités à remplir (1).

Il est plus rationnel de dire, avec Demolombe (2), que
l'autorisation pure et simple habilite la femme à suivre
le procès, puisque le mari lui permet implicitement
d'épuiser tous les moyens de défense, et que les appels
et voies de recours ne sont, après tout, que la continuation du litige, qu'un examen nouveau des moyens invoqués au premier degré de la procédure.

Dans les cas où la femme n'a été habilitée qu'à plaider en première instance, elle porte sur le refus du mari
la demande en autorisation devant la cour elle-même.
De deux choses l'une, ou le jugement, dont on veut
interjeter appel, a été rendu par le tribunal auquel on
s'adresserait dans le système opposé, et les juges ne doivent pas être placés dans une situation aussi fausse, ou il
a été rendu par un autre tribunal, et l'on ne saurait
accorder à des juges du premier degré un pareil droit de
contrôle (3).

Les raisons de décider étant les mêmes, il faut suivre
la même solution pour les recours en Cassation (4).
Cependant , la Cour de Cassation a décidé que cette

(1) Riom, 20 mai 1859; Dev. 59, 2, 515. — Cass., 5 août
1840; Dev. 40, 1, 768 à 770. · Cass., 24 février 1841; Dev.
41, 1, 515. — Cass., 25 janvier 1843; Dev. 43, 1, 247.

(2) *Du mariage et de la séparation de corps*, II, n° 287.

(3) Cass., 25 janvier 1843; Dev. 43, 1, 247 avec le rapport du
conseiller Lasagny. — Besançon, 20 avril 1864; Dev. 64, 2,
146. — Chauveau, sur Carré, III, n° 2910. — *Contrà* : Aix, 15
mars 1862; Dev. 62, 2, 151.

(4) Cass., 2 août 1855; Dev. 55, 1, 211. — Cass., 4 avril
1855; Dev. 55, 1, 428. — Rouen, 29 février 1856; Dev. 57, 2,
754.

autorisation était valablement demandée au tribunal du domicile du mari (1).

153. IV. *Sanction des règles précédentes*. — L'autorisation n'étant point requise *ad formam negotii*, mais comme simple ratification des actes de la femme, que son incapacité empêche d'agir autrement, la nullité qui résulte de son défaut n'est pas absolue.

De graves controverses s'élevaient, autrefois, sur la nature de cette autorisation, et par suite, sur les personnes qui pouvaient se prévaloir de la nullité de l'instance ainsi engagée. Le législateur n'avait-il tenu compte que des intérêts du mari, avait-il, au contraire, considéré les intérêts de la femme? La jurisprudence des parlements était divisée.

Coquille (2) regardait cette formalité comme requise dans l'intérêt commun des époux, aussi accordait-il l'action en nullité à chacun d'eux. Cette opinion a prévalu dans le Code Napoléon : « La nullité, fondée sur le défaut d'autorisation, ne pourra être opposée que par la femme, par le mari et par leurs héritiers. » Art. 226. La Cour de Cassation a fait une application de ces principes, le 26 août 1808, dans un procès en diffamation. « Considé- » dérant, dit-elle, que s'il est vrai, en thèse générale, » qu'une femme ne puisse pas ester en jugement, comme » partie poursuivante, sans être autorisée par son mari, » il est également certain, d'après l'article 225, que la » nullité, fondée sur le défaut d'autorisation, ne peut

---

(1) Cass., 27 mai 1846; Dev. 46, 1, 749. — Bordeaux, 3 mars 1851, 24 mai 1851, 11 août 1851 ; Dev. 51, 2, 424, 707, 757.

(2) *Sur la coutume de Nivernais*, cap. 23, art. 1, quest. 100.

» être opposée que par la femme, par le mari ou leurs
» héritiers ; considérant que dans l'espèce, la femme
» Guillaume Bender, ayant formé sa demande en répa-
» ration d'honneur, et ayant conclu à des dommages-
» intérêts et à leur application au profit des pauvres,
» sans être assistée de son mari et par lui autorisée,
» elle avait irrégulièrement procédé, mais qu'ayant
» obtenu gain de cause, ni elle, ni son mari, n'ont inté-
» rêt à réclamer ; que, dans tous les cas, ils y seraient
» seuls fondés, d'après l'article précité du Code Napo-
» léon ; et que, conséquemment, la dame Kern, assistée
» de son mari, ne peut argumenter de la violation des
» articles 135 et 154 de la loi du 3 brumaire, an IV,
» puisque la nullité dont elle excipe, est une nullité rela-
» tive à la femme Bender et à son mari, qui seraient
» seuls recevables à l'opposer, la Cour rejette..... »

La jurisprudence de la Cour de Cassation est restée
fidèle à cette solution (1).

Le défendeur n'est pas tenu d'accepter une lutte où
les chances sont si inégales pour lui. Il n'est point tenu
d'appeler le mari en cause, ce n'est pas à lui qu'incombe
la charge de régulariser la procédure ; tant que la femme
ne présente point d'autorisation, son droit consiste à
opposer une exception dilatoire qui tient la procédure en
état (2).

(1) Cass., 22 octobre 1807 ; Sir. 8, 1, 127. — Cass., 21 nov.
1852 ; Sir. 55, 1, 401. — Cass., 17 décembre 1858 ; Sir. 58, 1,
658. — Cass., 11 août 1840 ; Sir. 40, 1, 858. — Cass., 21 nov.
1845 ; Sir. 44, 1, 255. — Cass., Req. rej, 27 mai 1846 ; Sir.
46, 1, 747. — Cass., 15 novembre 1847 ; Sir. 49, 1, 293.

(2) Consultez sur cette question : Merlin, *Répertoire*, vo *Autorisation maritale*, section III ; Demolombe, IV, § 531 ; Zachariæ,
Aubry et Rau, IV, p. 144.

§ 2.

Affaires intéressant les pupilles.

154. « Aucun tuteur ne pourra introduire en justice
» une action relative aux droits immobiliers du mineur...
» sans l'autorisation du conseil de famille. » Art. 464.

a) *Actions immobilières.* — Aux termes de l'art. 464,
le tuteur, pour introduire une action immobilière, a
besoin de l'autorisation du conseil de famille. La jurisprudence en conclut, avec raison, qu'il ne peut se désister seul de l'appel interjeté (1).

La Cour d'Agen a décidé le contraire sur ce motif, que
le tuteur, ayant la capacité d'appeler seul, se désiste
valablement. Mais l'appel remet en question le litige, il
enlève au jugement l'autorité de la chose jugée, et le
tuteur ne saurait, en se désistant, acquiescer aux prétentions de l'adversaire.

L'argument décisif est tiré de l'article 444 du Code de
procédure, où il est dit que les délais, pour interjeter
appel : « Ne courront contre le mineur non émancipé,
» que du jour où le jugement aura été signifié tant au
» tuteur *qu'au subrogé-tuteur,* encore que ce dernier
» n'ait pas été en cause. » Pour que ce texte ne soit
point illusoire, le tuteur ne reconnaît valablement le bien

(1) Bruxelles, 25 novembre 1806 ; Sir. 7, 2, 242. — Douai,
17 janvier 1820 ; Sir. 21, 2, 117. — Limoges, 22 avril 1839 ,
Dev. 39, 2, 521.

fondé d'un jugement rendu contre le pupille, qu'avec l'adhésion du subrogé-tuteur (1). *A fortiori*, doit-il en être de même quand le tuteur a déjà interjeté appel (2).

Actions mobilières. — Le tuteur a plein pouvoir pour intenter les actions mobilières du pupille. On se rappelle la vieille définition : *Actio mobilis quoi ad mobilem tendit.* Grâce à elle, le principe s'étend aux demandes de pension alimentaire (3), aussi bien qu'aux expropriations des biens du débiteur, dans le but de recouvrer le montant des créances mobilières (4).

Actions possessoires. — Les auteurs distinguent, en général, les actions possessoires immobilières, auxquelles ils appliquent l'article 464 du Code Napoléon, des actions possessoires relatives aux universalités de meubles. Mais la solution est uniforme. Les actions possessoires, quoiqu'ayant presque toujours le caractère immobilier, ne sont, en dernière analyse, que des actes conservatoires et, dès-lors, le tuteur les exerce toutes, seul, malgré l'article 464, si contraire en apparence (5).

Actions en bornage. — Des difficultés analogues s'élevaient sur les actions en bornage, elles ont été résolues par la loi du 25 mai 1838 (art. 6, § 2). Cette loi, en disposant sur la compétence des juges à l'effet de statuer, tranche la question de capacité des parties. Lorsque la propriété du pupille, ou les titres qui l'établissent ne sont

---

(1) Nancy, 25 août 1837 ; Dev, 39, 2, 151. — Paris, 25 fév. 1840 ; Dev. 40, 2, 57.

(2) Demolombe, VII, 2 685.

(3) Metz, 19 août 1824 ; Dev. 55, 2, 165.

(4) Zachariæ, Aubry et Rau, I, p. 255.

(5) Cass., 21 novembre 1849 ; Dev. 29, 1, 757. — Bioche, v° *Action possessoire*, n° 129.

pas contestés, le tuteur intente seul l'action en bornage, sinon il lui faut, pour introduire l'instance, l'autorisation du conseil de famille (1).

§ 3.

Actions des mineurs émancipés.

155. Le mineur émancipé « ne pourra intenter une action immobilière ni y défendre, même recevoir et donner décharge d'un capital mobilier, sans l'assistance de son curateur, qui, au dernier cas, surveillera l'emploi du capital reçu » (art. 482, Code Napoléon). Zachariæ, Demolombe et Duranton, tirant argument de l'article 482, étendent l'incapacité d'introduire l'instance pour le mineur émancipé, aux actions concernant les capitaux mobiliers. Puisque le mineur émancipé ne peut ni recevoir, ni donner décharge des capitaux, de quel droit viendrait-il les réclamer à ses débiteurs ! Cet argument repose sur une confusion entre l'action et l'exécution du jugement. Si l'action n'entraînait que le paiement du capital réclamé, nous reconnaîtrions dans l'espèce, l'incapacité du mineur : *pas d'intérêt, pas d'action.* Mais l'exploit d'ajournement interrompt les prescriptions, fait courir les intérêts moratoires, et nous ne voyons pas pourquoi le mineur émancipé serait incapable d'obtenir ces résultats, dans un cas où le texte de la loi

(1) Toullier, III, n° 182.

lui laisse pleine liberté. On objectera peut-être que l'action compromet les capitaux litigieux et, qu'à ce titre, le mineur ne peut agir sans l'assistance du curateur. Nous répondrons : la loi lui défend de recevoir les capitaux, d'en donner décharge, elle ne lui interdit point de les compromettre par l'introduction d'instance, et l'incapacité étant de droit étroit, devant être restreinte à la lettre même de la loi, le mineur émancipé introduit seul valablement les actions relatives aux capitaux mobiliers ; seulement, si le jugement lui est favorable, c'est au curateur qu'appartient d'en poursuivre l'exécution (1).

Le mineur émancipé, auquel le curateur refuse l'autorisation d'introduire une action immobilière, peut en appeler au conseil de famille, et si le conseil de famille repousse ses plaintes, aux tribunaux. Des raisons d'analogie militent en faveur de l'application des principes relatifs aux femmes mariées (2).

§ 4.

Actions de l'interdit.

136. « L'interdit est assimilé au mineur pour sa personne et pour ses biens : les lois sur la tutelle des mineurs s'appliqueront à la tutelle des interdits » (art. 509, Code Napoléon). Nous n'avons qu'à renvoyer aux

(1) Toullier, II, n° 1296.
(2) Zacharia, Aubry et Rau, I, § 133, p. 497. — Demolombe, VIII, n° 514.

développements donnés à propos de l'introduction des actions du pupille.

§ 5.

Actions des personnes enfermées dans des établissements d'aliénés.

157. En cas d'urgence, les tribunaux, sur la demande de l'administrateur provisoire, désignent un mandataire spécial, à l'effet d'intenter les actions, tant mobilières qu'immobilières des personnes enfermées dans des établissements d'aliénés (Art. 33, § 2, loi du 30 juin 1838).

§ 6.

Actions des personnes morales (1).

158. Quoique peu favorable aux êtres de raison ou personnes morales, la loi en reconnaît un certain nombre et leur donne, comme aux personnes physiques, le droit d'avoir un patrimoine et de le gérer.

a). État. — L'État est représenté par le préfet, qui fait valoir ses actions comme bon lui semble.

b). Communes. — Elles sont en état constant de mino-

(1) Bibliographie : Reverchon, *Des autorisations de plaider, nécessaires aux communes et aux établissements publics.*

rité. Le maire seul a qualité, que l'action soit réelle ou personnelle, pour agir au nom de la commune. Cependant, l'article 15 de la loi du 18 juillet 1837, pour mettre la commune à l'abri de l'inaction ou du mauvais vouloir de son représentant, permet au préfet de suppléer le maire qui, après avoir été requis, néglige de procéder aux actes prescrits par la loi.

Le maire ne peut introduire une action au nom de la commune, qu'après en avoir obtenu l'autorisation du conseil municipal, sinon, il est déclaré non-recevable dans sa demande et personnellement condamné aux dépens (1).

Ces règles sont applicables aux sections de communes, à moins qu'elles ne soient en procès avec la commune dont elles font partie. Il est alors formé dans les sections intéressées une commission syndicale de trois ou cinq membres que le Préfet choisit parmi les électeurs municipaux, et, à leur défaut, parmi les électeurs les plus imposés.

Depuis la loi du 18 juillet 1837 (art. 49), une innovation a été introduite, et tout contribuable inscrit au rôle de la commune a le droit d'exercer à ses frais et risques les actions qu'il croit appartenir à la commune et que la commune, préalablement consultée, refuse ou néglige d'exercer.

De deux choses l'une, ou l'action est portée devant les tribunaux administratifs et cette hypothèse se trouve

---

(1) Lois des 12 décembre 1789 et 20 vendémiaire an V. — Décret du 4 thermidor an X. — Loi du 18 juillet 1837, art. 49, et ordonnance du 9 mars 1832.

en dehors du cadre que nous nous sommes tracé ; ou elle est portée devant les tribunaux civils, et l'on doit distinguer suivant qu'elle est possessoire ou pétitoire.

Possessoire — Le maire l'intente avec la seule autorisation du Conseil municipal.

Pétitoire. — Il faut, en outre, que le maire obtienne l'autorisation du Conseil de Préfecture (art. 49 de la loi du 18 juillet 1837); autorisation que le contribuable agissant dans le cas spécifié plus haut, est lui aussi tenu de demander.

Cette autorisation du Conseil de Préfecture est dans la doctrine l'occasion d'une étrange méprise. Quelques auteurs lui croient le caractère contentieux, tandis qu'elle ressort essentiellement du pouvoir gracieux et comme, alors, il n'y a pas autorité de la chose jugée, le Conseil de Préfecture est libre de revenir sur son refus (1). L'appel sur refus d'autorisation doit être, dans les trois mois, porté devant l'Empereur en son Conseil d'État (2). Quoique l'autorisation soit essentielle, les actes de procédure sont validés rétroactivement quand l'autorisation est donnée avant le jugement.

c) *Hospices.* — Les hospices sont-ils soumis à l'autorisation du Conseil de Préfecture? Cette question est insoluble à cause de la divergence des divers textes et de leur peu de généralité. Les articles 11, 12, 13 d'un arrêté des Consuls, du 7 messidor an IX; l'article 4 de la loi du 28 pluviôse an VIII; un arrêté des Consuls du 9 ventôse an X, inséré au Bulletin des lois, imposent

(1) Ordonnance du 15 février 1835 et du 22 février 1838.
(2) Article 50 de la loi du 18 juillet 1837.

cette obligation aux hospices dans des cas spéciaux. Aucun de ces textes ne pose de règle générale. Cependant, le Ministre de l'Intérieur a cru devoir écrire dans une instruction du 8 février 1823 : « Il doit être établi, » dans chaque arrondissement, un comité consultatif des » hospices, composé de trois jurisconsultes choisis par » le Préfet.

» Ce comité est appelé à donner son avis sur toutes » les affaires contentieuses qui intéressent cet établisse- » ment. Ses fonctions sont gratuites.

» Les administrations ne peuvent défendre à des » actions judiciaires *ou en intenter*, sans avoir obtenu » l'autorisation du Conseil de Préfecture au recours au » Conseil d'État. »

Enfin, pour compléter ces difficultés, l'article 21, § 5, de la loi de juillet 1837, appelle le Conseil municipal à donner son avis sur les autorisations de plaider, demandées par les Établissements de Charité et de Bienfaisance, sans imposer la nécessité de cette formalité.

Quoi qu'il en soit, le Conseil d'État a toujours statué sur les pourvois des hospices contre les arrêtés des Conseils de Préfecture, et faute d'un meilleur système nous adoptons l'instruction ministérielle.

d) Les bureaux de Bienfaisance sont, quant à l'introduction d'instance, assimilés aux hospices. Il en est de même des fabriques, séminaires, cures, évêchés, chapitres, consistoires et congrégations religieuses reconnues par l'État, avec cette différence que ces diverses personnes ne sont pas tenues de produire une consultation signée de trois jurisconsultes.

SECTION II.

159. Les nations dans l'enfance ne savent point, comme nous, saisir les idées abstraites ; une chose chez elles l'emporte sur l'esprit, sur le but à réaliser ; c'est la forme, l'élément matériel que revêt la pensée pour arriver jusqu'aux faibles intelligences de ses membres.

A mesure que la civilisation progresse, les faits matériels, les symboles et les rites sacramentels deviennent moins nombreux. Le droit français, spiritualisé par le christianisme, a su plus que tout autre abroger la mimique juridique, si l'on peut employer une expression pareille. Mais il est des actes si importants qu'il importe de ne point les laisser passer inaperçus ; il faut impressionner profondément les sens afin d'en graver le souvenir dans la mémoire des parties intéressées, et pour ces actes exceptionnels on a conservé l'usage des solennités ; de ce nombre est l'introduction d'instance dont les formalités sont requises, *non ad probationem sed ad solemnitatem.*

Comme notre intention n'est point d'aborder les questions de procédure, nous renvoyons pour les détails de ces formalités aux articles 61 et suivants du Code de Procédure. Constatons seulement que l'introduction d'instances résulte d'un fait générateur qui, le plus souvent, est la signification de l'exploit d'ajournement ou remise solennelle faite par un officier ministériel, l'huissier, au défendeur et en son absence à des personnes que la loi désigne; comme devant, suivant les probabilités, le lui transmettre plus sûrement, d'un acte écrit contenant l'indication du demandeur, de son avoué, l'objet de la demande, l'exposé sommaire des moyens, l'indication du tribunal qui connaît de la demande et des délais pour comparaître.

L'introduction d'instance n'a pas toujours lieu par la signification de l'exploit d'ajournement; on la forme parfois par une requête. Enfin, certains actes sont considérés comme tenant lieu d'une demande; tels sont les appels, les saisies, les réquisitions d'ordres et de contributions, les contraintes pour contributions (1). Dans ces divers cas, la nature de l'introduction reste la même, les effets seuls varient, mais, pour notre part, nous étudierons exclusivement ceux qui résultent de l'ajournement.

Il est un cas spécial où l'introduction d'instance se trouve paralysée. Les philanthropes parlent souvent de la fraternité universelle que Cicéron nommait si bien *caritas humani generis*. Les jurisconsultes doivent se placer à un autre point de vue : avant d'envisager l'homme, ils voient le citoyen, et l'étranger reste, pour eux, sinon un *hostis* comme sous la loi des Douze-Tables, du moins une personne dont ils doivent se méfier. L'empire de la loi ne s'étend pas au-delà des limites de la nation, et dès lors, si la justice est due également à tous, sans distinction de nationalité, ce ne doit pas être au détriment des citoyens français. Qu'un étranger actionne un Français et l'entraîne dans des frais inutiles, comment indemniser le défendeur,

(1) Jacques Berriat Saint-Prix.

si le demandeur rentre dans sa patrie, puisque les moyens
coercitifs indiqués par nos lois ne l'atteignent pas au-delà
des frontières ? Ces considérations ont amené les rédacteurs de nos Codes à faire fléchir dans un cas les règles
de l'introduction d'instance, et quand le demandeur est
un étranger, le défendeur paralyse l'exercice de l'action
par l'exception *judicatum solvi*, jusqu'à ce que son adversaire lui ait donné caution pour le paiement des frais et
dommages-intérêts résultant du procès, à moins que cet
adversaire ne possède en France des immeubles d'une
valeur suffisante.

CHAPITRE II.

NATURE DE L'INTRODUCTION D'INSTANCE.

I. *Critérium des obligations quasi-contractuelles ; comment on les distingue des diverses espèces d'obligations.*
160. — Avant de nous demander quelle est la nature du
lien résultant de l'introduction d'instance, il est bon
d'indiquer en quelques mots le signe caractéristique de
chaque espèce d'obligation.

Il n'y a, dans le monde juridique, que des personnes
et des choses ; et les rapports des personnes à l'occasion
des choses engendrent tous les droits, soit réels, soit de
créance.

Laissons de côté les droits réels et les obligations
résultant d'un fait illicite pour voir comment on reconnait

entr'elles les diverses obligations résultant d'un fait
licite.

Elles sont de trois sortes : contractuelles, quasi-contractuelles, engendrées en vertu d'un texte de loi. Le
contrat est un pacte obligatoire. A Rome, le pacte ou
duorum vel plurium in idem placitum consensus devait,
pour lier les parties, être muni de *causa civilis*; en
France, où tous les contrats sont de bonne foi, où les
conventions légalement formées tiennent lieu de lois à
ceux qui les ont faites (art. 1134), le concours des
volontés est par lui-même *dans causam contractui*.

Le quasi-contrat, essentiellement complexe, a des éléments qu'il est assez difficile de bien préciser. Il n'est
plus formé par un concours de volontés, mais par le consentement libre et éclairé d'une seule personne. L'article 1372 du code Napoléon suppose ce principe : il prévoit
le cas d'une gestion d'affaires entreprise et continuée à
l'insu du maître de la chose pour préciser que l'obligation
prend naissance dans cette hypothèse.

Dans le quasi-contrat, la volonté n'a plus cette toute-
puissance que nous signalions à l'occasion du contrat; il
ne suffit pas qu'une personne manifeste son intention
pour que l'effet juridique soit produit, la volonté doit,
comme autrefois à Rome pour les contrats, revêtir l'enve-
loppe d'un fait extérieur qui la manifeste et lui serve de
causa civilis; alors seulement elle est génératrice d'obligations. Pour la gestion d'affaires, il faut, aux termes de
l'article 1372, que la gestion soit commencée, et dans la
prestation de l'indû, le lien n'unit les parties qu'après le
paiement de la prétendue dette. En un mot, si les obligations contractuelles naissent *consensu*, les obligations

quasi-contractuelles, comme les autres d'ailleurs, naissent *re*.

Quand une obligation dérive de la loi, les conditions requises sont encore moins nombreuses. Le législateur a parlé; il est censé avoir agi avec autant de sagesse que possible. Il n'est même plus question de la volonté des parties engagées; le législateur ordonne dans sa toute-puissance et que les parties le veuillent ou ne le veuillent pas, elles doivent s'incliner : *sic voluit lex*. Un seul élément est requis, il faut que le fait prévu se réalise; le fait une fois constaté, rien ne saurait en prévenir les conséquences. En vertu des articles 384 et suivants du Code civil, le père durant le mariage et après la dissolution du mariage le survivant des père et mère ont l'usufruit légal des biens de leurs enfants mineurs de dix-huit ans. Pourvu que les deux faits de la filiation d'une part et de la minorité de l'autre soient établis d'une manière incontestable, les père et mère sont légalement saisis du droit de jouissance. Lorsqu'il y a enclave, encore bien que le propriétaire du fonds environnant soit mineur et que pour l'aliénation de ses immeubles on ait besoin du consentement du conseil de famille et de l'homologation du tribunal de première instance, il n'en doit pas moins souffrir la servitude de passage réglée par les articles 682 et suivants du Code civil.

Un second ordre de différences est relatif à la capacité des parties. Un contrat n'étant que le concours de deux volontés, la loi exige que les personnes qui y prennent part, soient à un âge ou dans un état de sanité d'esprit, qui répondent de la lucidité de leurs idées et de la liberté de leurs volontés. Pour contracter, la capacité est nécessaire, nécessaire des deux côtés dans les contrats synallagmatiques, du côté du débiteur dans les contrats unilatéraux, puisque l'article 1108 dit : la capacité de contracter de la partie qui s'oblige.

Pour les quasi-contrats, la question de capacité joue toujours un rôle important, mais avec de grandes modifications. L'article 1371 apprend que, du quasi-contrat, résulte une obligation envers un tiers, et quelquefois un engagement réciproque des parties ; comme, pour s'obliger valablement, il faut être capable, quand le fait générateur oblige celui qui l'accomplit, ce dernier doit réunir les conditions de capacité. Mais, de la part du tiers, quand même il se trouverait obligé, par un fait auquel il n'a pris aucune part, aucune condition de capacité n'est regardée comme essentielle. Peu importe, par exemple, que celui dont on gère l'affaire soit majeur ou mineur, capable ou incapable, la gestion a été utile et cela suffit pour qu'il doive indemniser le gérant de tous les engagements personnels qu'il a pris, et lui rembourser toutes les dépenses utiles ou nécessaires.

Les Romains poussaient si loin les déductions de ces principes que, si un pupille eût accompli la prestation de l'*indû*, ils auraient dit, comme dans le cas du *mutuum* : *pecuniam non facit accipientis*, et donné au pupille l'action réelle, la condiction ou l'action *ad exhibendum* suivant les cas, en dehors des règles de la prestation de l'*indû*.

On répondra, peut-être, que l'absence de capacité chez le tiers, modifie les règles du quasi-contrat, que dans la réception de l'*indû*, le tiers, qui est un pupille, n'est tenu, lorsqu'il n'est point doublé du tuteur, que *quatenus locupletior factus est*. Cet argument ne prouve rien ;

l'exception résulte ici de la violation de la loi, qui donne au tuteur seul la mission de percevoir les capitaux du pupille ; le *tradens* se croyait débiteur, il devait suivre la marche indiquée par le Code au titre de la minorité, de la tutelle et de l'émancipation.

Lorsque l'obligation résulte de la loi, la capacité n'est requise ni du côté du créancier ni du côté du débiteur.

D'excellents jurisconsultes, parmi lesquels se trouve l'illustre Toullier, ont essayé de formuler une règle pour reconnaître les quasi-contrats, mais leur règle est incomplète et de nature à donner des idées erronées : « Outre » la gestion des affaires d'autrui sans mandat, dit-il, et » l'obligation de restituer, ce qu'on a indûment reçu en » paiement, que le Code donne, comme des exemples, » de ce qu'il appelle des quasi-contrats, il en existe » beaucoup d'autres que le Code passe sous silence, et » qu'à son exemple, nous ne chercherons point à énu- » mérer, car il serait impossible de les indiquer tous. Il » suffit de se rappeler, pour en faire l'application, aux » cas qui peuvent se présenter, la règle établie *suprà*, » que tout fait licite quelconque de l'homme, qui enri- » chit une personne au détriment d'une autre, sans » intention de la gratifier, oblige celle qui se trouve » enrichie, de rendre la chose ou la somme tournée à » son profit, et forme ce qu'on appelle improprement un » quasi-contrat. (1). »

Que dans l'hypothèse prévue par Toullier il y ait quasi-contrat, cela est certain, l'évidence ne saurait être niée. Mais, la règle est-elle générale, s'applique-t-elle à tous

(1) Toullier, XI, n° 112.

les cas possibles? A ce compte, presque toutes les obligations, résultant de la gestion d'affaires, ne seraient pas quasi-contractuelles. Le gérant est soumis à toutes les obligations qui résulteraient du mandat exprès que lui aurait donné le propriétaire (art. 1372), se trouverait-il, par hasard, enrichi par la gestion gratuite? Le gérant fait des impenses nécessaires, il répare un mur qui va s'écrouler, y a-t-il enrichissement pour le maître? Évidemment non, il y a simple absence d'appauvrissement, et pourtant, de ces faits, résultent, d'après le Code Napoléon, des obligations quasi-contractuelles.

Nous aimons mieux choisir un autre critérium, et dire : l'obligation légale diffère de l'obligation quasi-contractuelle, en ce que, dans la première, la réalisation du fait prévu par le législateur, lie les parties, même incapables; tandis que, dans la seconde, le fait n'est générateur, qu'émanant de la libre volonté d'une personne capable. Enfin, le contrat engendre des obligations naissant *consensu*, tandis que dans le quasi-contrat l'obligation naît *re*, du fait volontaire de l'une des parties.

Donc, ce qui caractérise le quasi-contrat, c'est qu'il est *réel*, que le concours de volontés n'est point nécessaire, et que la capacité requise, chez l'auteur du fait, pour la validité de l'obligation, ne l'est pas chez le tiers.

Nous connaissons les caractères des diverses espèces d'obligations, il reste maintenant à en faire l'application à l'introduction d'instance; ce qui nous sera facile, grâce aux éléments que nous avons précisés plus haut; avant, il faut étudier le système de Proudhon.

II. *Système de Proudhon sur le moment où l'instance*

est liée; *du compromis judiciaire* (1). — 161. Proudhon
a, sur l'introduction d'instance, un système qui repose
tout entier sur une confusion entre le contrat et le quasi-
contrat judiciaire. Excellent romaniste, il a montré tout
le danger qu'il y a à consulter sans mesure les textes
d'une législation éteinte, surtout lorsqu'on ne les pon-
dère pas assez par les textes de la législation qui nous
régit. Son système de compromis judiciaire n'est qu'un
chapitre nouveau de l'histoire de la litiscontestation dans
les temps modernes.

D'après lui, le procès est lié lorsque les deux
parties comparaissent devant le tribunal, l'une pour
demander qu'on lui attribue l'objet de *sa réclamation,
l'autre pour défendre au fond. Il y a, dit-il, compromis
judiciaire, convention tacite par laquelle on s'engage à
exécuter ce qui sera prononcé par le juge. *Nam et sicut
in stipulatione contrahitur, ita judicio contrahi.* Il en
résulte une sorte de novation judiciaire, en ce que le
jugement remplace tous autres titres, sans que l'on ait
à remonter aux causes qui l'ont précédé : *Proindè non
originem judicii spectandam, sed ipsam judicati velut
obligationem* (2). Comme Cujas le fait observer sur la loi
29, ff *De novationibus,* la litiscontestation emporte obligation nouvelle, en ce que, après le jugement, l'action
primitive se trouve convertie en une autre qui est l'action
de la chose jugée. Seulement, suivant la remarque de
Paul, il y a cette différence avec la novation volontaire,

(1) Proudhon, *Traité des droits d'usufruit,* tome III, n° 1290.
— Ce système paraît être aussi celui de Merlin, *Répertoire,*
vº *Réunion,* § 2, et de Voët, *De re judicata,* n° 11.
(2) L. 5, § 11, ff. *De peculio* 15, 1.

que les accessoires de la créance, priviléges et hypothèques, ne sont pas éteints.

Puis, Proudhon, partant de cette notion, combat l'opinion des jurisconsultes qui admettent l'existence du
quasi-contrat judiciaire, puisque le quasi-contrat étant
exclusif du *duorum vel plurium in idem placitum consensus*, se forme sans convention et que lui suppose une
hypothèse inverse.

Le compromis judiciaire nécessite le consentement
réciproque des parties : « Il ne suffit pas que le gant
» soit jeté par l'un d'eux, dit Proudhon, il faut encore
» qu'il soit relevé pour qu'il y ait acceptation de combat
» et compromis. » Tel est le sens des mots : *Novatio
judicii accepti* et *judicium acceptum*, que l'on trouve dans
les lois 23 et 30 *ff De judiciis*, 5, 1.

Donc, le litige n'est pas entamé par le simple exploit
d'ajournement : *Res in judicium deducta non videtur, si
tantum postulatio simplex celebrata sit*. Il faut que les
parties aient articulé devant le juge leurs moyens de
défense : *Lis enim tunc contestata videtur, cum judex per
narrationem judicii causam audire cœperit* (1). Et peu
importe que le consentement soit tacite : *Tacitè consensu
convenire intelligitur*.

Toute la légitimité de la procédure, dans son principe,
toute sa régularité, reposent sur le compromis judiciaire.
Ainsi, tout ce qui est connexe à une cause, tout ce qui
en est la suite, doit être porté au même tribunal, car les
parties sont censées avoir accepté la juridiction du tribunal, sur l'ensemble de leur contestation : *Ubi acceptum*

---

(1) L. unic., Cod. *De litiscontestatione* 5, 9.

est judicium, ibi finem accipere debet (1). Après le com -
promis, le défendeur ne peut opposer l'incompétence
ratione personœ, car il est censé avoir reconnu le juge
proposé par le demandeur (2). Enfin, le défendeur appelé
devant un tribunal incompétent doit, aux termes de l'article 169 du Code de procédure, demander le renvoi
antérieurement à toutes exceptions et défenses, car, tant
qu'il n'y a pas compromis, les parties ne sont pas liées
l'une envers l'autre.

Tel est l'ensemble du système de Proudhon, composé
étrange de vérités et d'erreurs, car ce grand esprit ne
pouvait tomber dans une erreur complète. La cause de
sa méprise, je l'ai dit plus haut, est l'application trop
absolue des principes de droit romain aux difficultés qui
s'élèvent de nos jours. Sans doute, l'histoire fournit de
vives lumières pour l'intelligence de nos lois; elle en
révèle le sens avec plus de certitude, puisqu'elle fait
assister à leur élaboration; mais qu'il y a loin de cette
méthode à l'application pleine et entière des textes abro-
gés. L'histoire fournit les lois du développement de toutes
choses, rien au-delà, il ne faut pas s'en servir pour
attacher un poids à la pensée et la tenir toujours enchaî-
née.

Proudhon connait les principes de la litiscontestation;
mais il semble sortir d'un sommeil de plusieurs siècles,
sans se douter que le monde a marché depuis. La litiscontestation s'est-elle dédoublée, la contestation en cause
n'a-t-elle point chaque jour perdu de son importance,

---

(1) L. 50, ff. *De judiciis* 5, 1.
(2) Const. 4, Cod. *De juridictione omnium jud.* 2, 12.

tandis qu'à la signification de l'exploit d'ajournement se rattachaient peu à peu les effets de la litis-contestation? Proudhon ne se le demande point, il semble ignorer le travail qui s'est accompli depuis le moyen-âge, et que nous avons suivi jusqu'à la rédaction du Code civil.

Que le contrat nommé par lui *compromis judiciaire* existe, qu'il ait encore quelques-uns des effets de la litiscontestation, je ne veux pas le nier! Est-ce une raison pour conclure de l'existence d'une institution à l'inexistence d'une autre? L'ajournement est muni d'effets civils, c'est sa signification qui assure le jugement, perpétue certaines actions, interrompt les prescriptions, fait courir les intérêts moratoires. Quelle est la nature juridique de cet acte, dont les effets sont si importants? c'est ce que Proudhon ne se demande même pas.

III. *Système du quasi-contrat judiciaire.*— *L'ajournement, source d'obligations quasi contractuelles* (1). — Posons la question que Proudhon a laissée de côté et voyons quelle est la nature civile de la signification de l'exploit d'ajournement; emporte-t-elle introduction d'instance, est-elle génératrice d'obligations?

D'abord, d'après la raison comme d'après le droit civil, quand une instance est-elle liée? De toute évidence, quand le jugement est assuré et que le demandeur peut en exiger le prononcé comme un droit.

L'exploit d'ajournement est donc introductif d'instance

---

(1) C'est celui qu'adopte Jacques Berriat-Saint-Prix, quoiqu'il donne bien peu d'arguments à l'appui de son opinion. Voyez son *Cours de procédure civile.*

puisqu'il impose au juge l'obligation légale de prononcer
le jugement si le demandeur le requiert, et cela, sous
les peines du déni de justice (1).

Le défendeur a un certain délai pour constituer avoué; s'il
ne le fait pas, la procédure suit son cours; il y a sans doute
dans l'espèce, jugement par défaut, mais jugement
obligatoire, à moins d'opposition, et puisque le défendeur
doit se conformer aux ordres du juge, s'il n'use pas du
recours qui lui est offert, c'est que l'exploit d'ajournement impose aux parties, par sa seule signification, de se
conformer au jugement.

Voici un premier résultat hors de toute controverse :
la signification de l'exploit d'ajournement lie l'instance et
impose aux parties l'obligation de se soumettre au prononcé de la sentence : c'est là une obligation naissant *re*,
ce qui est un des caractères essentiels de l'obligation quasi-contractuelle. Il ne suffit pas que le demandeur veuille que le défendeur comparaisse, il est nécessaire qu'il le lui signifie par huissier.

De plus, ce fait *licite* est *volontaire* de la part de l'une
des parties : le demandeur. Jusqu'à ce qu'il y ait *compromis judiciaire*, pour parler le langage de Proudhon,
elle peut le retirer, et tant qu'elle le maintient, le défendeur a le choix entre suivre l'instance ou se laisser condamner par défaut Dans ces deux hypothèses, le jugement est obligatoire.

(1) L'article 48 du Code de procédure confirme notre système :
« Aucune demande principale *introductive d'instance*..... ne
» sera reçue, etc..... » Il faut donc distinguer, comme nous le
ferons plus loin, le moment où l'instance est *introduite* de celui
où l'affaire est *en état*. Le premier n'est autre que la signification
de l'exploit d'ajournement.

N'est-ce pas un quasi-contrat, c'est-à-dire, un fait licite d'où découlent des obligations pour les parties ?

Quelques jurisconsultes soutiennent qu'il y a obligation résultant de la loi. Ce système est inadmissible. Nous avons prouvé plus haut que les obligations nées de la loi ne nécessitent aucune capacité chez les parties. Eh bien! pour intenter une action, il faut être capable. La femme a besoin de l'autorisation de son mari et, à son défaut, de celle de la justice; les actions du pupille sont intentées par le tuteur seul quand elles sont mobilières ; mais, quand elles sont immobilières, l'assentiment du conseil de famille est requis. Enfin, pour le mineur émancipé, le prodigue, muni d'un conseil judiciaire, l'interdit, l'aliéné, les personnes morales : il faut toujours quelque formalité qui les habilite, quelque représentant qui agisse quand l'incapacité est absolue.

Puis, autre signe d'obligation quasi-contractuelle ; aucune condition de capacité n'est requise chez le défendeur; il suffit que l'ajournement soit signifié pour que le défendeur doive se soumettre au jugement et remplir toutes les obligations que le prononcé met à sa charge. La femme a sans doute besoin de l'autorisation de son mari pour ester en justice comme défenderesse; mais, si l'autorisation lui est refusée, le procès n'en suit pas moins son cours et le jugement n'en est pas moins obligatoire.

Berriat Saint-Prix a donc eu raison d'écrire dans son Cours de Procédure : « L'obligation de se soumettre à la « sentence dérive d'un contrat tacite ou exprès quand le « défendeur comparaît; mais, quand il fait défaut, on ne « saurait supposer un consentement de sa part. Il faut

« donc reconnaître, à côté du contrat judiciaire, un
« quasi-contrat judiciaire formé par l'assignation en
« vertu de la loi. C'est l'assignation qui produit aujour-
« d'hui les effets attachés en droit romain à la litiscon-
« testation. »

La théorie du quasi-contrat judiciaire explique seule
un texte fort important du Code Napoléon, l'art. 330 :
« Les héritiers peuvent suivre cette action (en réclamation d'Etat), lorsqu'elle a été commencée par l'enfant, à
moins qu'il ne s'en fût désisté formellement ou qu'il
n'eût laissé passer trois années sans poursuites, à compter du dernier acte de la procédure. » Comment expliquer qu'une action exclusivement attachée à la personne,
s'éteignant d'habitude avec le titulaire du droit, passe
aux héritiers une fois l'instance introduite ? De la manière la plus simple. — La signification de l'exploit
d'ajournement engendrant un quasi-contrat, donne au
demandeur une créance nouvelle qui, elle, n'est pas exclusivement attachée à la personne. Le demandeur mort,
le droit primitif s'éteint avec lui, mais l'obligation quasi-
contractuelle survit, et c'est elle qui passe aux héritiers (1).

---

(1) La théorie du quasi-contrat judiciaire trouve dans M. Démo-
lombe un redoutable adversaire ; heureusement pour elle, ce
célèbre jurisconsulte n'a fait qu'indiquer son opinion sans trop combattre les arguments invoqués en faveur du système qu'il repousse.
« La maxime : *Actiones quæ percunt, semel inclusæ in judicio,*
» *salvæ permanent,* dit-il, était, chez les Romains, le résultat de
» cette espèce de novation judiciaire que produisait la litiscontes-
» tation. — Or, la demande en justice ne produit chez nous rien
» de semblable ; l'action même intentée demeure toujours la
» même ; donc, si elle est personnelle et intransmissible *avant,*

Des réminiscences malheureuses de droit romain sont
venues troubler cette théorie si simple ; on se rappelle

» elle doit être aussi personnelle et intransmissible après. »
(*Donations et testaments*, III, n° 679.) — Voilà l'affirmation ; la
preuve, M. Demolombe cherche à la donner dans son *Traité du
mariage et de la séparation de corps*, tome I, n° 259. La litiscontestation, dit-il, engendrait entre les parties une obligation nouvelle; or, la demande en justice ne produit pas d'effet semblable. Donc
... etc. (je reproduis presque textuellement le passage qui se trouve
dans le texte sous forme syllogistique). M. Demolombe comprenant
que sa mineure est une affirmation dénuée de preuves, ajoute
aussitôt : « Il est vrai que la demande en justice perpétue, même
» encore aujourd'hui, l'action qui n'était que temporaire. Mais
» pourquoi? Est-ce parce qu'elle change son caractère? Est-ce
» par l'effet d'une novation? Non sans doute ; c'est uniquement
» parce que la prescription est interrompue tant que dure l'ins-
» tance (art. 2242-2244) ; c'est parce que le droit exercé ne peut
» périr par la prescription qui ne résulte que du défaut d'exercice
» du droit. Très-bien pour la durée de l'action! mais sa nature,
» son caractère ne sont pas changés; et on ne voit pas sur quoi on
» se fonderait pour dire qu'une action, intransmissible avant
» l'instance, deviendrait transmissible après! » Les raisons, nous
les avons données plus haut; nous nous contenterons de répondre
ici, à M. Demolombe : En droit comme en toutes choses, nous ne
connaissons l'essence de rien, les attributs seuls nous sont connus.
Quelle est donc la nature d'une institution juridique? Incontes-
tablement, les conséquences que la loi lui donne. Quelle est par
exemple la nature de l'action des maîtres pour les leçons données
au mois? C'est d'être prescriptible par six mois (art. 2271).
Introduisez l'instance en temps utile, elle ne se périmera plus que
par trois ans (art. 597 pr.). Or, si le droit réclamé n'avait pas
changé de nature, il se prescrirait par six mois, depuis le dernier
acte de procédure, ce qui n'est pas. Ceux qui nient le quasi-
contrat judiciaire ne pourront jamais expliquer cela. On le voit,
malgré les efforts de M. Demolombe, il est constant que la nature
du droit n'est plus la même.

Du reste, M. Demolombe recule devant les conséquences de sa
théorie; c'est ainsi qu'à propos de l'action en nullité de mariage, il la
fait passer aux héritiers du demandeur, qui décède avant que la

que, pendant la période classique, sous le système formulaire, la litiscontestation éteignait *ipso jure*, dans certains cas, l'obligation primitive pour la remplacer par
une obligation nouvelle. Des jurisconsultes croyaient
voir là une novation, imparfaite, il est vrai, puisqu'elle
laisse subsister les accessoires de la créance. Cette
croyance erronée s'est transmise d'âge en âge, et de célè-
bres jurisconsultes, il suffit de nommer Proudhon et
Merlin, soutiennent encore que l'obligation résultant de la
liaison de l'instance, nove le droit réclamé. Rien de plus
faux : « Le but du demandeur en agissant, dit Jacques
« Berriat Saint-Prix, n'est pas de compromettre ses

cause soit en état. « C'est bien assez vraiment, dit-il, qu'ils ne
» puissent pas la commencer, lors même que l'époux est mort
» sans avoir recouvré sa liberté! N'allons pas du moins jusqu'à
» dire que son action intentée doit mourir avec lui la veille du
» jour peut-être où toutes les preuves étant faites, le mariage
» allait être annulé. » Je ne dédaigne pas les considérations de
sentiment, mais *magis amica veritas*. Quoique, dans un passage
cité plus haut, M. Demolombe déclare que l'action même intentée
demeure toujours la même, pourquoi, lorsqu'il s'agit d'une action
intransmissible *avant* l'ajournement, la déclare-t-il transmissible
après? Et que dire, en bonne logique, d'un principe dont on n'ose
pas adopter les conséquences.

A ceux qui invoquent les art. 550 et 957, M. Demolombe répond
que les héritiers auraient pu intenter ces actions eux-mêmes, si
leur auteur n'était pas mort avant l'expiration d'un certain délai
(art. 529, 957), ce qui n'a pas lieu dans les autres hypothèses
(*Mariage*, II, 420). Reste toujours à expliquer qu'après l'expiration de ce délai l'introduction d'instance perpétue l'action.
D'ailleurs, chaque fois qu'une espèce est régie par un article
spécial, deux systèmes sont en présence, l'un qui voit dans le
texte une application d'un principe général, l'autre qui voit une
simple exception. Aussi, les articles 550 et 957 nous auraient-
ils paru insuffisants s'ils n'étaient venus seulement que confirmer
des raisons de décider plus probantes.

« droits et de les éteindre par une novation; il veut plu-
« tôt les conserver en invoquant l'autorité légitime
« (*non deteriorem causam nostram facimus actionem*
« *exercentes*). Aussi, les Romains n'admettaient-ils dans
« ce cas, qu'une novation imparfaite, laissant subsister
« les hypothèques et autres droits accessoires. On serait
« encore plus près de la vérité en disant que la pour-
« suite judiciaire engendre un droit accessoire et auxi-
« liaire qui vient se joindre au droit primitif sans en
« accroître la valeur. On n'éprouve ainsi aucun em-
« barras à maintenir les engagements des cautions,
« débiteurs solidaires (art 1204) et autres coobligés, et
« l'on n'a pas besoin de remplacer un droit réel par une
« créance personnelle, comme le propose Merlin. »

L'introduction n'a plus comme à Rome d'effet extinctif; ici encore, Berriat Saint-Prix a omis de donner un
argument à l'appui de son système; cet argument le
voici : à Rome où la litiscontestation éteint le droit
réclamé, il est impossible de recommencer un nouveau
procès quand la péremption met à son tour un terme à
l'obligation résultant du *judicium acceptum*. En France,
il n'en est plus de même, la péremption invoquée par le
défendeur met-elle à néant la procédure commencée, le
demandeur peut intenter une nouvelle action (art. 401,
Proc. Civile). Il en résulte que le droit réclamé survit à
l'introduction d'instance, en un mot, que la signification de l'exploit d'ajournement, à la différence de la
litiscontestation, n'a aucun effet extinctif.

L'article 1204 du Code civil confirme ce résultat.
« Les poursuites faites contre l'un des débiteurs (solidai-

» res) n'empêchent pas le créancier d'en exercer de
» pareilles contre les autres. » A Rome le principe
contraire était admis : *cæteri liberantur*, disait-on ; la
litiscontestation avait un effet déterminatif. En droit
français où l'obligation primitive survit, le créancier
recourt valablement contre les autres codébiteurs et l'introduction d'instance n'a plus d'effet déterminatif, bien
que le principe de l'unité de lieu ait été maintenu.

Ainsi disparaissent les difficultés qui embarrassaient si
fort les romanistes et les glossateurs, et le maintien du
droit primitif assure sans le secours de règles anormales
le maintien des gages, hypothèques et droits accessoires
qui en garantissent l'exécution.

L'objet de l'obligation nouvelle est l'obéissance à la
sentence qu'il plaît au juge de prononcer. Cette obligation n'est point pure et simple, elle est conditionnelle
puisque les parties ne renoncent pas à la faculté d'user
des moyens fournis par la loi pour faire réformer la
sentence.

En vertu de l'ajournement, la partie qui triomphe, a
contre celle qui succombe l'action *judicati*, personnelle,
même dans le cas où c'est à propos d'une action réelle
qu'a été rendu le jugement dont elle dérive. Par cela
seul que l'action *judicati* est personnelle, doit-elle être
portée devant le juge du domicile de la partie qui succombe? Sans doute ce juge connaît de l'exécution lorsque l'on saisit les objets situés dans son ressort, mais
c'est comme juge de la situation. Aussi la négative nous
semble incontestable ; il est d'ailleurs un cas où cela est

évident, lorsque l'action *judicati* tend à compléter le jugement plutôt qu'à le faire exécuter (1).

Non seulement, l'obligation qui résulte du quasi-contrat judiciaire est conditionnelle, elle est encore synallagmatique, puisqu'en France, le juge a plein pouvoir pour examiner l'ensemble de l'affaire et les questions qui s'y rattachent, tant à l'encontre du demandeur que du défendeur. Aucune formule d'action ne limite son pouvoir appréciateur. A Rome, l'obligation était unilatérale, puisque le pouvoir appréciateur du *judex* ne s'étendait qu'à la réclamation du demandeur. *Si paret condemna* portait la formule; ces mots n'étaient relatifs qu'au défendeur; lui seul pouvait, dans la sentence, être contraint à un agissement (2).

Nous disions plus haut que la litiscontestation s'est dédoublée, que presque toutes les divergences doctrinales, sur le moment de l'introduction d'instance, tenaient à l'absence de cette précision, que le système de Proudhon, vrai en soi, n'était faux qu'en niant le quasi-contrat judiciaire. Il y a donc un contrat et un quasi-contrat, et quoique notre étude porte exclusivement sur ce dernier point; nous allons les déterminer nettement pour prévenir toute obscurité.

(1) Merlin, *Répertoire*, v° *Réunion*, § 1, p. 50.
(2) La nature nouvelle de l'obligation résulte clairement de l'art. 16 du Code Napoléon : « En toutes matières, autres que « celles de commerce, l'étranger qui sera demandeur sera tenu « de donner caution pour le paiement des frais et dommages-« intérêts résultant du procès..... » Donc, le demandeur lui-même peut se voir condamné à certaines prestations, et les obligations dérivant de l'exploit d'ajournement sont bien synallagmatiques.

Rationnellement, il y a contrat judiciaire quand le défendeur signifie ses défenses ; la signification de l'exploit serait, à ce point de vue, une sorte de pollicitation, qui, suivie des défenses, emporterait contrat. N'y a-t-il pas, en effet, *duorum vel plurium in idem placitum consensus*, suivant la vieille définition. Berriat Saint-Prix, dans son cours de Procédure, adopte cette manière de voir. D'après lui, le défendeur qui signifie des défenses s'oblige envers le demandeur à se laisser juger par le tribunal saisi, et accepte l'assignation comme inattaquable. Voilà pourquoi, ajoute cet auteur, le demandeur ne peut se désister de l'instance sans le consentement du défendeur qui a constitué avoué ; il y a intérêt pour ce dernier à sortir d'une poursuite injuste, et si le cas est douteux, à sortir d'incertitude.

Boitard repousse ce système (1) ; il faut convenir que les articles 169, 173, 342 à 345 du Code de Procédure, ne permettent point de suivre ici les données rationnelles. L'affaire est *en État*, le législateur ne dit pas, l'instance est introduite, ce résultat est obtenu par l'exploit d'ajournement, l'affaire est en état quand les conclusions sont prises à l'audience. C'est là une reproduction des principes en vigueur sous l'empire des *judicia extraordinaria*. Tel est le moment de notre procédure qui remplace la contestation en cause ; et Boitard, dit très bien : « Si la » comparution du défendeur, sa constitution d'avoué, » la mise en cause par lui provoquée ne couvrent pas les » nullités de l'exploit d'ajournement ; les nullités sont » couvertes, s'il ne les propose pas dès le début de

_____

(1) *Leçons de procédure civile*, § 507.

» l'instance, s'il s'avise de plaider au fond, de poser des
» conclusions sur la demande avant d'avoir fait statuer
» sur l'exception de nullité. C'est ce que décide l'ar-
» ticle 173, etc..... (1). »

CHAPITRE III.

EFFETS DU QUASI-CONTRAT JUDICIAIRE.

163. En droit français, comme en droit romain, les
effets du quasi-contrat judiciaire découlent de ces deux
principes, qu'une obligation nouvelle lie les parties et
que les parties doivent être placées dans la même situation
que si elles eussent été jugées au moment même de la
signification.

Ces effets varient :

a). *Par rapport au juge,* saisi même à son insu, puisqu'aucune copie de l'exploit ne lui est remise. L'ajour-

---

(1) Rauter, dans son excellent *Traité de procédure civile,* distingue la contestation en cause de l'ajournement et des obligations
qui en dérivent.

On s'étonnera peut-être de me voir soutenir qu'il y a quasi-
contrat dans la litiscontestation et contrat dans la position des
questions à l'audience. La raison en est bien simple : Le défendeur, à Rome, n'est point libre de ne point suivre l'instance. Après
la *manus injectio obtorto collo,* s'il refuse de lier le procès, on
passe outre ; le concours de volontés n'étant pas requis, il y a
quasi-contrat. En France, les parties suivent ou ne suivent pas
l'instance, à leur gré ; aussi la position des questions à l'audience
constitue un véritable contrat.

nement détermine l'étendue de ses pouvoirs, sauf les
modifications portées dans les conclusions prises à l'audience.

b). Par rapport aux parties. — Le défendeur est tenu
d'obéir à la sentence, il doit donc, par mandataire ou par
lui-même, constituer avoué devant les tribunaux de
première instance et les cours d'appel, et comparaître
devant les autres juges. Le demandeur doit suspendre
les poursuites pendant le temps qu'il est obligé de laisser
au défendeur pour constituer avoué. Enfin, les parties
doivent rester en instance jusqu'au jugement.

c). Par rapport au droit réclamé. — Les délais de la
procédure ayant pour but d'assurer bonne justice et non
de léser le demandeur, ce dernier doit obtenir du juge
tout ce qu'il aurait eu si le défendeur eût acquiescé sur-
le-champ à celles de ses prétentions reconnues fondées.
D'où la mise en demeure du défendeur, les interruptions
de prescription, etc. (1).

SECTION PREMIÈRE.

EFFETS PAR RAPPORT AU JUGE.

164. La loi statue sur la compétence des diverses
juridictions, suivant l'importance des affaires. Les juges
de paix connaissent en dernier ressort, quand l'objet du
litige ne dépasse pas cent francs ; en premier ressort,

(1) Jacques Berriat Saint-Prix, *Éléments de procédure*, p. 901.

quand la valeur ne dépasse pas deux cents francs et
dans certains cas, jusqu'à concurrence de quinze
cents francs, et quelle que soit la valeur litigieuse. Les
tribunaux de première instance connaissent en premier
ressort, toutes les affaires qui ne lui ont pas été retirées
par un texte de loi, et, en dernier ressort, les actions
personnelles et mobilières, jusqu'à la valeur de quinze
cents francs de principal, et les actions immobilières
jusqu'à soixante francs de revenu déterminé, soit en
rente, soit par prix de bail (loi du 11 avril 1838, art. 1).
A une époque où le plus grand doute plane sur l'affaire,
où l'on connaît à peine la valeur de l'objet en litige,
comment fixer la compétence? Comment reconnaître le
juge saisi? Est-ce le juge de paix, est-ce le tribunal de
première instance? Et, dans ces deux hypothèses, le
juge prononce-t-il en premier ou en dernier ressort?

Pour couper court aux difficultés et prévenir l'arbitraire, on se reporte à l'ajournement; le demandeur y
fixe la valeur à laquelle il prétend avoir droit, et l'on se
rattache à la détermination de ce chiffre, pour reconnaître
quelle juridiction est saisie, et si elle est compétente en
premier ou en dernier ressort (1).

165. La demande dûment formée saisit le juge de la
cause et la fixe à son for. *Ubi acceptum ut semel judicium,
ibi et finem accipere debet*, dit la loi 30, *ff De judiciis*.
Le juge est saisi à son insu, puisque l'exploit d'ajournement ne lui est point signifié (2). Et comme, dans un

_____

(1) Bonnier, *Éléments de procédure*, n° 166.
(2) Rauter, *Cours de procédure*, § 115. — Voët, *Pandect.* 44,
2, n° 7. — Rebuffe, *De contumacià*, art. 1, Glose 1, n° 26. —
Berriat Saint-Prix, *Cours de procédure*, p. 227. — Guenois, sur
Imbert, liber 1, cap. 2, n° 5.

état civilisé, nul ne peut se rendre justice à soi-même, la loi, pour assurer une solution aux parties, l'oblige à vider le litige, à partir du moment où la signification de l'exploit a eu lieu. Le demandeur acquiert par lui-même le droit de le contraindre à se prononcer. Si le juge venait à être dessaisi par le retrait de l'exploit ordonné par le demandeur, avant la constitution d'avoué du défendeur, il ne pourrait plus se prononcer (1).

Sa mission finit par là-même qu'il la remplit. Le jugement prononcé est irrévocable, puisque la juridiction ne peut s'exercer deux fois sur la même affaire : *Non bis in idem*. Toute rétractation serait illégale, suivant un avis du conseil d'Etat en date du 31 janvier 1806.

166. L'obligation de se laisser juger résultant du quasi-contrat judiciaire, ne porte que sur l'objet principal indiqué dans l'exploit. L'ajournement détermine la nature et l'étendue de la contestation principale sur laquelle le juge est appelé à statuer, sauf les conclusions prises à l'audience. Mais les conclusions ne modifient que l'étendue de la contestation; la nature reste la même, ne peut varier, sinon la partie adverse aurait droit de répondre qu'elle n'est plus tenue d'obéir à la sentence. Une demande en rescision a été formée ; on ne saurait, par des conclusions prises à l'audience, la transformer en une demande en annulation pour nullité de forme, parce que l'obligation de se laisser juger ne porte que sur le premier point (2).

(1) Avis du conseil d'Etat, du 10 novembre 1806, art. 2, titre VIII ; loi du 24 août 1796.
(2) Rauter, *Cours de procédure*, § 113.

L'étendue de la cause est non-seulement modifiée par les conclusions, mais par l'appel qui peut être limité à certains points de la sentence. Le juge d'appel n'a le droit de connaître que de ces points, conformément à la maxime : *Tantum devolutum quantum appellatum* (1).

167. Il y a des différences profondes sur la situation du juge entre le droit romain et le droit français. A Rome, le juge n'est saisi que par la formule d'action délivrée par le préteur ; et cette délivrance ne peut, en principe, avoir lieu que dans les hypothèses spécialement prévues par le droit civil. Plus tard, le préteur donne la formule dans des hypothèses prévues par l'édit ; c'est là une extension contraire à l'esprit du droit romain primitif. En France, le juge est toujours saisi, que la loi soit muette ou ne le soit pas ; il suffit d'un exploit signifié par ordre du demandeur (2). S'il refuse de se prononcer, il est coupable et passible des peines du déni de justice, fixées par l'article 185 du Code pénal, de 200 à 500 fr. d'amende, et de cinq à vingt ans d'interdiction de toutes fonctions publiques.

La suspension d'une instance, pendant un temps déterminé, n'est pas un déni de justice (3).

SECTION II.

EFFETS PAR RAPPORT AUX PARTIES.

168. Aux termes de l'article 72 du Code de Procé-

---

(1) Avis du conseil d'Etat, du 12 novembre 1806 ; Merlin, v° *Appel.* — Berriat Saint-Prix.
(2) Marcadé, sur l'article 4.
(3) Cass., 28 novembre 1855 ; Dalloz, 58, 1, 56.

dure civile, le demandeur est tenu, dans l'exploit d'ajournement, de laisser au défendeur un délai de huit jours
pour constituer avoué ; d'où l'obligation pour lui de suspendre toute poursuite pendant cette période (1).

Le défendeur est-il tenu de la même obligation? Doit-il, en
vertu du quasi-contrat judiciaire, cesser toute poursuite
pendant le même délai? Dans l'ancien droit, les deux
opinions avaient leurs partisans. Jousse, sur l'article 5,
titre 3, de l'ordonnance de 1667, soutient l'affirmative;
il part de ce principe que, le délai étant introduit dans
l'intérêt du défendeur, il y a lieu d'appliquer l'adage :
Unicuique licet juri pro se introducto renunciare. Serpil-
lon, sur le même article, soutient l'opinion contraire en
disant que le délai est aussi dans l'intérêt du demandeur.
Depuis la promulgation du Code de Procédure, il n'y a
plus de controverse possible. L'article 75 veut que le
défendeur constitue avoué *dans les délais de l'ajournement;* c'est lui permettre de le faire avant ce terme.
L'article 154 ajoute : « Le défendeur qui aura constitué
avoué, pourra, sans avoir fourni de défenses, suivre
l'audience par un seul acte et prendre défaut contre le
demandeur qui ne comparaîtra pas. » Le défendeur anti-
cipe valablement sur les délais fixés par la loi. Donc, le
demandeur seul est tenu de l'obligation de cesser toute
poursuite (2).

Par le même motif, l'ajournement engendre une obligation quasi-contractuelle à l'abri de toute nullité, quand
il laisse au défendeur une plus longue échéance ; « aucun

_____

(1) Berriat Saint-Prix, *Procédure civile,* p. 227.
(2) Merlin, *Répertoire,* vº *Délai,* section 1, § 1, nº 4. —
Arrêts de Bruxelles, des 8 août 1810 et 5 mars 1852.

exploit ou acte de procédure ne peut être déclaré nul, si la nullité n'en est pas formellement prononcée par la loi. » (Art. 1030, Proc.) L'abstention du demandeur dure alors plus longtemps, mais, comme dans l'hypothèse précédente, l'intimé ou assigné peut, avant terme, anticiper le demandeur, et au besoin prendre défaut (1).

169. L'ajournement, engendrant une obligation, détermine les personnes du demandeur et du défendeur, qui ne sont autres que les parties obligées. (Art. 61, Pr.) Il faut, pour cette détermination, tenir non-seulement compte des termes employés, mais encore des circonstances qui accompagnent la délivrance de l'exploit. Ainsi, la Cour de Cassation a décidé, le 7 décembre 1857, en s'appuyant sur l'article 7 de la loi du 20 avril 1810 et sur l'article 132 du Code de Procédure, qu'une personne, malgré mention contraire, doit être considérée comme tutrice, quand il résulte de la nature des conclusions et de la contestation, qu'elle n'est point liée par le quasi-contrat judiciaire (2). Cette décision doit être étendue à tout mandataire *ad litem*, fût-il conventionnel; aujourd'hui, le mandataire représente le mandant.

170. Les deux parties sont tenues, en vertu du quasi-contrat judiciaire, de paraître devant le juge ou devant certains tribunaux, et de constituer avoué sous les peines du défaut (3). Cette obligation est-elle si rigoureuse que le défendeur doive se présenter devant un juge incompétent? Beaumanoir, dans sa Coutume de Beauvoisis,

(1) Merlin, *Répertoire*, v° *Délai*, section 1; § 1, n° 7; et Paris, 14 juin 1814.
(2) Dalloz, 58, 1, 151.
(3) Berriat Saint-Prix, *Procédure civile*, p. 227 et 228.

répondait négativement, quand le débat avait lieu devant
une cour laïque, mais affirmativement quand le débat
avait lieu devant les cours ecclésiastiques, parce qu'il
fallait éviter l'excommunication qui eût fatalement suivi
le défaut. Le Code de Procédure n'a pas résolu directement cette question regardée comme très difficile ; on
arrive à une solution, en combinant les articles 169 à
171, avec la jurisprudence en matière de jugements
nuls. Voici la théorie qui nous semble la plus vraie.

La comparution du défendeur est toujours obligatoire,
ne fût-ce que pour opposer le déclinatoire. L'incompétence est-elle *ratione personæ*, le silence vaut ratification
et attribue la juridiction au tribunal saisi ; le jugement
par défaut acquiert d'ailleurs, contre le défendeur, l'autorité de la chose jugée, s'il ne recourt point par la voie
de l'opposition... D'où la conséquence, que le défendeur
est tenu de se présenter tôt ou tard. La jurisprudence
paraît abonder dans le même sens (1).

Quand l'incompétence est *ratione materiæ*, le jugement
n'acquiert pas l'autorité de la chose jugée, comme rendu
par un fonctionnaire sans pouvoir (2).

SECTION III.

EFFETS PAR RAPPORT AU FOND DU DROIT.

171. Cette section est de beaucoup la plus importante,

(1) Cass., 14 mars et 7 juin 1810, sur les Conclusions de
Merlin. — Nevers, 25 février 1812, et 7 octobre 1812.
(2) Berriat-Saint-Prix, *Procédure*, p. 228. — *Contrà*, Cass.,
19 janvier 1821.

et c'est relativement au fond du droit qu'il faut se rap-. peler à chaque instant le principe fondamental d'après lequel la signification de l'exploit d'ajournement engendre une obligation quasi-contractuelle.

Le défendeur est obligé d'accéder aux prétentions du demandeur quand ces prétentions sont reconnues fondées par le juge. Il y a là une créance conditionnelle ; les droits du défendeur sur l'objet litigieux sont frappés d'une condition résolutoire et quand cette condition se réalise, elle rétroagit, d'après l'article 1170 du Code Napoléon, au jour où l'obligation a pris naissance.

De là, cette vérité d'une importance pratique très grande que les parties sont replacées dans la situation où elles se fussent trouvées si le jugement eût été rendu au jour de la signification (1).

(1) Il ne faut pas entendre d'une manière trop absolue le principe énoncé ; les jugements ont un effet rétroactif parce qu'ils sont *déclaratifs* de droits *préexistants*. Il en est, au contraire, qui, au lieu d'être *déclaratifs*, sont *attributifs* de droits nouveaux et la rétroactivité au jour de l'introduction de l'instance est impossible pour eux. Tels sont les jugements prononçant séparation de corps ou séparation de biens. Cependant, l'art. 1445, § 2, porte : « Le » jugement qui prononce la séparation de biens, remonte, quant » à ses effets, au jour de la demande, » quoique dans l'hypothèse prévue un état de choses qui n'existait pas soit créé. Cette rétroactivité était nécessaire pour empêcher que le mari ne ruinât la communauté, mais un texte de loi seul pouvait lui donner naissance. L'article 1445, § 2, n'est pas applicable à la séparation de biens résultant de la séparation de corps ; la femme, dont la dot est en péril, peut joindre à sa demande en séparation de corps une demande en séparation de biens, et faire marcher de front les deux procédures ; la séparation de biens se présentant sous forme principale remontera au jour de la demande, quoique *attributive* de droits.

Une dérogation assez bizarre est contenue dans l'article 958 du

Aussi, le défendeur est mis en demeure d'une manière absolue; les cas fortuits sont à sa charge à partir de cette époque, les intérêts moratoires commencent à courir et les fruits perçus commencent à être dus, lorsque la bonne foi a duré jusqu'à cet acte.

Code Napoléon; elle est relative à l'action en revendication pour ingratitude du donataire : « La révocation pour cause d'ingratitude » ne préjudiciera ni aux aliénations faites par le donataire, ni » aux hypothèques et autres charges réelles qu'il aura pu imposer » sur l'objet de la donation, pourvu que le tout soit antérieur à » l'inscription qui aurait été faite de l'extrait de la demande en » révocation, en marge de la transcription prescrite par l'article » 959. Dans le cas de révocation, le donataire sera condamné à » restituer la valeur des objets aliénés, eu égard au temps de la » demande, et les fruits à compter de cette demande. » Le principe de rétroactivité est maintenu, mais avec des dates différentes.

A l'égard des tiers, le jugement ne remontera qu'à la date de la mention, faite en marge de la transcription de la donation, de la demande en révocation. Elle seule leur fait soupçonner les dangers qui menacent ceux d'entre eux qui traiteraient avec le donataire.

Entre les parties, en d'autres termes, entre le demandeur et le défendeur, le droit commun reprend tout son empire, et le jugement rétroagit au jour de la signification de l'ajournement.

En matière de testament, la demande en délivrance intentée par le légataire universel non saisi contre les héritiers réservataires, rétroagit au jour du décès du testateur, pourvu qu'elle ait été faite dans l'année depuis cette époque (art. 1005). Cette rétroactivité n'étant consacrée qu'au point de vue de la jouissance, ne s'applique guère qu'aux fruits et intérêts. Si la demande a été faite en dehors du délai précité, le droit commun reprend son empire.

Par la force même des choses, le jugement remonte encore jusqu'au décès du *de cujus*, quand le légataire, même à titre particulier, actionne les successeurs universels ou à titre universel, à l'effet de faire reconnaître un legs de libération. Comme M. Valette l'a très bien dit, à son cours, si le débiteur a cessé dès ce jour d'être débiteur du capital qui faisait l'objet de sa dette, il ne peut rester débiteur quant aux intérêts à échoir.

Les aliénations et concessions de droits réels sur l'objet litigieux sont non avenues.

La prescription est interrompue.

Les droits attachés à sa personne deviennent perpétuels, car l'obligation quasi-contractuelle passe aux héritiers, et si le jugement leur est favorable, son effet rétroagit au jour de l'introduction d'instance, époque où le droit litigieux n'était pas encore éteint (1).

§ 1.

De la mise en demeure du défendeur.

172. En droit français, où l'on ne suit point la maxime : *Dies interpellat pro homine*, le simple retard ne

(1) On le voit, nous faisons dépendre l'effet rétroactif du jugement de cette donnée que, par l'effet de la signification de l'exploit d'ajournement, le défendeur est tenu d'accéder aux prétentions du demandeur, pourvu que la juridiction compétente les déclare fondées. Tout repose, à notre avis, sur une obligation conditionnelle. Bien des jurisconsultes se contentent de dire : Il doit en être ainsi, parce que l'équité l'ordonne, mais l'équité permet-elle d'introduire des principes de droit? D'autres, au contraire, soutiennent qu'il en est ainsi, parce que telle est la volonté du législateur. Tout en respectant la toute puissance du législateur n'est-il pas permis de dire qu'il est appelé à reconnaître les droits que lui révèle la raison plutôt qu'à s'en créer de nouveaux? Quand les principes généraux de la doctrine le permettent. il est bon de leur rattacher, par voie de déduction, les dispositions de nos lois. C'est d'abord rationaliser la science; puis, suivant l'expression de d'Alembert : *Plus on diminue le nombre des principes, plus on leur donne d'étendue.*

soumet pas le débiteur au paiement de dommages-intérêts, il faut pour cela qu'il soit mis en demeure. *Cùm de
morâ disputamus, non quærimus quæ sit potestas verbi, sub
quo certum est rei moram, sive tardiorem solutionem con-
tinuerit ; sed quæ sit mora jure judicioque emendanda,
ideo quia injuriâ nocuit*, dit Noodt (1). Les actes d'où
résulte la mise en demeure sont fort nombreux ; l'article 1139 les énumère : « le débiteur est constitué en
demeure, dit-il, soit par une sommation, soit par un autre
acte équivalent, soit par l'effet de la convention, lorsqu'elle porte que, sans qu'il soit besoin d'acte et par la
seule échéance du terme, le débiteur sera en demeure. »

Donc, tous les actes dont l'effet est d'interrompre la
prescription (articles 2244 et s.) valent *a fortiori* comme
actes d'interpellation (2) ; et, parmi eux, se trouve
l'exploit d'ajournement. Il en résulte que lorsqu'aucun
des actes énumérés dans l'article 1139 n'aura été fait
préalablement par le demandeur, l'exploit d'ajournement
constituera le débiteur en demeure.

On objectera peut-être que l'article 1139 se trouvant
au titre des obligations n'a trait qu'aux actions personnelles, qu'il reste étranger aux actions réelles. Je réponds
au contraire que cet article est absolu et je tire argument de l'article 1138 § 2. L'obligation de livrer la chose,
dit-il, « rend le créancier propriétaire et met la chose à
ses risques dès l'instant où elle a dû être livrée, encore
que la tradition n'en ait pas été faite, *à moins que le débi-*

---

(1) *De fœnore et usuris*, lib. 5, cap. 9, p. 209.
(2) Civ. rejet, 14 juin 1814 ; Sir. 14, 1, 241. — Toullier, VI,
n° 235. — Duranton, X, 441.

teur ne soit en demeure de la livrer ; auquel cas, la chose reste aux risques de ce dernier. » Dans l'espèce, il s'agit du contrat de vente d'un cas certain ; d'après le § 1er, le transfert de propriété résulte du simple concours des volontés. Le demandeur, si l'on est obligé de recourir à la voie de l'action, est propriétaire de l'objet qu'il réclame, et cependant on applique l'article 1139 relatif à la mise en demeure. Tels sont les événements qui se produisent dans la revendication. Le demandeur réclame la possession d'une chose dont il a la propriété ; il demande à pouvoir agir directement sur l'objet réclamé pour retirer tout ou partie de l'utilité qu'il produit ; seulement, on l'oublie trop, le droit réel met le titulaire du droit en rapport avec tous les hommes, ces derniers sont tous civilement obligés de respecter les droits d'autrui, de ne pas en entraver l'exercice. Le droit réel violé engendre une obligation ; quand le demandeur en réclame l'exercice, le défendeur est tenu civilement de satisfaire à ses prétentions. N'est-ce pas une situation juridique identique avec celle de l'article 1138 ? *Ubi est eadem ratio, ibi eadem lex esse debet;* puisque le droit réel revendiqué est toujours doublé d'un lien obligatoire, les règles de la mise en demeure sont toujours applicables.

Parmi les actes équivalents dont parle l'article 1130, il faut placer les citations en conciliation, pourvu qu'elles contiennent sommation de payer (1). Peut-être faut-il dire, en s'inspirant de l'article 57 du Code de Procédure,

(1) Toullier, VI, n° 255. — Cass., 14 juin 1814 ; Sirey, XIV, p. 241.

que la mise en demeure résultant de cet acte est conditionnelle et soumise à la signification dans le mois de
l'exploit d'ajournement.

a). *Cas fortuits.*

173. Que l'objet réclamé périsse ou se détériore par
cas fortuit depuis l'introduction de l'instance, le défendeur
en répond par un double motif. D'abord, à cause de
l'effet rétroactif de la sentence qui rend exécutoire
l'obligation quasi-contractuelle, puis à cause de la mise
en demeure relative au droit réclamé. Deux raisons, qui
concourent à produire un résultat bien rigoureux, car,
pour éviter les conséquences qui en résultent, le défendeur n'a qu'un recours, c'est de prouver que la chose
eût péri ou se serait détériorée chez le demandeur au
cas où elle lui aurait été restituée sans retard.

Le droit romain contient, sur ce point, des dispositions plus équitables que celles du droit français. Loin de
poser une règle invariable, il distingue entre le défendeur de bonne foi et celui de mauvaise foi. Pour le défendeur de bonne foi, il n'édicte qu'une mise en demeure
relative, sans responsabilité des cas fortuits ; la mise en
demeure absolue est réservée au défendeur de mauvaise
foi.

Le droit français ne distingue point. Disposition inique,
comment la qualifier autrement ? C'est pousser trop loin
l'amour du principe : *Nul n'est censé ignorer la loi,* que
de l'appliquer à des litiges où les juges eux-mêmes hési-
tent avant de donner une solution. Le législateur aurait

dû se rappeler les paroles de Paul : *Non debet propter metum hujus periculi tenere indefensum jus suum relinquere.*

b). Des fruits.

174. Quand le possesseur est resté de bonne foi jusqu'à la réclamation de la chose, il doit les fruits perçus à partir de la signification de l'exploit d'ajournement. Aucune difficulté sérieuse ne s'élève ; il suffit de renvoyer, pour les détails, aux commentaires des auteurs, sur les articles 549, 550 du Code civil (1).

(1) Toutefois, le Code Napoléon indique une exception fort importante dans son article 928 : « Le donataire restituera les » fruits de ce qui excèdera la portion disponible, à compter du » jour du décès du donateur, si la demande en réduction a été » faite dans l'année; sinon, du jour de la demande. » Lorsque l'action en réduction est intentée dans l'année du décès du donateur contre le tiers détenteur de l'immeuble, peu importe, la bonne foi du possesseur, l'ignorance dans laquelle il se trouve du décès de son auteur, ou la croyance inébranlable chez lui que les biens donnés faisaient partie de la quotité disponible, il doit rétroactivement les fruits à partir de l'ouverture de la succession. Cette dérogation n'est plus vraie quand le réservataire laisse passer l'année sans agir.

C'est là une différence capitale entre la réduction et le rapport. Les fruits des choses sujettes à rapport sont dues *toujours* à partir de l'ouverture de la succession. L'article 856 du Code Napoléon, qui pose ce principe, déroge aux articles 549 et 550, d'après lesquels les fruits ne seraient dus qu'à compter du jour où l'héritier connaît le décès du donateur.

M. Valette, à son cours (Mourlon, *Répétitions écrites*, tome 2, n° 727), soutient un système analogue à propos de l'action en révocation des donations, pour inexécution des charges imposées par le donateur. Le donataire, d'après lui, doit rendre les fruits

c). *Des intérêts moratoires.*

175. Il est en droit civil un principe d'après lequel les dommages-intérêts sont dus à partir de la mise en demeure du débiteur (art. 1146); en matière d'obligations de sommes d'argent, ce principe est quelque peu modifié par l'article 1153 du Code Napoléon : « Dans les obligations qui se bornent au paiement d'une certaine somme, les dommages-intérêts résultant du retard dans l'exécution ne consistent jamais que dans la condamnation aux intérêts fixés par la loi; sauf les règles particulières au commerce et au cautionnement, ces dommages-intérêts sont dus, sans que le créancier ait à justifier d'aucune perte. *Ils ne sont dus que du jour de la demande,* excepté dans le cas où la loi les fait courir de plein droit. » Les intérêts dont nous allons nous occuper sont les intérêts *moratoires,* c'est-à-dire dus par le débiteur à l'occasion du retard qu'il met dans l'accomplissement de

perçus *avant* comme *après* la demande, car il ne faut pas qu'il bénéficie d'un contrat regardé par lui comme non avenu, ainsi que le prouve l'inexécution. M. Demante (*Cours analytique,* t. IV, n° 97 *bis*), combat cette théorie et n'impose la restitution des fruits qu'à partir de l'ajournement.

Quelques auteurs, argumentant par analogie de l'art. 1005 du Code Napoléon, veulent indistinctement accorder les fruits aux légataires à titre universel, à partir de l'époque du décès, quand ils ont agi dans l'année (Zach., Aubry et Rau, t. VI, p. 161). — A notre avis, les exceptions ne doivent pas être étendues par analogie. — Les articles 549 et 550 exigent que cette obligation ne soit imposée aux héritiers qu'après qu'ils ont eu connaissance du testament qui les dépouille en tout ou en partie.

son obligation. Il no faut pas les confondre avec les intérêts *compensatoires* qui sont *conventionnels* ou *judiciaires;* conventionnels, lorsqu'ils ont été stipulés par les parties, comme prix de la jouissance d'un capital ; judiciaires, lorsqu'ils ont été accordés par le juge comme complément de la réparation due par le débiteur à l'occasion de tout préjudice autre que celui qui résulte du retard. L'article 1153 no s'applique point aux intérêts compensatoires (1).

176. *Il faut une demande judiciaire pour faire courir les intérêts moratoires.* — L'ancienne jurisprudence con tenait, sur ce point, les coutumes les plus contradictoires; en Auvergne, la simple demande du capital suffisait pour faire courir les intérêts moratoires ; au Parlement de Toulouse, les intérêts étaient dus à partir de la condamnation intervenue sur le capital, lorsqu'ils n'avaient pas été demandés, et du jour de la demande quand le créancier les y avait compris (2) ; au Parlement de Flandre : « les intérêts s'adjugent du jour de la demande judi-
» ciaire, quoiqu'ils n'aient été demandés que longtemps
» après, dans la poursuite du procès. *Neque enim deben-*
» *tur propter petitionem, sed propter moram; undè*
» *sufficit quocumque tempore implorare ad ea officium*
» *judicis* (3). »

Au milieu de ce conflit de systèmes, qu'a fait le Code

(1) Req. rej., 5 novembre 1834; Dalloz, 35, 1, 13. — Req. rej., 23 juillet 1835; Dalloz, 35, 1, 455. — Toulouse, 29 novembre 1854 ; Dalloz, 55, 2, 177. — Cass., 2 mars 1851 ; Dalloz, 35, 1, 35.

(2) Arrêt du 17 août 1624, rapporté par Vedel, sur Catellan, lib. 5, cap. 70.

(3) Pollet, part. 4, § 61.

Napoléon? Il est parti d'un principe incontestable dans la procédure française : un tribunal ne peut statuer, ne peut rien adjuger au-delà de ce qui lui est demandé (1). Aujourd'hui, les intérêts moratoires d'un capital prêté, ne courent qu'après une demande judiciaire ; la demande en remboursement du capital serait insuffisante, il faut, en outre, que le demandeur conclue spécialement au paiement des intérêts. D'après l'article 1153, ils ne sont dus que *du jour de la demande*, en d'autres termes, du jour où le créancier a conclu à leur paiement ; puisque l'article dit simplement du jour de la demande et parle des intérêts, c'est à eux qu'il faut rapporter ces expressions. L'article 1207 confirme cette théorie. « La » demande d'intérêt, formée contre l'un des débiteurs » solidaires, dit-il, fait courir les intérêts à l'égard de » tous. » Il ne suffit donc pas de réclamer le capital et, comme le législateur reproduit ici le droit commun, l'argument est irréfutable (2). Il est, en effet, difficile d'admettre que le Code, en établissant la prescription de cinq ans, pour empêcher la ruine du débiteur sous le poids d'arrérages accumulés, ait voulu que ce même débiteur fût exposé à payer des intérêts considérables, sans en avoir été prévenu (3).

(1) Bonnier, *Elements de procédure civile*, n° 465.
(2) Toullier, VI, § 272.
(3) Merlin, *Répertoire*, v° *Intérêts*, § 4, n° 16. — Marcadé, sur l'article 1153, n° 5. — Zachariæ, Aubry et Rau, 5, p. 65. — Duranton, X, 503. — Jacques Berriat Saint-Prix, *Procédure civile*. — Rolland de Villargues, *Répertoire du notariat*, v° *Intérêts*, n° 78. — Rouen, 17 mai 1830 ; Dalloz, 34, 2, 36. — Bordeaux, 4 juillet 1852 ; Dalloz, 53, 2, 19, et 6 mai 1847 ; Dalloz, 47, 4, 506. — Limoges, 4 février 1847 ; Dalloz, 47, 2, 506.

L'opinion contraire se produit parfois dans la pratique. On trouve, par exemple, dans un arrêt de la Cour de Cassation : « Les intérêts moratoires sont les domma-
» ges et intérêts résultant du retard dans l'exécution;
» donc, lorsque l'article 1153 dit que les intérêts ne
» sont dus qu'à partir de la demande, c'est comme s'il
» avait été dit, du jour de la mise en demeure (1). »
N'insistons pas davantage sur ce considérant, où nous trouvons une assertion, mais où les arguments font défaut.

177. Telle est la règle générale. A côté d'elle, se trouvent des exceptions qui la confirment, si l'on en croit un vieux brocard.

1o L'article 1153, § 3, en établit une première pour les cas où la loi fait courir, *ipso jure*, les intérêts moratoires (articles 474, 476, 609, 612, 856, 1378, 1440, 1473, 1478, 1570, 1652, § 3, 1846, 1996, 2001, 2028, du Code civil).

2o Il en est de même quand la loi, revenant au droit commun, fait courir les intérêts moratoires, du jour de la mise en demeure, par sommation extra-judiciaire. (Art. 474, § 2, 1396, 1652, §§ 4 et 5 du Code civil, et 184 du Code de Commerce.

3o L'article 1153 n'est pas, en vertu d'un usage commercial, applicable aux comptes courants (2).

4o Enfin, la Cour de Cassation, par un arrêt du 2 flo-

_____

(1) Cass., 31 décembre 1845; Dalloz, 45, 1, 507; et 20 nov. 1848; Dalloz, 58, 1, 235.
(2) Pardessus, *Cours de droit commercial*, II, 475. — Req. rej., 10 novembre 1818 ; Dalloz, *Jur. gén.*, vo *Comptes courants*, p. 688. — Bordeaux, 4 juillet 1832; Dalloz, 53, 2, 19.

réal, an XIII, pense que l'on ne peut condamner la régie
de l'enregistrement aux intérêts des sommes indûment
perçues, parce « qu'aucun impôt, direct ou indirect, ne
» peut éprouver aucune extension ni retranchement,
» qu'en vertu d'une loi expresse ; qu'aucune loi de la
» matière n'autorise les percepteurs en aucuns cas, à
» exiger des intérêts moratoires, et que, dans l'usage, la
» régie n'a jamais demandé ni exigé aucuns intérêts ;
» que la loi qui autorise le pourvoi en restitution des
» droits indûment perçus, n'alloue, dans aucun cas, les
» intérêts des sommes à restituer ; qu'ainsi, en adjugeant
» ces intérêts, le tribunal a commis un excès de pouvoir
» et usurpé le pouvoir législatif. — La Cour casse et
» annule (1). »

175. *Qu'entendre par ce mot : demande?* — Une
demande en justice. L'article 1153 ne parle pas d'une
simple réquisition de payer, ainsi que le prouve l'article
suivant, où il s'agit d'un exploit introductif d'instance.
Un simple commandement, une lettre missive, une sommation extra-judiciaire, ne suffiraient point pour réaliser
le vœu de la loi (2). Mais, la signification de l'exploit
d'ajournement est-elle essentielle ; peut-on se contenter
d'une demande formée au cours de l'instance sur l'action
principale? La Cour de la Réunion, dans un arrêt en date
du 13 janvier 1860, tient pour la négative : « Attendu,
» dit-elle, que la demande s'est produite, pour la pre-
» mière fois, dans des conclusions signifiées d'avoué à

(1) Merlin, *Rep.*, v° *Enregistrement*, § 56. — Toullier, VI,
§ 275.
(2) Marcadé, sur l'art. 1153; Req. rej., 14 novembre 1826;
Dev. 27, 1, 55. — Cass., 13 janvier 1852; Sirey, 52, 1, 258.

» avoué....., qu'il n'en a été fait aucune mention dans
» l'exploit introductif d'instance......

» Attendu, qu'aux termes de l'article 1153 du Code
» Napoléon, les intérêts ne sont dus qu'au jour de la
» demande et que, dans ce texte, c'est évidemment
» d'une demande judiciaire dans la forme ordinaire des
» ajournements qu'il s'agit, non d'un simple acte de con-
» clusions, qui ne saurait suppléer au silence de l'exploit
» introductif dont les fins peuvent bien être réduites,
» mais jamais étendues ; etc. »

Cette interprétation, par trop étroite, ne pouvait
triompher, et la Cour de Cassation a réformé l'arrêt de la
Cour de la Réunion, le 13 janvier 1860, en disant :
« Que les intérêts ne sont qu'un accessoire de l'objet
» principal de l'action du propriétaire; qu'à ce titre, ils
» peuvent être demandés en tout état de cause au cours
» de l'instance, sur l'action principale, et conséquem-
» ment par de simples conclusions ; — Que la demande
» judiciaire qui, d'après les articles 1153, 1154, 1155
» du Code Napoléon, est la condition de toute allocation
» d'intérêts, non courus par le seul effet de la loi, s'en-
» tend, non-seulement d'une demande dans la forme
» des ajournements en justice, mais aussi de toute
» demande, soumise aux juges par des conclusions
» expresses ; le demandeur, étant toujours en droit
» d'étendre aussi bien que de restreindre sa demande,
» sous la seule condition de ne pas l'étendre au-delà de
» ce qui constituerait une des conséquences ou des
» accessoires de la demande. »

La Cour de Cassation a donné la seule interprétation
admissible, quand on se place au point de vue anti-for-

maliste de notre droit; le système de son arrêt est celui auquel nous nous rangeons.

Une opinion, dont l'origine se trouve dans les arrêts du Parlement de Flandre et du Grand-Conseil de Malines, adopte en principe la jurisprudence de la Cour suprême, tout en donnant à la demande faite, au cours de l'instance, un effet rétroactif. D'après elle, les intérêts courraient, non plus du jour où la demande en a été faite, mais du jour de la demande du principal. Les raisons données, empruntées toutes à l'ancienne jurisprudence, n'ont une grande valeur, ni au point de vue doctrinal, ni au point de vue pratique. La première est tirée de l'article 60 de la Coutume d'Orléans, d'après lequel, en condamnation d'une somme due par cédule ou obligation, les intérêts sont adjugés du jour de l'ajournement; la seconde, d'un arrêt du Parlement de Flandre, du 17 décembre 1776, adoptant une disposition analogue (1). Cette manière de voir n'a point triomphé; elle ne le pouvait pas. L'erreur des anciennes juridictions légitime-t-elle des vues erronées? fait-elle que l'effet précède la cause? On reconnaît maintenant, d'une façon presque unanime, que les intérêts courent à partir du moment où ils ont été spécialement demandés (2).

179. Toute demande en justice suffit-elle? Faut-il, en

_____

(1) Req. rej., 31 décembre 1845. — Cass., 20 novembre 1848; Dalloz, 48, 1, 255. — Toulouse, 22 janvier 1829 ; Dalloz, 29, 2, 168. — Delvincourt, 2, n° 554.

(2) Rouen, 17 mai 1850; Dalloz, 54, 2, 36. — Bordeaux, 4 juillet 1852 et 6 mai 1847; Dalloz, 53, 2, 19 et 47, 4, 506. — Limoges, 4 février 1847 ; Dalloz, 47, 4, 506. — Merlin, Rep., v° Intérêts, § 4, n° 16. — Toullier, VI, n° 272.

outre, quand elle se trouve insérée dans l'exploit d'ajournement, que cet acte ne soit infecté d'aucune nullité,
même relative ? Les difficultés que présentent les questions
de compétence ont fait déclarer qu'une citation, donnée
devant un juge incompétent, interrompt la prescription
(art. 2245, C. Nap.). L'ordre public voulait qu'il en fût
ainsi ; d'ailleurs, cette citation, quoique nulle, montre
suffisamment la volonté du demandeur qui veille sur ses
droits, et veut les empêcher de s'éteindre. L'urgence de
faire courir les intérêts moratoires n'étant pas aussi
grande, on revient au droit commun, et, par application
de l'adage : *quod nullum est, nullum producit effectum ;*
on exige que la citation soit donnée devant un juge compétent (1).

Ces raisons ont peu touché MM. Aubry et Rau (2),
qui regardent toute demande suffisante pour interrompre
la prescription comme faisant courir les intérêts, pourvu
qu'il y ait été conclu par le demandeur : *Est eadem ratio,*
disent les savants annotateurs (3).

Leur point de départ est tout au moins contestable.
N'est-il pas faux de dire *est eadem ratio ?* Que la citation
soit donnée devant un juge incompétent et que, le lendemain, le délai de la prescription s'accomplisse ; si l'ajournement ne sort pas effet, le droit est à jamais perdu
pour le demandeur. Il n'en est pas de même des intérêts
moratoires ; ce qu'un ajournement n'a pu faire sera toujours réparé par un ajournement nouveau.

(1) Bonnier, *Éléments de procédure*, § 164.
(2) Sur Zachariæ, III, § 508 lt, note 12.
(3) Dans le même sens, Berriat Saint-Prix, *Procédure civile.*
— Chauveau, sur Carré, 1, p. 275,

La précision même de l'art. 2245 fournit un argument par *à contrario*.

L'art. 1153 dit que les intérêts courent à partir de la demande; cette disposition doit s'entendre d'une demande régulièrement formée devant la juridiction compétente, et l'on ne saurait invoquer l'art. 2246 édicté pour un cas anormal (1).

180. *De quelques créances.* — Lorsqu'au lieu d'actionner le débiteur principal, le créancier introduit l'instance contre la caution et conclut accessoirement au paiement des intérêts moratoires, la caution est tenue de faire droit à sa demande (2).

De même, lorsque les tribunaux ont alloué une somme fixe pour dommages et intérêts ou pour réparation civile, le créancier peut demander, si le débiteur ne remplit pas son obligation nouvelle, des intérêts moratoires (3).

Les intérêts courent même pour les créances dont la quotité est subordonnée à un compte ou à une liquidation, l'échéance et l'exigibilité de la dette à l'époque de la demande étant les seules conditions d'une allocation d'intérêts moratoires, sans qu'il soit besoin, en outre, que cettedette soit liquidée. La contestation portant alors sur la quotité et non sur l'existence de l'obligation, le débiteur a la voie des offres réelles qui, s'il juge bien sa situation, mettra à la charge des créanciers les conséquences du défaut d'acceptation. Il est donc indifférent qu'il y ait lieu de procéder à un compte ou à une liquidation pour

(1) Douai, 5 août 1757; Dalloz, 58, 2, 12.
(2) L. 24, § 1, ff. *De usuris*, et l. 88, ff. *De verborum obligationibus.*
(3) Merlin, *Répertoire*, v° *Intérêts,* § 4, n° 5.

fixer la consistance de la dette; l'échéance ou exigibilité
et la demande judiciaire étant les seules conditions pour
que les intérêts soient alloués (1). La Cour de cassation
regarde le défaut de liquidation imputable aux créanciers,
comme un obstacle aux cours des intérêts (2).

181. *Fixation des intérêts.* — Dans les actions tendant au recouvrement de sommes d'argent, les dommages-intérêts n'ont jamais lieu pour inexécution. L'obligation primitive ne saurait se convertir en dette de
somme d'argent, puisque, naturellement, tel est son
caractère; et la dette que le créancier n'obtient pas à titre
de principal, l'obtiendrait-il à un autre titre? La condamnation à des dommages-intérêts augmenterait-elle,
suivant l'expression de Marcadé, la solvabilité du débiteur? Il n'y a donc lieu qu'aux intérêts moratoires, et
même, le juge est limité dans son pouvoir appréciateur.
Par le seul fait de la demande, que le créancier ait souffert un préjudice énorme ou qu'il n'en ait souffert aucun,
il lui est toujours dû 5 pour cent dans les affaires civiles,
et 6 pour cent dans les affaires commerciales.

A l'époque de la rédaction du Code, les parties pouvaient, au moyen de clauses pénales, stipuler des intérêts moratoires plus considérables. La loi du 3 septembre 1807 ayant déclaré que l'intérêt conventionnel ne
pourrait excéder l'intérêt légal, une pareille clause devrait être annulée.

182. *Citation en conciliation.* — La citation en conciliation fait aussi courir les intérêts moratoires,

(1) Telle est la jurisprudence constante de la Cour de Cassation. — Req. rej., 21 novembre 1820 et 18 juillet 1852.
(2) Req. rej., 30 mars 1852; Dalloz, 52, 1, 110.

pourvu que, dans le mois de la non conciliation ou de la non comparution, elle soit suivie d'un exploit d'ajournement.

d) Dommages-intérêts.

183. — Dans les actions dont le but est autre que la réclamation de sommes d'argent, le juge alloue au demandeur, sur ces conclusions, des dommages-intérêts pour le désintéresser du gain dont il a été privé, et de la perte faite, en d'autres termes, pour réparer le préjudice causé par le *lucrum cessans* et le *damnum emergens*. C'est ici qu'il est bon d'apprécier si le défendeur a été de bonne ou de mauvaise foi, pour déterminer l'étendue des dommages. Les principes à suivre sont énumérés dans les art. 1149 et suivants du Code Napoléon.

§ 2.

Droits du défendeur sur la chose litigieuse.

184. — L'exploit d'ajournement rend la chose demandée litigieuse et la met sous la protection du juge, de manière que rien n'y peut être changé, pendant le procès sans sa permission, *pendente lite nihil innovetur* (1).

(1) Rauter, *Cours de procédure*, § 115.

Le défendeur répond de la conservation de l'objet litigieux; il est éventuellement l'administrateur de la chose d'autrui, et ne peut opposer, quand on lui réclame des dommages-intérêts pour les dégradations survenues pendant sa gestion intérimaire : *rem alienam quasi meam neglexi* (1). Les actes d'administration lui sont non seulement permis, mais imposés; quant aux actes d'aliénation, aux concessions de droits réels, ils seraient soumis à la condition d'un jugement favorable. Le défendeur aliène l'objet en litige, et le grève de servitudes ou d'hypothèques, et le jugement donne raison au demandeur; l'effet rétroagissant, comme nous l'avons prouvé plus haut, au jour de l'aliénation, les droits des tiers s'évanouissent. Le jugement déboute le demandeur de ses prétentions; les concessions sont confirmées; les droits concédés aux tiers, sont soumis à une condition résolutoire (2).

(1) L. 8, § 6, ff. *De prec.* — Pothier, *Pandectes*, IV, p. 155.

(2) Ici encore des sous-distinctions sont nécessaires pour l'intelligence du principe posé. Quand l'objet litigieux est un immeuble, tout ce que nous venons de dire est parfaitement vrai. Quand l'objet litigieux est un meuble, il faut examiner successivement deux hypothèses; ou c'est un meuble corporel, et si l'acquéreur a *de bonne foi* reçu la tradition, il peut répondre : En fait de meubles possession vaut titre (art. 2219), et conserver ainsi l'objet litigieux. Quand l'objet litigieux est une créance et que, *pendente lite*, le défendeur la cède à un tiers, on rentre dans le droit commun, puisque l'article 2279 n'est pas, du moins la grande majorité des auteurs l'admet, applicable aux choses incorporelles. Dans le cas où le meuble aliéné est corporel et certain, la position du demandeur se trouve donc modifiée. Au lieu d'avoir droit à un corps certain, il n'a plus droit qu'à des choses de genre. Précision importante dans la pratique, puisque si *debitor certi corporis interitu rei liberatur*, il est vrai de dire *genera non pereunt*.

Si les concessions émanent du demandeur; les droits concédés aux tiers sur l'objet litigieux sont aussi affectés d'une condition suspensive.

§ 3.

Le quasi-contrat judiciaire perpétue les actions.

185. En droit romain, les conséquences pratiques de cette vérité étaient fort nombreuses. D'après le Digeste, en effet, les actions persécutoires naissant des délits, ne passaient contre l'héritier que *quatenus locupletior factus est*, à moins qu'il n'y eût eu litiscontestation. Une personne coupe les arbres de son voisin dans le seul but de lui nuire et n'emporte pas le bois ; comme aucun enrichissement ne résulte du délit, l'héritier ne peut être actionné. Le droit canon s'éleva contre cette iniquité ; partant de cette croyance si consolante de l'église catholique que l'on peut porter quelques soulagements à l'âme de ceux qui ne sont plus, il exigea que le patrimoine fût employé à la réparation des dommages causés par le défunt pour que l'expiation morale fût moindre. Les jurisconsultes allemands, qui s'occupent des Décrétales beaucoup plus que les savants français et y reconnaissent l'empreinte d'une haute équité et d'un savoir profond, repoussent celle qui édicte ce principe, comme violant leur croyance à l'inexistence du Purgatoire.

En droit français, l'introduction d'instance perpétue les actions dans certaines hypothèses beaucoup moins nombreuses il est vrai, mais qui se présentent très souvent.

186. I. *Actions en réclamation d'État.* — Outre les intérêts pécuniaires, il y a les intérêts moraux, dont l'importance est plus grande. Faire reconnaître sa légitimité quand, à tort, l'on a été regardé comme fils naturel; rentrer dans une famille au nom du droit, quand par le sang on en fait déjà partie, n'est-ce pas une chose que l'homme de cœur mette au-dessus de tout? Le Code a organisé des actions en réclamation d'état qui, bien que l'intérêt moral y soit souvent doublé de l'intérêt pécuniaire, sont exclusivement attachées à la personne.

En principe, ces actions s'éteignent avec l'enfant, dont elles modifient l'état civil; elles sont intransmissibles quand même le réclamant est enfant légitime du titulaire. Que l'on trouve ce résultat contraire à la morale, anti-juridique, la critique est fondée; mais les articles 329 et 330 du Code civil sont trop formels pour que l'on puisse passer outre (1).

Exceptionnellement ces actions deviennent transmissibles, pourvu qu'il y ait un intérêt pécuniaire, lorsque l'enfant est mort avant sa vingt-sixième année, ou lorsqu'il a fait signifier un exploit d'ajournement à l'effet de poursuivre ses droits. La seconde hypothèse seule a

---

(1) Demolombe, V, n° 505. — *Contrà*, Marcadé, sur l'article 550, II.

trait à notre matière, elle est due au principe du quasi-contrat judiciaire. Le demandeur a un droit qui s'éteint avec lui, mais qu'il introduise une instance; une obligation quasi-contractuelle prend naissance, et ce droit, d'une tout autre nature que le premier, survit et passe aux héritiers.

Même dans ce dernier cas, les héritiers n'ont point l'exercice de l'action quand le demandeur, soit implicitement, soit explicitement, témoigne qu'il ne persiste plus dans ses poursuites. Le désistement emporte intransmissibilité, pourvu que le défendeur n'ait pas constitué avoué; dans l'hypothèse inverse il faut quelque chose de plus, le mutuel dissentiment, puisque le prononcé du jugement est devenu un droit pour le défendeur.

L'article 330 ajoute que les héritiers perdent l'action quand l'enfant laisse passer trois ans sans poursuites à compter du dernier acte de procédure. Faut-il prendre le texte dans le sens absolu qu'il paraît avoir? Y a-t-i réellement déchéance au bout de trois années? Le Code de procédure, le premier, parle de la péremption; à l'époque de la rédaction de l'article 330, le législateur était sous l'influence des doctrines romaines qui font opérer la péremption de plein droit. Or, le délai de trois ans dont il est parlé, n'est autre que celui qui périme l'instance (art. 397); peu édifié sur la nature de cet acte de procédure, le législateur a suivi les idées généralement répandues. Le Code de procédure a paru depuis édictant des règles nouvelles, et sous son empire la péremption n'opère plus de plein droit. *Posteriora derogant prioribus*, dit-on; tant que le défendeur n'a pas invoqué la déchéance de la procédure, l'obligation résultant du quasi-contrat judiciaire subsiste et les héritiers suivent valablement l'instance (1).

Le caractère de l'agissement est totalement modifié par le changement qui s'est opéré. Le droit primitif est éteint, ce n'est pas lui qui passe aux héritiers, mais l'action pour parler, comme les articles 329 et 330 du Code civil ; en d'autres termes, c'est l'obligation résultant de l'introduction d'instance.

Or, aux termes de l'article 2262, tout droit est prescriptible, sauf les rares exceptions spécifiées par la loi, et il n'y a aucune exception pour le quasi-contrat judiciaire. L'action en réclamation d'état des héritiers est prescriptible, quand le défendeur ne fait pas valoir la péremption.

Elle est cessible, comme toutes les créances.

L'article 1166 lui est applicable, puisque le droit n'est plus attaché à la personne ; bien plus, avant la mort de l'enfant, les créanciers qui ne peuvent introduire une action en son nom, peuvent l'exercer quand le demandeur omet de le faire après l'avoir introduite, pourvu qu'ils invoquent le droit résultant du quasi-contrat judiciaire.

187. II. Parmi les délits privés des Romains, l'injure est le seul qui, de nos jours, ait conservé son caractère primitif ; elle donne lieu à une action civile que peuvent seules intenter les personnes atteintes par le fait délictueux. De sorte que l'action d'injures ne passe point aux

(1) Demolombe, V, §§ 291 et 292. — Marcadé, sur l'article 330, V.

héritiers, à moins qu'il n'y ait eu assignation donnée par
le défunt avant l'expiration du temps fixé par la loi (1).

Il faut en dire autant de toutes actions qui sont
exclusivement attachées, soit à la personne du demandeur, soit à la personne du défendeur; l'introduction
d'instance les perpétue. La loi s'en est formellement
expliquée, dans le cas de révocation des donations pour
cause d'ingratitude (art. 957 Code Nap.).

Voici le § 2 de cet article 957, dont la rédaction
malencontreuse soulève en théorie de si grandes difficultés :

« Cette révocation ne pourra être demandée par le
» donateur contre les héritiers du donataire, ni par les
» héritiers du donateur contre le donataire, à moins que,
» *dans ce dernier cas*, l'action n'ait été intentée par le
» donateur, ou qu'il ne soit décédé dans l'année du
» délit. » Deux espèces sont prévues par le texte.

Le donateur prédécède. Ici, notre théorie reçoit de la
loi une pleine confirmation. De deux choses l'une, où le
donateur n'a pas agi et l'on se trouve encore dans l'année
utile pour demander la révocation à laquelle l'ingratitude
donne ouverture, le droit passe aux héritiers. Ou le donateur a introduit l'instance, depuis l'expiration du délai,
et ici le droit se trouve perpétué ; le texte suppose que
l'obligation active résultant de l'exploit passe encore aux
héritiers du donateur.

Malheureusement l'article 957 ajoute *in fine*, que cela
n'est vrai que dans ce seul cas (*dans ce dernier cas*) ; de
là, des difficultés inextricables si l'on ne recourt à la
théorie du quasi-contrat judiciaire.

(1) Merlin, *Répertoire*, v° *Injure*, § 6, n° 2.

Dans la seconde hypothèse, le donataire prédécède et l'année utile ne toucherait-elle pas à sa fin que le donateur a perdu tout droit : « Cette révocation ne pourra » être demandée par le donateur contre les héritiers » donataire. » Faut-il étendre cette solution au cas où avant le décès le donateur aurait assigné le donataire en révocation pour cause d'ingratitude? C'est ici que les difficultés commencent.

Le célèbre Demolombe (1) soutient hardiment l'affirmative et d'après lui, l'action intentée ne peut être poursuivie contre les héritiers du donataire. Son principal argument repose sur la fin de l'article 957 § 2 ; *dans ce dernier cas*, dit-il. « *Donc, dans le premier cas*, c'est-à-
» dire lorsqu'il s'agit de savoir si la révocation pourra » être demandée contre les héritiers du donataire, la » règle est toujours qu'elle ne pourra pas l'être, lors » même que l'action aurait été intentée contre le dona-
» taire. »

A cette première observation, dont on est contraint de reconnaître l'importance, Demolombe joint une seconde beaucoup moins forte. « Est-ce que la mort du prévenu » ou de l'accusé, dit-il, n'éteint pas l'action même déjà » intentée, pour l'application des peines? (Art. 2, Inst. » Crim.) sans doute ! Or, la demande en révocation de » la donation pour cause d'ingratitude a un caractère » pénal ; elle tend aussi à l'application d'une peine » civile ; donc elle doit s'éteindre aussi dans tous les cas » par la mort de celui qui seul pouvait en être frappé. »
Puisque M. Demolombe a fait un syllogisme, me per-

(1) *Donations et testaments*, III, n° 679.

mettra-t-il de lui rappeler cette règle si connue en scho-
lastique :

Latiùs hunc quam premissæ conclusio non vult.

Que contient sa majeure? une règle propre à la procédure devant les juridictions de répression. Or, nous
sommes devant les juridictions civiles, et cette considération fait tomber le syllogisme.

Reste le premier argument dans toute sa force. Pour
nous, il nous semble que l'article 957, ne prohibant
point formellement la continuation de l'action contre les
héritiers du donataire, on peut étendre le texte par des
conséquences tirées de la théorie du quasi-contrat judiciaire.

Toullier, Coin Delisle, Troplong, Duranton, Zachariæ, Aubry et Rau, admettent, qu'une fois intentée,
l'action passe contre les héritiers, malgré la mort du
donataire. Telle est la théorie que nous adoptons avec
une entière confiance.

D'abord, la mort, survenue avant toute demande,
permet de douter, si le donateur ne songeait pas au
pardon, tandis qu'après l'assignation, aucun doute n'est
possible ; sa volonté est que l'ingrat subisse les conséquences juridiques de sa conduite. Passerai-je, sous
silence, l'argument historique si puissant pour beaucoup
de jurisconsultes? Il me suffira de renvoyer à tous nos
vieux auteurs et surtout à Ricard, à Brillon et à Pothier,
ce laborieux compilateur des matériaux du Code civil, et
partout on trouvera reproduit le principe : *Omnes actiones quæ morte aut tempore pereunt, semel inclusæ judicio
salvæ permanent.* En présence de cette tradition, en
l'absence d'une prohibition formelle de l'article 957, car

on ne peut traiter de la sorte les mots ; dans le second cas, je crois que l'on ne peut récuser l'autorité de notre principe. L'exploit d'ajournement engendre une certaine obligation, droit distinct du droit réclamé ; or, cette obligation, qui n'est pas exclusivement attachée à la personne, survit à la mort du donataire, et permet au donateur de continuer ses poursuites.

La question du quasi-contrat judiciaire s'est encore présentée sous la même forme, à propos des demandes en séparation de corps et en nullité de mariage. Pour la séparation de corps, l'intérêt est grand, et il importe de savoir si l'ajournement a, pour effet, de perpétuer l'action. Les dépens, si considérables en pareille matière peuvent, suivant la solution adoptée, se trouver réglés différemment ; enfin, si l'action est perpétuée, le défendeur qui succombe perd son droit au préciput conventionnel (art. 1518). Nous n'aurions pas insisté, sur cette question, implicitement résolue par les développements qui précèdent, si M. Demolombe n'avait invoqué un argument indépendant de la notion du quasi-contrat judiciaire.

Le but unique de la demande en séparation de corps, dit ce célèbre jurisconsulte (1), est de faire cesser la vie commune, et, la mort ayant atteint ce but, l'action est désormais sans objet. Quant aux conséquences pécuniaires, elles ne sont que des effets tacites de la séparation, puisqu'il est inutile que le demandeur y conclue. La théorie de M. Demolombe pourrait être reproduite sous cette autre forme : l'action n'est point perpétuée, et dans

---

(1) *Du mariage*, II, n° 429.

aucun cas, elle ne peut survivre, puisque le but étant
exclusivement moral, les héritiers sont dénués de tout
intérêt. Cette précision n'est-elle point forcée? Est-il
vrai de dire qu'il ne faille pas envisager dans cette question le côté pécuniaire? C'est ici qu'il nous est impossible d'admettre les données de M. Demolombe. Le règlement des dépens, et, quand il y a lieu, la déchéance du
préciput conventionnel encourue par le défendeur, nous
paraissent suffire pour affirmer que le caractère moral
est ici doublé d'intérêts pécuniaires qui légitiment l'agissement des héritiers.

Chose étrange, M. Demolombe, qui combat avec tant
de vigueur, chaque fois qu'il en trouve l'occasion, la
théorie du quasi-contrat judiciaire, admet pourtant (1)
que la signification de l'exploit d'ajournement perpétue
l'action en nullité de mariage, même après le décès de
l'un des époux. Les arguments qu'il fait valoir sont de
nature à étonner tout d'abord : « Il est certain alors,
» dit-il, en parlant de l'époux demandeur, 1° qu'il a
» déclaré lui-même les vices de son consentement;
» 2° Qu'il n'a pas renoncé à son action en nullité; tout
» au contraire! Pourquoi ne pas permettre aux héritiers
» de la suivre? c'est bien assez vraiment qu'ils ne puis-
» sent pas la commencer, lors même que l'époux est
» mort sans avoir recouvré sa liberté! N'allons pas du
» moins jusqu'à dire que son action intentée doit mourir
» avec lui, la veille du jour peut-être où toutes les preu-
» ves étaient faites, où le mariage allait être annulé. »
Ces considérations ne sont-elles pas communes à toutes

(1) *Du mariage*, I, n° 259.

actions temporaires ou exclusivement attachées à la personne? Il résulte de ce fragment que M. Demolombe a, dans l'espèce, reculé devant les déductions de ses propres principes. Et que dire, en bonne logique, d'un principe dont on n'ose déduire les conséquences? Je vois là comme une force d'expansion de la vérité, comme un retour à notre théorie, d'après laquelle la signification de l'exploit d'ajournement perpétue les actions temporaires ou exclusivement attachées à la personne.

188. III. *Quand le défendeur ne fait pas valoir la péremption, l'obligation quasi-contractuelle résultant du quasi-contrat judiciaire s'éteint-elle dans tous les cas par la prescription trentenaire* (1)?

Cette question a de trop graves conséquences dans la pratique, pour que nous n'exposions point les divers systèmes auxquels elle a donné lieu.

Système de Marcadé. — Marcadé a mis en avant une opinion si bizarre, qu'il faut la lire, dans ses œuvres, pour ne pas croire être le jouet d'une illusion : « Le
» commandement, en ce qui touche l'interruption de la
» prescription, dit-il, est sous un rapport plus énergique
» que la demande en justice elle-même ; car, tandis que
» celle-ci, comme on l'a vu, se périmerait et rendrait
» l'interruption non-avenue par la discontinuation des
» poursuites pendant trois ans ou trois ans et demi, sui-
» vant les cas (à la charge par l'adversaire de faire pro-
» noncer la péremption, laquelle n'a jamais lieu de plein
» droit), le commandement, au contraire, qui n'est pas
» un acte judiciaire, un acte de procédure, ne tombant

(1) Mourlon, *Revue critique de législation*, VI, p. 252.

» pas, dès-lors, en péremption, il ne serait non-avenu,
» et ne laisserait l'interruption s'effacer que par l'effet
» de la prescription, c'est-à-dire après trente années,
» quoiqu'il n'eût pas été suivi d'autres poursuites. Mais
» le commandement a moins d'efficacité que la demande
» en justice sous un autre rapport. Celle-ci maintient
» l'interruption tant que dure l'instance, d'après cette
» règle déjà indiquée : *Actiones quæ tempore pereunt,*
» *semel inclusæ judicio salvæ permanent;* l'instance
» durât-elle trente, quarante, cinquante années, non-
» seulement la prescription n'a pas continué, brisée
» qu'elle a été par la demande introductive, mais aucune
» prescription nouvelle n'a pu commencer pendant ce
» long temps. Ainsi, alors même qu'il n'y aurait eu
» rien autre chose que la demande en justice et que
» cette demande, aussitôt abandonnée que signifiée,
» n'aurait été suivie d'aucun acte de procédure, dans
» ce cas là même, la prescription n'est pas seulement
» interrompue pour le temps antérieur, elle l'est aussi
» pour les trois années qui suivent, et c'est seulement
» après ce délai et *à charge encore de faire prononcer la*
» *péremption*, que le défendeur peut effacer l'interrup-
» tion : tant qu'on est dans ces trois années et même
» au-delà, tant que la péremption n'est pas prononcée,
» la prescription ne court plus (1). »

Ce système étrange n'a, fort heureusement pour la
science, trouvé que fort peu d'écho. Et depuis quand la
signification de l'exploit d'ajournement est-elle une cause
de *suspension* des prescriptions ? D'où vient cette méta-

(1) Marcadé, *De la prescription*, art. 2248, IV, p. 155.

morphose? Quel texte peut l'autoriser? Eh quoi! j'assigne un tiers en paiement d'une somme dont je me crois créancier, en qualité d'héritier, du chef du *de cujus* ; le tiers vient me trouver et me dit : cette dette est éteinte, voici les pièces qui le prouvent. Convaincu, je laisse là toute poursuite; soutiendra-t-on que la demande étant restée subsistante, la prescription est perpétuellement suspendue?

Marcadé n'a pas la moindre notion du quasi-contrat judiciaire, voilà la source première de son erreur; mais est-ce une raison, quoique, d'après lui, l'exploit d'ajournement ne lie pas l'instance, pour soutenir un système qui est la violation flagrante de nombreux articles de nos Codes?

Violation de l'article 2262, qui éteint toutes les actions par trente ans, sans distinguer si elles sont à engager ou engagées.

Violation de l'article 2244, qui ne donne à la citation en justice qu'un effet interruptif.

Violation des articles 2251 à 2259, qui n'indiquent point le demandeur dans l'énumération limitative des personnes contre lesquelles la prescription ne court pas.

Violation de l'article 2274, qui assimile la citation en justice au compte arrêté ou à tout autre acte portant reconnaissance de la dette. La prescription courant à partir du compte arrêté ou de la reconnaissance, court également du jour de la signification de l'exploit.

Violation des articles 189 du Code de commerce et 637 du Code d'instruction criminelle, d'après lesquels, quand il n'y a pas eu jugement, la prescription court du jour du dernier acte.

S'il y a une différence entre l'exploit d'ajournement et le commandement, c'est que la demande en justice est sujette à péremption, tandis que le commandement ne cesse de valoir que par la prescription trentenaire.

Marcadé ajoute, que la péremption n'opérant pas de plein droit (art. 399 pr.) et la procédure restant en état tant que le défendeur garde le silence, ces principes sont violés si l'on admet la prescription trentenaire; que cette règle, introduite dans l'intérêt exclusif du défendeur, ne peut être tournée contre le demandeur (1). En présence d'un délai aussi court que celui de la péremption, la loi a, ce nous semble, pensé qu'il valait mieux user d'indulgence envers le demandeur et décider que la péremption n'opérerait pas de plein droit. Mais il faut un terme à tout, et la prescription indique le délai fatal. — Après elle, l'action est éteinte.

Marcadé part d'un aphorisme : *Actiones semel inclusæ judicio salvæ permanent.* Un aphorisme n'est pas un argument bien sérieux quand il n'a pas sa source dans la loi. Celui-ci est emprunté à Gaius (2), qui est loin de lui donner le même sens que Marcadé, puisqu'à Rome, dix-huit mois après l'introduction d'instance, quand le *judicium* est *legitimum*, la péremption éteint l'obligation résultant du quasi-contrat judiciaire (3). En passant du

(1) Jugé par la Cour de Cassation, le 10 décembre 1859. — *Journal du Palais*, 1859, 2, p. 582.

(2) L. 159, ff. *De regulis juris.*

(5) Gaius, IV, §§ 104 et 105.

système formulaire à celui des *judicia extrordinaria*, l'aphorisme n'a point changé de sens. Honorius et Théodose disent qu'après trente ans écoulés, depuis le dernier acte judiciaire, l'action est éteinte par la prescription (1).

Le meilleur argument contre ce système, c'est qu'il a été abandonné par l'auteur, dans le même ouvrage, sur l'art. 2262 : « Comment, dit Marcadé en détruisant « son opinion avec autant d'énergie qu'il avait mis à la « défendre, Pierre, après avoir introduit une instance, « n'y donne aucune suite; il l'abandonne complète- « ment ;..... et voilà qu'après plusieurs siècles, *etiam* « *post mille annos* pour prendre l'idée de Dumoulin, un « représentant de Pierre pourrait se raviser, venir dire « que l'instance n'est pas éteinte et que, malgré les « mille ans, la prescription n'est pas acquise!!! Vrai- « ment, on n'y a pas songé. »

Système de Mandaroux Vertamy. — C'est à peu près celui de Marcadé, sauf cette différence que l'interruption, au lieu d'être indéfinie, dure trente ans. Il a été produit à l'occasion d'un procès qui s'est terminé devant la Cour de cassation, le 19 avril 1831 (2).

Voici l'espèce :

Le 15 floréal an VIII, acte authentique de la dame Dumas, qui donne à bail aux sieurs Sarrazin, à Marie Sarrazin et à Chauvet, un domaine pour six années courant à partir du 27 germinal précédent, avec liberté pour

(1) Const. 1, § 1, Cod. Théod. *De act. quæ cert. temp. fin.*
(2) Dalloz, 31, 1, 143.

chacun d'eux de faire cesser le bail en avertissant trois mois à l'avance.

Le 4 nivose an xi, Sarrazin déclare à la femme Dumas qu'il résilie le bail, en ce qui le concerne, à partir du 5 germinal suivant, mais il omet de faire signifier le bail à ses co-fermiers.

Le 28 septembre, la dame Dumas *assigne* Sarrazin en paiement des fermages arriérés et de quelques dégradations. Puis, cessation de poursuites et, en 1810, la dame Dumas signifie un nouveau commandement, faisant des réserves contre Chauvet et sa fille, qui avaient exécuté le bail par tacite reconduction.

Sarrazin fait opposition au nouveau commandement et, le 10 janvier 1831, jugement qui déclare le congé du 4 nivôse an xi valable en la forme, et ordonne la mise en cause de Chazal, nouveau fermier.

Le 25 novembre 1822, jugement portant sur le point qui nous occupe : « Considérant qu'une citation en justice n'a d'autre effet que d'interrompre la prescription d'une action, mais n'a pas l'effet de la proroger (l'interruption), d'où il suit que l'action étant éteinte par la prescription, la péremption de l'instance introduite par ladite assignation était acquise de plein droit, puisque cette instance ne pouvait exister indépendamment de l'action. — Considérant, que les demandes pour fermages se prescrivent par cinq ans, et que l'assignation, donnée en 1809, n'ayant été suivie d'aucun acte de procédure, que, postérieurement aux cinq ans nécessaires pour acquérir la prescription, la péremption de cette assignation ou de cette instance a été acquise de plein droit.» Rejette la demande de la dame Dumas.

Le 9 mars 1825, arrêt confirmatif de la Cour de Nîmes.

Pourvoi basé :

1°,.........

2° Sur la violation de l'article 399 Proc., en ce que, d'après la Cour, la péremption est acquise de plein droit lorsque l'action elle-même est prescrite.

3° Violation de l'article 142 de l'ordonnance de 1629. Malgré l'arrêt, l'assignation donnée à temps (et ce point n'est pas susceptible de controverse) rend l'action trentenaire : *Actiones quæ lapsu temporis pereunt, semel inclusæ judicio salvæ permanent.*

Le 19 avril 1831, la Cour de cassation rendit, sous la présidence de Portalis, un arrêt reproduisant les conclusions de Mandaroux Vartamy, et décidant : 1° Qu'une assignation donnée devant un tribunal suffit pour interrompre pendant trente ans la péremption d'un droit prescriptible par cinq ans ; 2° que la péremption d'instance, sous l'ancien droit comme sous le nouveau, doit être demandée, encore bien qu'elle concoure avec la prescription.

La réfutation du système de Marcadé nous permet de passer outre sans insister davantage sur cette manière de voir.

Autre système. — Quelques jurisconsultes qui n'ont pas su s'élever au-dessus de la loi et chercher l'idée mère des dispositions relatives à l'ajournement, ne voient dans la signification de l'exploit qu'un acte interruptif de prescription, et comme d'après eux la nature du droit primitif reste la même, il en résulte que le délai nouveau est de même étendue que le premier. Le droit se pres-

crivait-il par cinq ans, après l'interruption, cinq années
seront encore nécessaires pour l'éteindre. Ce n'est envisager la question qu'à demi. Quelle est, en effet, l'influence de l'obligation quasi-contractuelle sur la prescription, voilà le véritable nœud de la difficulté.

*Système découlant de la notion du quasi-contrat judi-
ciaire.* — La signification de l'exploit d'ajournement
double le droit primitif d'une seconde obligation résultant du quasi-contrat judiciaire. Ces deux droits qui,
au point de vue pratique, se confondent, ont pourtant
une individualité bien distincte, puisque chacun conserve
la nature qui lui est propre. Qu'une personne interrompe
par une assignation une prescription quinquennale, qu'en
résultera-t-il? Que la prescription recommencera à
nouveau. Mais le droit primitif est doublé d'un lien quasi-
contractuel, prescriptible lui aussi, et quelle prescription
appliquer dans l'espèce? La prescription quinquennale.
Et de quel droit? Aucun texte du Code ne l'autorise.
L'obligation engendrée par l'ajournement ne se trouve
dans aucune énumération limitative des cas de prescriptions anormales; il faut appliquer la règle générale de
l'article 2262. « Toutes les actions tant réelles que personnelles sont prescrites par trente ans. »

On arrive à ce résultat étrange que le droit primitif est
éteint quand le droit résultant de l'introduction d'instance
existe encore; mais tout étonnement cesse lorsque l'on
songe que l'obligation quasi-contractuelle est conditionnelle, qu'elle peut se formuler en ces termes du côté du
défendeur : Le défendeur est tenu d'accéder aux prétentions du demandeur quand elles sont confirmées par un
jugement. La sentence du juge rétroagit au jour de la

signification de l'exploit, c'est-à-dire, à une époque où le droit primitif existait encore; et dès-lors, il n'est pas étonnant que l'ajournement rende trentenaire l'action se prescrivant par un délai moindre, quand elle n'est pas encore introduite (1).

Quand le législateur veut qu'il n'en soit pas ainsi, il s'en explique. L'article 189 du Code de commerce, par exemple, dit que les actions relatives aux lettres de change sont, après comme avant la demande, prescriptibles par cinq ans, tant qu'il n'est pas intervenu de jugement. Des raisons toutes particulières l'exigent. Comme les droits que concerne cette action seraient, s'ils devenaient trop nombreux, une cause de trouble et de périls sur les places de commerce, la loi a dû abréger le cours de la prescription (2).

Ces règles ne sont vraies que tout autant que le défendeur n'a pas invoqué la péremption; s'il la requérait, la procédure étant détruite rétroactivement, avec elle disparaîtrait le quasi-contrat judiciaire et toutes ses conséquences juridiques.

Le délai ne court qu'à partir du dernier acte de procédure.

§ 4.

Interruption de la Prescription.

189. Il était souvent, à Rome, impossible d'inter-

(1) Rauter, *Cours de procédure*, § 113. — Berriat Saint-Prix, *Notes sur le Code civil*, n° 9541.

(2) Cass., 6 mai 1856; Dalloz, 56, 1, 266.

rompre une prescription près de s'accomplir. La *vocatio in jus*, ce préliminaire essentiel à la litiscontestation, ne pouvait valablement se faire tant que le défendeur se trouvait dans son domicile (1), et s'il continuait à s'y cacher pour prévenir le *judicium acceptum*, le préteur n'avait qu'un moyen d'interrompre la prescription, c'était d'envoyer le demandeur en possession des biens. Mais si le défendeur n'avait pas de biens susceptibles de possession, toute interruption devenait impossible.

En France, où le formalisme dans les lois est presque inconnu, ces conséquences iniques ne se présentent plus. Une personne peut toujours être valablement assignée. Or, « une citation en justice, un commandement ou une » saisie, signifiée à celui que l'on veut empêcher de » prescrire, forment l'interruption civile. » (Art. 2244.) « La citation en justice, donnée même devant un juge » incompétent, interrompt la prescription. » (Art. 2246.) « Si l'assignation est nulle par défaut de forme. — Si le » demandeur se désiste de sa demande. — S'il laisse » périmer l'instance. — Ou si sa demande est rejetée, » l'interruption est regardée comme non avenue. » (Art. 2247).

190. Ces mots, *citation en justice*, de l'article 2244, s'entendent de toute demande, fût-elle autre qu'un ajournement; l'énumération de l'article 2244 est limitative, mais cette assimilation est commandée par la logique des idées. Le cas s'est présenté devant la Cour de Cassation qui a jugé de la sorte.

(1) L. 2, ff. 2, 4.

En 1771, le duc de Bouillon donna, par acte entre-vifs, la terre de Créqui, au comte de la Tour d'Auvergne, à charge de payer au prince de Turenne, fils du donateur, une rente de 20,000 livres. Le décès du duc de Bouillon fut suivi d'une contestation entre le donataire et le fils du donateur, terminée en 1776 par une transaction, aux termes de laquelle le donataire s'obligea à rembourser au prince de Turenne les 400,000 livres du capital de la rente, plus 100,000 livres, dont 50,000 remboursables en 1789. Cette dernière somme fit seule l'objet du litige.

La famille de la Tour d'Auvergne émigra pendant la révolution, et le séquestre ayant été levé en 1816, elle rentra en possession de ses biens.

En 1821, les biens du fils du comte de la Tour d'Auvergne furent adjugés au sieur Lefèvre. Un ordre ayant été ouvert, le prince de Rohan fut colloqué, au nom de la famille de Bouillon, pour les 50,000 francs, dus encore en vertu de la transaction de 1776. M. de la Tour d'Auvergne forma opposition, en soutenant que la créance de la famille de Bouillon était prescrite. Un arrêt du 24 février 1824 admit ce moyen.

Sur appel, M. de Rohan prétendit que la prescription avait été interrompue par des conclusions subsidiaires, signifiées en 1817, tendant à un règlement de compte pour les sommes dues. Le 31 août 1824, arrêt de la Cour de Douai, cassant le jugement de première instance; enfin, le 12 décembre 1826, arrêt de la Cour de Cassation, qui confirme celui de la Cour de Douai.

« Par ces mots, citation en justice de l'article 2244, disait la Cour impériale, il faut entendre *toute demande formée en justice.* Il est d'autant moins possible d'admettre le système contraire, qu'il s'ensuivrait que même la production, faite avec demande en collocation, par un créancier hypothécaire, ne serait pas interruptive de la prescription. En droit, il résulte de l'article 2246, qu'il ne faut pas nécessairement, pour qu'une demande judiciaire interrompe la prescription, qu'elle soit accueillie par le juge ; il suffit, aux termes de l'article 2247, qu'elle ne soit pas nulle par défaut de forme, ou périmée, ou rejetée, qu'enfin, on ne s'en soit pas désisté (1). »

Dans la dernière période du droit romain, ce principe avait fini par prévaloir. *De motâ quæstione, sive actione, aut controversiâ de litiscontestatione, de postulatione in judicio,* etc..... disent les constitutions 3, 6, 7, Code, *de Præscrip. XXX vel XL ann.*

Une demande reconventionnelle, par simples conclusions d'avoué à avoué, une intervention introduite par requête, une demande d'admission au passif d'une faillite ou de collocation dans un ordre, interrompent la prescription aussi efficacement qu'un exploit d'ajournement (2).

191. Il faut se rappeler que les effets du quasi-contrat judiciaire ne s'examinent que dans les rapports du demandeur et du défendeur. En conséquence, l'action en partage n'est pas interruptrice de la prescription, qui court contre le tiers détenteur des biens héréditaires (3).

Par application de la même idée, la Cour de Cassation, dans un arrêt du 21 décembre 1859, a jugé que, pour

____

(1) Dalloz, 1827, 1, 91.
(2) Troplong, *De la prescription,* II, n° 562. — Dunod de Charnage, p. 57. — Marcadé, sur les art. 2242 à 2248.
(5) Cass., 14 novembre 1860 ; Dalloz, 61, 1, 208.

interrompre une prescription, l'assignation doit être
signifiée à la personne, dans l'intérêt de laquelle le délai
court. Le but ne serait pas atteint, si l'assignation avait
été signifiée au fermier, alors qu'il n'y a pas eu concert
frauduleux pour le rendre possesseur apparent (1), ou à
l'usufruitier, que le demandeur croit possesseur *animo
domini* (2).

102. Il s'élevait, dans l'ancienne jurisprudence, de
vives controverses sur le point de savoir : si la prescription était interrompue par un exploit d'ajournement
infecté d'une nullité d'incompétence. A l'époque de la
rédaction du Code Napoléon, trois systèmes partageaient
la doctrine et la pratique.

D'après Legrand (Coutumes de Troyes, art. 23, n° 31);
Mornac (*Ad legem* 15 *ff de in jus vocando*); Choppin (*in
consuet. and.*, lib. 3, cap. 1, tom. v, nombre 26); Dumoulin (*in quest. Gall.* 102, p. 7); Pothier (des obligations, n° 662); Brodeau sur Louet (Lettre A, § 10);
l'ajournement infecté d'une nullité, à raison de l'incompétence du juge, n'interrompait jamais la prescription.

Un second système, aussi radical que le premier,
attribuait l'effet interruptif à l'exploit, quelle que fût la
nature de l'incompétence (Catelan, l. 7, cap. 11. — Bas-
tome i, l. 2, tit. 29. — Dunod de Charnage, p. 56. —
Ferrière, sur la Coutume de Paris, art. 113, Glose 6,
n° 9). *Citatio libellata interrumpit prœscriptionem, etiam
coram judice incompetente facto*, dit un arrêt du Parlement de Paris du 8 juillet 1515.

(1) Dalloz, 1860, 1, 20.
(2) Pothier, *Prescription*, n° 55. — Troplong, *Prescription*,
n° 654.

Une distinction tendait à s'introduire entre l'incompétence *ratione materiæ* et l'incompétence *ratione personæ*.
La première vicie l'ajournement d'une telle manière
qu'aucune interruption n'en résulte ; la seconde laisse
sur ce point toute son énergie à la demande. La
source de cette opinion est dans la loi 5 de Judiciis :
*Si quis ex alienâ jurisdictione ad prætorem vocatus,
debet venire, ut et Pomponius et Vindius scripserunt :
Prætoris enim est æstimare an sua sit juridictio ; vocati
autem non contemnere auctoritatem prætoris.* Ce texte ne
parle que de l'incompétence relative, il ne dit rien de
l'incompétence absolue qui reste soumise au droit commun. La jurisprudence du Parlement de Paris suivait ce
système (1).

Des controverses analogues s'élevaient sur l'assignation nulle par défaut de forme (2).

Le Code Napoléon tranche la difficulté avec assez
d'arbitraire ; aujourd'hui, l'ajournement infecté de la nullité d'incompétence interrompt, dans tous les cas, la prescription, et jamais il n'en est ainsi quand l'exploit est
infecté d'un vice de forme.

La Cour de cassation s'éleva contre cette anomalie
dans ses observations sur le Code Napoléon : « Pourquoi,
» disait-elle, une assignation nulle par défaut de forme
» n'interromprait-elle pas la prescription aussi bien que
» celle donnée devant un juge incompétent, pourvu
» que le vice de forme ne tombe pas sur ce qui constate

(1) Arrêts des 6 septembre 1566, 7 juillet 1806 et 1er juillet
1627, rapportés par Lalande, sur l'article 377, *De la coutume
d'Orléans*, et dans le *Journal des audiences.*
(2) Dunod de Charnage, *Prescriptions*, art. 1. cap. 9.

» que la copie est parvenue ? Lorsqu'elle a été donnée,
» lorsqu'elle est parvenue, le réclamant a-t-il été négli-
» gent jusqu'au bout ? Le preneur a-t-il cru être tran-
» quille débiteur ? Remarquons que nul jugement ne
» peut, en aucun cas, intervenir sur l'assignation don-
» née devant un juge incompétent, tandis qu'une assi-
» gnation, nulle par défaut de forme, peut, si la nullité
» est couverte, devenir la base d'une procédure, d'une
» condamnation, etc..... (1) » Malgré l'erreur de principe qu'elle renferme, cette observation résume énergiquement les critiques que méritent les art. 2246
et 2247.

Le législateur n'en tint aucun compte. Il est curieux
de voir les raisons qu'il donne pour ne point modifier le
projet; d'après lui, la nullité d'incompétence laisse subsister l'interruption, parce que cela est *plus conforme au
maintien du droit de propriété*, et la seconde y met obstacle parce qu'*il n'y a pas rigoureusement citation* (2).
Et M. Troplong abonde dans ce sens, en disant qu'un
acte privé de l'un des éléments *dans esse rei* tombe sous
l'application de la règle : *quod nullum est nullum producit effectum*.

Mais y a-t-il rigoureusement citation quand l'exploit
est infecté de la nullité d'incompétence ? Et quand il
s'agit de vice de forme, le maintien du droit de propriété
ne réclame-t-il pas impérieusement l'interruption ? Si la
nullité d'incompétence est relative et que les parties la
couvrent par leur ratification, l'art. 2246 est inutile, et

(1) Fenet, II, p. 750.
(2) Fenet, XV, p. 525, 584.

si la nullité est invoquée, que le juge la déclare, l'ajournement n'est-il pas dépouillé de tout effet par l'art. 2247?
n'est-il point détruit rétroactivement? Il n'y a donc pas
rigoureusement citation, et la rigueur des principes réclame également pour les deux nullités le maintien de la
règle : *quod nullum est nullum producit effectum.*

Le conflit s'élève entre les principes du droit et
l'équité; le droit romain eût déduit logiquement les
conséquences, sauf à rechercher plus tard si l'on ne
pouvait, par des prescriptions, des exceptions ou des
répliques, paralyser la rigueur du droit civil. Le législateur français a voulu faire brèche aux principes au nom
de l'équité, puis il a reculé devant sa propre hardiesse
et maintenu les déductions rigoureuses pour le vice de
forme.

Le maintien du droit de propriété exigeait une seconde
exception de l'art. 2247; la prescription est un *impium
præsidium* suivant l'expression des anciens auteurs; il
fallait en restreindre la portée dans la seconde hypothèse.
Pourquoi dire, dans le premier cas, l'assignation a été
donnée peut-être la veille du terme fatal; sans le bénéfice
de l'art. 2246, le droit est perdu; il faut venir au secours
du demandeur : *vigilantibus, non dormientibus jura sub-
veniunt,* quand ce même demandeur inspire si peu de
sympathie dans une espèce analogue (1)?

193. — La distinction est irrationnelle, mais elle
existe et nous devons l'appliquer : *dura lex, scripta tamen.*
L'assignation devant un juge incompétent interrompt la
prescription; mais le jugement, une fois prononcé, cet

---

(1) Marcadé, sur les art. 2242 à 2248, III,

acte n'en est pas moins nul, et, sauf pour l'exception introduite, au nom de l'équité, dans l'art. 2246, il est vrai de dire : ce qui est nul ne produit pas d'effet. L'obligation résultant du quasi-contrat judiciaire est annulée du même coup, et le demandeur reste avec son droit conservé par l'interruption, mais droit qui n'est plus doublé d'une seconde obligation destinée à rendre l'exécution certaine. A partir du dernier acte de procédure, la prescription recommence à courir; mais, l'obligation quasi-contractuelle faisant défaut, le délai de trente ans ne sera plus assuré au demandeur; on appliquera le délai par lequel le droit se prescrivait avant l'introduction de l'instance.

194. — L'assignation donnée par un incapable interrompt encore l'instance : car, ainsi que le dit d'Argentré sur la coutume de Bretagne (1), l'incapable conserve sa capacité : « *In acquirendo et conservando jure suo,*
» *multò magis minor habetur pro majore. Itaque omnem*
» *actum juris conservatorium potest gerere..... Filium*
» *familias scilicet, qui alioqui personam non habet standi*
» *in judicio, ad interruptionem usque posse in judicio*
» *procedere.* »

195. L'interruption de la prescription disparaît avec l'obligation résultant du quasi-contrat judiciaire dans un certain nombre d'hypothèses indiquées par l'article 2247.

1°). D'abord, le *désistement.* Avant la constitution du défendeur il peut être unilatéral, c'est-à-dire émaner du demandeur qui renonce à poursuivre le jugement. De deux choses l'une, ou bien il porte sur le droit lui-même

---

(1) Art. 459, n° 2. Cass., Dalloz, 1829, 1, 82.

et, comme le fait observer Marcadé (1), on ne saurait parler de non interruption ou de continuation de prescription, puisque le demandeur reconnait n'avoir aucun droit
sur l'objet litigieux. Le droit du défendeur cesse par cet
aveu de devenir conditionnel, il est plein et entier, et la prescription est impossible puisque l'on ne peut prescrire sa
propre chose ; ou bien, le désistement porte sur la procédure avec toutes réserves sur le fond du droit, et la prescription continue de courir comme si l'exploit d'ajournement ne l'avait pas momentanément interrompue.

Marcadé n'a pas songé à une phase de la procédure
après laquelle le désistement unilatéral est impossible ;
lorsque le défendeur a constitué avoué , le prononcé du
jugement devient un droit pour lui. Il ne suffirait donc
plus, pour éteindre l'obligation quasi-contractuelle , du
désistement du demandeur, il faut le concours de volonté
des deux parties. Dans ce cas, il est plus que jamais utile
de distinguer si l'agissement porte sur le fond du droit ou
sur la procédure.

2°) *La péremption de l'instance.* — Si le défendeur a
demandé et obtenu la péremption de l'instance, le procès
engagé est détruit dans ses éléments essentiels, dans
l'obligation quasi-contractuelle qui lui sert de base.
L'ajournement est effacé avec tous ses effets et spécialement l'interruption de prescription. Comme l'introduction
d'instance n'a pas l'effet extinctif du Droit romain,
l'action s'intente de nouveau valablement, sauf pour le
défendeur le droit d'invoquer la prescription qui est
censée n'avoir pas été interrompue.

(1) *De la prescription,* sur l'art. 2248, II.

3°) *Rejet de la demande.* — L'obligation quasi-contractuelle est soumise à une condition que nous avons bien souvent rappelée. Le défendeur est tenu d'accéder aux prétentions du défendeur si le juge les trouve fondées, comme le demandeur est tenu de payer les frais et dommages-intérêts que le jugement met à sa charge. Si le jugement déboute le demandeur, le défendeur est censé, en vertu de l'effet rétroactif, n'avoir jamais été débiteur. Dès lors, il ne peut plus être question d'interruption de prescription, puisque le défendeur, aux yeux de la loi, a toujours été titulaire du droit en litige. L'interruption n'est point regardée comme non avenue, ainsi que le dit l'article 2247, mais comme ayant été impossible, en vertu de cet axiome que nul ne peut prescrire son propre bien (1).

196. Dans un certain nombre d'affaires dont la nature est indiquée aux articles 48 et 49 du Code de Procédure, la citation en conciliation est le préliminaire obligé de l'introduction d'instance. Qu'il soit urgent d'interrompre la prescription, que le délai expire le lendemain du jour où le demandeur se décide à agir, le mal sera-t-il sans remède? La loi devait prémunir les parties contre un danger pareil, elle l'a fait dans l'article 57 du Code de Procédure en donnant à la citation en conciliation le pouvoir d'interrompre la prescription, pourvu qu'elle soit dans le mois qui suit la non comparution ou la non conciliation suivie de la signification de l'exploit d'ajournement.

Mais la citation en conciliation n'est interruptive que comme préliminaire de l'ajournement, ainsi que l'observe

(1) Marcadé, sur l'art. 2248, II.

Marcadé, le seul jurisconsulte qui en ait compris la nature; elle lui emprunte donc sa force, et toute nullité de l'ajournement qui l'empêcherait d'interrompre la prescription rétroagirait sur elle.

Sous l'empire de la loi des 16-24 août 1790, aucun délai n'était requis pour la signification de l'assignation; or, le juge n'ayant aucun pouvoir pour introduire des nullités là où la loi garde le silence, il suffisait que l'ajournement eût été signifié à une époque quelconque, antérieure à l'accomplissement d'une prescription nouvelle, commençant à la non-conciliation, pour que l'effet interruptif se produisît.

197. La prescription est-elle interrompue par la comparution volontaire des parties au bureau de conciliation? Cette comparution suivie d'ajournement équipolle-t-elle à une citation?

La Cour de Colmar a répondu négativement dans une espèce d'ailleurs assez simple. Les héritiers Hirn avaient une hypothèque sur les biens de la dame Franget qui étaient successivement passés entre les mains de tiers acquéreurs. Dix ans s'écoulèrent sans poursuites, seulement le 2 pluviôse an VI, les héritiers Hirn et les tiers détenteurs comparurent au bureau de paix pour tenter de se concilier sur une action en déclaration d'hypothèque. En 1806, avant que l'article 57 du Code de Procédure eût imposé le délai d'un mois, les héritiers Hirn poursuivirent les tiers détenteurs qui opposèrent la prescription de dix ans (art. 2180 § 4). Les héritiers Hirn répondirent qu'elle avait été interrompue par la comparution volontaire.

Le tribunal de Schélestadt se prononça contr'eux, et la Cour de Colmar confirma le jugement, dans un arrêt du 15 juillet 1809 · « Attendu, dit-elle, que dans l'espèce, il n'existe ni cédule, ni citation, puisqu'il résulte du procès-verbal du 21 pluviôse an VI, que les parties sont comparues volontairement au bureau de paix et que là, loin que les intimés aient reconnu le droit de l'auteur des appellants, c'est qu'ils ont protesté contre la demande déclarative d'hypothèques dont il les menaçait; ainsi, la prescription qui courait contre les intimés, n'ayant pas été interrompue et se trouvant acquise ..... il y a lieu de confirmer (1). »

N'est-ce pas être trop attaché à la lettre de la loi? L'article 48 du Code de procédure attribue à la comparution volontaire le même effet qu'à la citation en conciliation, pourquoi ne serait-elle pas interruptoire quand elle est suivie d'ajournement dans le délai légal? L'article 55 ne parle que de citation, mais la citation n'annonce pas plus énergiquement l'intention de faire valoir ses droits, que la comparution volontaire. Les frais d'huissier auront été évités, résultat que le législateur ne saurait réprouver, puisque tous ses efforts tendent à rendre les procédures plus promptes et moins coûteuses. Il faut donc étendre la disposition de l'article 57, avec d'autant plus de raison que la comparution volontaire est constatée par le procès-verbal du juge de paix (2).

198. La citation en conciliation, suivie d'ajourne-

(1) Sirey, 1814, 2, 89.
(2) Marcadé, art. 2248, VII. — Troplong, II, 190. — Boncenne, II, p. 59. — Rodière, I, p. 258. — Chauveau, sur Carré, quest. 249.

ment dans les délais voulus, interrompt-elle la prescription dans les affaires dispensées de ce préliminaire? La
Cour de Cassation a tranché cette importante difficulté
dans un arrêt du 9 novembre 1809.

Les époux Brunet vivaient depuis cinq ans judiciaire-
ment séparés de corps et de biens, lorsque Catherine
Bougier, la femme, se retira chez Joseph Brudieu, curé
constitutionnel de la commune de Brau. En 1791, elle
accouche d'une fille baptisée sous le nom de Joséphine,
Catherine, Madeleine, inscrite comme née de père et mère
inconnus. La femme Brunet divorce avec son mari, puis
épouse l'ex-curé Joseph Brudieu. En 1806, elle essaie de
faire déclarer Joséphine fille de Brunet. Désaveu des héritiers par acte extra-judiciaire du 21 mai. Le 13 juin, la
dame Brudieu est citée en conciliation et le 23, assignation lui est signifiée; dans l'intérêt de Joséphine, fin de
non-recevoir est opposée, tirée de ce qu'en matière de
filiation, l'action se prescrit par un mois, et de ce que
plus d'un mois s'était écoulé entre l'acte extra-judiciaire
et l'assignation.

Sur les conclusions de Merlin, la Cour de Cassation
rendit un arrêt dans lequel on lit : « Attendu que dans
la supposition où l'action intentée par les héritiers de
Jean Brunet contre le tuteur de Joséphine, serait une
véritable action en désaveu de paternité, telle qu'elle
est signifiée dans l'article 317 du Code Napoléon, le délai
d'un mois dans lequel elle aurait dû être introduite, aux
termes de l'article 318 du même Code, aurait été pro-
rogé par la citation légale au bureau de conciliation, etc..... » Ainsi, la Cour de Cassation pose en principe, sans restriction, que les préliminaires de conciliation,

suivis d'exploit d'ajournement dans le délai voulu, interrompent la prescription même dans le cas où ils ne sont
pas requis par la loi.

Cette solution est loin d'être universellement adoptée,
et les arrêts, comme les auteurs, se partagent entre trois
systèmes.

Pigeau tient pour la négative absolue. Il ne regarde
comme interruptifs que les actes auxquels la loi attache
spécialement cet effet et dans les cas prévus. La citation
en conciliation dans les affaires dispensées de ce préliminaire, ne réunissant pas les conditions qu'il exige, il
la déclare dépouillée de cet effet. Mais le système de
Pigeau, beaucoup trop radical, est isolé. La loi recom-
mande comme une pratique heureuse les préliminaires
de la conciliation, lorsqu'elle ne l'impose pas à peine de
nullité et l'on ne peut traiter rigoureusement les plaideurs, qui, dans l'espoir de prévenir un procès, se sont
présentés d'abord devant le juge de paix.

Marcadé adopte l'opinion radicalement contraire et,
dans tous les cas, la tentative de conciliation lui paraît
interruptive de prescription. On ne saurait nier, dit-il,
que l'article 2246, d'après lequel le même effet est attaché à l'ajournement nul pour vice d'incompétence, ne
soit basée sur le désir de prévenir les conséquences
fâcheuses de l'erreur de droit. Mais, dans l'espèce, le
même danger est à craindre ; un homme du monde connaît rarement les principes de la compétence, un juge
est un juge pour lui, il ne voit aucune différence entre le
bureau de conciliation, les tribunaux de première instance et les cours d'appel. Les raisons de décider étant
les mêmes, il faut dire que le préliminaire de concilia-

tion, dans le cas où la loi ne le requiert point, est toujours interruptif de prescription.

Cet argument n'en est pas un. L'équité, source du droit, est d'une grande importance quand on discute un projet de loi ; tout autre est le point de vue du jurisconsulte. Interprète d'une science positive, son devoir est de demander une solution aux principes généraux. Rien n'est plus variable que les vues de la conscience et Néron eût, en parlant d'équité, vu les choses autrement que saint Louis. C'est pour éviter ces fluctuations mortelles pour la sécurité des personnes que le droit positif a été édicté.

Est-il si difficile d'aller trouver un avocat et de lui demander la marche à suivre avant d'intenter un procès? La partie qui ne le fait pas présume trop de ses forces ; si elle commet une erreur de droit, que les conséquences retombent sur elle, elle s'y est exposée.

Nous sommes de nouveau en présence des principes, eux seuls fournissent juridiquement les raisons de décider. Que désire le législateur? Le préliminaire de la conciliation, nul ne peut le nier ; mais il faut entendre ce désir avec intelligence, sans l'étendre indistinctement à tous les cas. Il est des affaires dans lesquelles toute conciliation est impossible, l'article 49 du Code de procédure en donne l'énumération. Faut-il dire que dans cette hypothèse la citation donnée devant le juge de paix interrompt la prescription? Non, et ce serait violer le principe qu'il y a une nullité radicale, basée sur l'incompétence *ratione materiæ* et rendant tout effet civil impossible : *quod nullum est, nullum producit effectum.*

De deux choses l'une : les parties sont dans une situation où la transaction est possible, et la citation en conciliation interrompt la prescription, parce que le juge
est compétent ; ou elles ne sont pas en position de pouvoir transiger, le juge est incompétent et la citation
dépourvue d'effets civils.

En vain, objectera-t-on l'article 2246, qui ne tient
aucun compte de la nullité d'incompétence? C'est là une
exception aux principes ; or, les exceptions sont de
droit étroit et ne peuvent être étendues par analogie.

199. Les considérations qui ont égaré Marcadé dans
la question précédente lui font admettre un système
inadmissible sur le point de savoir si l'effet interruptif
est produit quand le défendeur est directement assigné
devant le juge du premier degré, alors que le préliminaire de la conciliation est nécessaire.

Il y a nullité d'incompétence, dit Marcadé ; or, la
nullité d'incompétence n'empêche pas l'exploit d'ajournement d'interrompre l'instance.

Où Marcadé a-t-il vu que le défaut de conciliation
emporte nullité d'incompétence? et d'abord, que faut-il
entendre par juge incompétent ?

Le législateur a organisé divers ordres de juridiction,
suivant la nature des affaires. Les crimes et délits res-
sortent des juridictions criminelles ; les affaires commerciales des tribunaux de commerce, les affaires civiles
des juridictions civiles et les affaires administratives des
juridictions administratives. Que créancier j'actionne mon
débiteur devant la Cour d'assises, que je porte une réclamation en matière de contributions devant le Tribunal
de première instance, il y a nullité pour vice d'incom-

pétence *ratione materiæ*, vice si radical qu'il ne peut être couvert. Nul ne peut être distrait de son juge naturel.

Je ne suis pas libre de porter toutes les affaires civiles devant le Tribunal de première instance qui me convient. Les actions personnelles s'intentent devant le juge du domicile du défendeur, les actions réelles devant le juge de la situation de l'objet litigieux. Si je saisis de l'affaire un juge d'un autre ressort, il y a incompétence *ratione personæ*, emportant une nullité relative, susceptible d'être couverte par le silence des parties.

Quand je saisis directement le juge du premier degré, de l'arrondissement voulu, de l'ordre auquel la loi attribue la connaissance de ces affaires, je ne m'adresse pas au juge incompétent, puisque c'est lui qui jugera le litige. J'ai simplement omis une *formalité*, le préliminaire de la conciliation dont le but est de prévenir le procès. L'absence d'une formalité requise par la loi n'emporte-t-elle pas nullité pour *vice de forme*? Or, l'article 2247 dispose que l'assignation nulle pour vice de forme n'interrompt pas la prescription.

Reste à prouver que l'absence de tentative de conciliation, dans les cas où la loi la requiert, infecte l'ajournement d'un vice de forme; rien n'est plus évident; il suffit de dire pour le prouver qu'aux termes de l'article 65 du Code de procédure : « Il sera donné avec l'exploit copie du procès-verbal de non conciliation ou copie de la mention de non comparution *à peine de nullité.* » En vain Marcadé objecte que, pour qu'il puisse être question de copier un procès-verbal, il faut que ce procès-verbal existe ; le législateur regarde sa volonté comme si souveraine, qu'il ne peut supposer que les formalités qu'il prescrit ont été omises (1).

200. L'effet de la citation en conciliation est conditionnel ; si le délai de la prescription arrive avant la signification de l'exploit d'ajournement, l'événement de la condition détruit rétroactivement la prescription accomplie (2).

CHAPITRE IV.

Comment s'éteint l'obligation résultant du quasi-contrat judiciaire.

201. L'obligation résultant du quasi-contrat judiciaire, s'éteint par les modes communs à toutes obligations, et en outre par la *péremption et le désistement*. Ces deux faits juridiques ayant été dans le cours de cette étude l'objet de longs développements, il nous suffit pour éviter toute redite de renvoyer aux paragraphes où il en est parlé.

(1) Cass., 50 mai 1814; Sirey, 14, 1, 201. — *Contra*, Marcadé, sur les art. 2242 à 2248, IX.

(2) Paris, 20 ventôse, an XI; Sirey, 3, 2, 219.

CONCLUSION.

202. Arrivé au terme de cette étude, je puis dire, comme Brisson, dans son ouvrage sur les formules : *Utinam modo conata efficere possim? rem enim magnam complexus sum et arduam et plurimi otii, quæ maxime egeo.* Le quasi-contrat judiciaire est un de ces sujets d'un intérêt capital en doctrine, comme en jurisprudence, où rien ne doit être admis à la légère, où tout doit être médité avec le plus grand soin, car le principe que l'on arrive à formuler, en s'inspirant de quelques textes épars et surtout de la raison, domine l'ensemble du droit et le pénètre par ses nombreuses conséquences.

Quel droit lésé, quelle question discutable ne donne lieu à un procès? Le pouvoir judiciaire veille, investi par la constitution de la mission si grave de protéger les citoyens, il est l'incarnation de l'un des plus beaux attributs de Dieu, s'il peut y avoir des degrés dans la plénitude de l'être, puisque Dieu seul est toute justice : « La justice est son œuvre, écrivait la Roche-Flavin; voulant faire part de ce qu'il a de plus beau entre les mains, il en a distribué un rayon aux rois et aux princes, afin de l'espandre parmi le monde. Les princes ne pouvant porter seuls une si pesante charge, s'en sont déchargés, et l'ont remise aux juges et aux magistrats. » Séparer le

juste de l'injuste, le licite de l'illicite, n'est-ce pas une
sorte de sacerdoce dont les rites sont gravés dans ce qu'il
y a de plus noble en nous, dans la raison, cette vue
de l'homme sur l'infini? Et c'est la procédure, cette procédure si dédaignée, si décriée, qui trace les règles propres à assurer ici-bas, autant que le permettent la faiblesse et les imperfections du juge, le règne de la justice
accessible pour tous, égale pour tous.

Comment se fait-il que nos Codes contiennent une
lacune sur la question si grave de la nature de l'introduction d'instance, puisque tout le procès repose sur la
signification de l'exploit d'ajournement? Les Romains, nos
maîtres en toute chose, parce que, aux prises plus que
nous avec la nécessité, ils avaient tout à créer, traçaient
avec leur génie pratique, les règles les plus détaillées
pour la litiscontestation, et le législateur Prussien, suivant leur exemple, a compris que toute son attention
devait porter sur ce point. Et cependant, il est dans la
vérité une telle force d'expansion, que, malgré les lacunes de nos Codes, les règles du quasi-contrat judiciaire
surgissent, mieux accusées que jamais, parce qu'elles
trouvent leur source dans la raison, et que la raison ne
saurait avoir de patrie.

Mais, quelle différence dans l'institution nouvelle,
comme l'on sent que la litiscontestation, si ancienne par
l'âge, est jeune comme conception? Vingt siècles ont
passé, et ce qui rappelle un formalisme trop étroit a disparu. On se rappelle que la litiscontestation détruit, en
même temps qu'elle engendre et transforme, sans novation, le droit réclamé en un droit conditionnel. Cette
extinction arbitraire ne pouvait que jeter du trouble dans

les idées. En mécanique, les machines créées d'abord
comptent plus de rouages, mais parmi eux, il en est
d'inutiles, et peu à peu tout se réduit à sa plus simple
expression. Tel est l'effet du temps sur les règles du
droit, aussi ce principe inutile a été abandonné. L'introduction d'instance crée maintenant, elle ne détruit plus;
elle engendre un droit accessoire qui s'adjoint au droit
primitif, et en décuple la puissance.

Puis, le temps, ce grand législateur, a déplacé le moment de l'introduction d'instance; les besoins se multi-
plient, la vie de l'homme devient plus occupée, il serait
trop long d'avoir à suivre la longue procédure qui pré-
sidait, à Rome, la litiscontestation; et l'ajournement gagne
chaque jour en importance, jusqu'à ce que presque tous
les effets de l'ajournement soient venus se greffer sur lui.

Voilà ce que nos législateurs ont compris peut-être,
puisqu'à l'exploit d'ajournement ils rattachent les nombreux effets qui ont fixé notre attention; mais, voilà
aussi ce qu'ils n'ont pas assez expliqué, ce qu'ils laissent
trop deviner; qui sait même si, dans quelques textes
laconiques, comme les art. 1156 et 2244, ils n'ont pas
renfermé à leur insu les germes féconds élaborés par
le temps?

Quoi qu'il en soit, les règles concernant l'introduction
d'instance sont loin d'avoir atteint leur forme définitive.
On parle beaucoup aujourd'hui de la réforme du Code de
procédure; une rédaction nouvelle approfondira-t-elle ce
point resté dans l'ombre? Ce que la procédure a gagné
en quelques siècles est incalculable, elle est sortie de ses
langes et le temps a détruit peu à peu les rouages inu-

tiles ; il en est cependant encore quelques-uns qui para-
ıssent ou atténuent l'effet de l'ajournement.

La Roche-Flavin , le savant magistrat du Parlement
de Toulouse, écrivait autrefois ces paroles d'une vérité
presque axiomale : « La plupart des procez qui se rap-
» portent ou des causes qui se plaident, se jugent et
» vuident par le simple faict bien mis et bien posé. »
Cette clarté, ce gage d'une prompte et bonne justice, se
voile parfois sous mille nuages et trop souvent aussi on
ne sait au juste qu'après les conclusions prises à l'audience , les prétentions réelles des deux parties. L'ajournement fixe la nature de la cause, tel est le seul élément
qui ne puisse varier, mais les accessoires se modifient
de la manière la plus inattendue et changent tout à coup
les phases du procès. — Requêtes en défense, préliminaires interminables de la discussion au fond ; conclusions prises à l'audience, ne sont, bien souvent, que des
moyens mis à la disposition des parties pour voiler leurs
prétentions réelles, que des occasions de se livrer à une
véritable stratégie. Que devient la clarté des débats au
milieu de ce conflit ? « Les raisons se perdent dans des
volumes de paroles et d'écrits, » dit Montesquieu.

Sur ce point, le système du droit romain était peut-
être préférable au nôtre.— La délivrance de la formule
faisait irrévocablement connaître les points de fait et de
droit; de là une grande clarté et une grande promptitude
dans les débats. Le fait, eût dit La Roche-Flavin, était
bien mis et bien posé. Le travail de simplification de la
procédure n'est pas encore terminé; il faut attendre encore; mais, quoi qu'il advienne, l'ajournement, le quasi-
contrat judiciaire, ne peuvent que gagner en importance

en absorbant les formalités inutiles ou malencontreuses et en précision par les textes qui en édicteront les principes. Il faut, pour cela, se fier au temps; les hommes ne formulent, sous forme de lois, que les idées généralement admises autour d'eux ; le temps, encore une fois, *est le législateur par excellence.*

———

POSITIONS.

Droit romain.

I. Il y a antinomie entre les lois 41, ff. *De conditione indebiti*, 59, ff. *De obligationibus et actionibus* et les autres fragments relatifs à l'obligation naturelle du pupille qui a contracté *sine auctoritate tutoris*.

II. Les servitudes *altiùs tollendi* et *stillicidii non recipiendi*, ne peuvent être expliquées que par la paraphrase de Théophile, entendue en ce sens qu'il s'agit d'une dérogation à la *vetus forma* L. 11, ff. *De serv. urb.*, et L. 1, § 23, 2 pr. ff. *De aqua pluviar...*

II. La litiscontestation, sous la période du système formulaire, n'emporte pas novation.

IV. Quand une obligation à terme est novée, le terme ne passe pas à l'obligation nouvelle (L. 126, § 2, ff. 45, 1. *Contrà arg. analogie*, L. 12, ff. *De acceptilatione*, 46, 4).

V. Les Sabiniens admettaient la novation par adjonction d'un *sponsor* ou d'un *fidepromissor*, en ce sens que l'adjonction était une *condition tacite* de la seconde stipulation.

VI. Il n'y a plus antinomie entre les lois 28, ff. *De novationibus*, etc. 3, ff. *De conditione tricticaria*.

Droit coutumier.

I. L'effet déclaratif du partage repose sur la saisine *in solidum* des héritiers.

II. L'origine de la distinction du statut réel et du statut personnel est dans ce principe que la justice étant patrimoniale, le seigneur peut revendiquer la juridiction sur son vassal pour les droits autres que ceux inhérents au sol.

Droit civil.

I. L'enfant naturel peut être adopté par le père ou la mère qui l'a reconnu.

II. La dot mobilière est aliénable.

III. La saisine héréditaire (art. 724) est l'investiture légale de la possession ; les héritiers irréguliers ne l'ayant pas, il en résulte que :

a) La prescription commencée du chef du *de cujus* est interrompue jusqu'à l'envoi en possession.

b) Le délai menant à la possession annale, indispensable pour l'exercice de certaines actions possessoires, est lui-même suspendu.

IV. Quand le mari aliène, sans le secours de sa femme, un immeuble dotal, la femme intente valablement une action en revendication à la dissolution du mariage

V. La séparation des patrimoines ne confère pas aux séparatistes un véritable privilège.

VI. L'action en revendication, que l'article 2101 confère au vendeur d'effets mobiliers non payés, est une action en revendication de la rétention.

VII. Les biens donnés sous condition de dotalité à une femme qui s'est constitué en dot ses biens présents seulement, sont paraphernaux.

VIII. Un tiers donne valablement un bien, sous condition qu'il restera paraphernal, à une femme qui s'est constituée en dot ses biens à venir.

IX. Il n'y a pas pour les parents obligation naturelle, mais simple devoir moral, de doter leurs enfants.

Droit criminel.

I. Le complice du suicide n'est pas punissable.

II. L'augmentation de la peine résultant de circonstances aggravantes du chef de l'auteur principal s'étend au complice.

III. L'action civile se prescrit par le même laps de temps que l'action publique.

IV. Les actes d'instruction ou de poursuite n'interrompent la prescription décennale que faits dans les dix ans qui suivent le crime.

Droit commercial.

I. Après acceptation d'une lettre de change, le créancier du tiré, c'est le papier.

II. On peut assurer la vie et la liberté.

III. L'association en participation ne forme pas un être de raison.

Procédure civile.

I. Le président du tribunal doit, pendant la délibération, interroger les juges d'une manière complexe, c'est-à-dire par chefs de demande et non par moyens de défense.

II. Dans les affaires sujettes à communication, l'absence du nom du ministère public n'emporte pas nullité, si l'expédition du jugement porte : Ouï le ministère public.

III. L'ordonnance rendue par le président, sur une opposition aux qualités, est sujette à l'appel.

Droit administratif.

I. Les ministres sont la juridiction de droit commun.

II. Les difficultés qui s'élèvent à l'occasion de la propriété des alluvions des cours d'eau navigables et flottables, doivent être portées devant la juridiction civile.

III. Lorsque l'État succombe dans une instance administrative où il était partie, il doit être condamné aux dépens.

IV. Les tribunaux doivent refuser d'appliquer un décret qui leur parait inconstitutionnel, jusqu'à ce que le Sénat se soit prononcé.

Vu par le Doyen, président de la thèse,

CHAUVEAU ADOLPHE.

Vu et permis d'imprimer :

Le Recteur,

ROUSTAN.

Cette thèse sera soutenue en séance publique, dans une des salles de la Faculté de Droit de Toulouse, le   décembre 1866.

Toulouse. — Impr. de BONNAL et GIBRAC, rue St-Rome, 44.

Toulouse. — Impr. de BONNAL & GIBRAC.

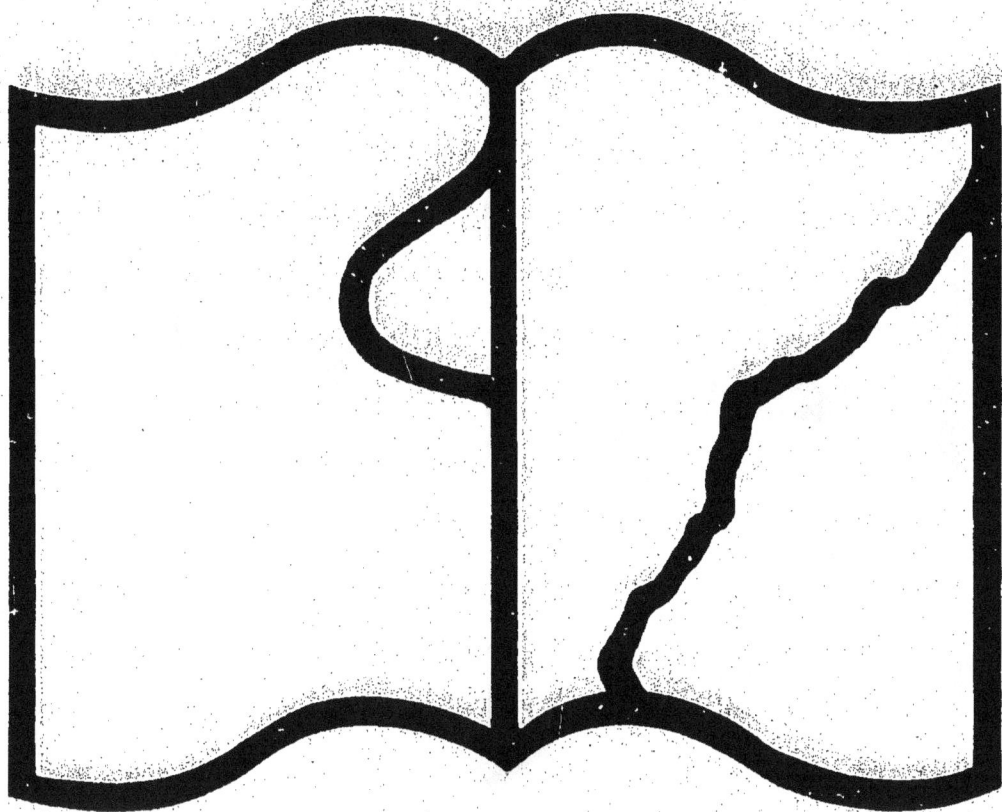

Texte détérioré — reliure défectueuse

NF Z 43-120-11

Contraste insuffisant

NF Z 43-120-14